LEA ROSH
EBERHARD JÄCKEL

»Der Tod ist ein Meister aus Deutschland«

Deportation
und Ermordung der Juden
Kollaboration und
Verweigerung in Europa

Hoffmann und Campe

CIP-Titelaufnahme der Deutschen Bibliothek

Rosh, Lea:
»Der Tod ist ein Meister aus Deutschland«: Deportation und
Ermordung der Juden ; Kollaboration und Verweigerung in
Europa / Lea Rosh ; Eberhard Jäckel. – 2. Aufl, 11.–15. Tsd. – Hamburg :
Hoffmann u. Campe, 1990
ISBN 3-455-08358-7
NE: Jäckel, Eberhard

Copyright © 1990 by Hoffmann und Campe Verlag, Hamburg
Lektorat: Jutta Siegmund-Schultze
Schutzumschlaggestaltung: Werner Rebhuhn
Satz: Utesch Satztechnik GmbH, Hamburg
Druck und Bindung: Bercker, Graphische Betriebe, Kevelaer
Printed in Germany

»Vierzig Jahre lang habe ich gewartet.
Gewartet, daß jemand kommt
und meine Geschichte hören will.«

Abraham Gerson
in Riga, im Oktober 1988

INHALT

VORWORT 9

EINLEITUNG 11

VON BERLIN NACH WIEN 15

SOWJETUNION 27

NORWEGEN 59

RHODOS 79

NIEDERLANDE 89

BELGIEN 113

FRANKREICH 135

RUMÄNIEN 155

POLEN 197

ITALIEN 235

BULGARIEN 257

UNGARN 277

ZEITTAFEL 305

LITERATURHINWEISE 309

KARTEN 313

VORWORT

»Der Tod ist ein Meister aus Deutschland.«

Viermal steht dieser Satz wie ein Motto in dem Gedicht »Todesfuge« von Paul Celan. Wir haben ihn mit freundlicher Erlaubnis von Frau Gisèle Celan-Lestrange sowohl als Titel über unseren vierteiligen Fernsehfilm als auch über dieses Buch gesetzt. Denn er bezeichnet genau, was wir ausdrücken wollen. Es gab viele Gesellen, die mitmachten, und ihnen wollten wir nachspüren. Der Meister aber, der Führer des Mordes, kam aus Deutschland.

Dieses Buch ist, wie der Film, eine gemeinsame Arbeit. Den Hauptteil schrieb Lea Rosh, das Tagebuch der Reise mit Interviews Überlebender an den Schauplätzen des Geschehens. Einleitung und Einführungen in die Geschichte der einzelnen Länder sowie Zeittafel und Literaturhinweise sind von Eberhard Jäckel.

Wir möchten allen danken, die uns halfen, am meisten den Zeugen, denen wir die Qual der Erinnerung zumuteten. Viele wollten nicht mehr davon sprechen, und schon gar nicht zu uns, die wir aus dem Land der Täter kamen. Sie überwanden sich meist nur im Blick auf die Opfer. »Ich habe es für meine Eltern getan«, sagte uns eine Frau nach dem Interview unter Tränen, »und nun werde ich wieder schlaflose Nächte haben.«

Wir danken auch unseren Mitarbeitern vom Sender Freies Berlin. Joachim Braun und Kurt Rittig haben als Fernsehdirektoren dieses aufwendige Projekt auf den Weg gebracht und es nach Kräften gefördert. Der Kameramann Reiner Koch und sein Assistent Thomas Brost, der Toningenieur Holger Wrede und die Cutterin Ulla Bleckmann haben über Jahre die Dreh- und Schneidearbeiten an diesem gewiß nicht leicht zu bearbeitenden Thema übernommen. Unser Dank gilt nicht zuletzt Frau Dr. Jutta Siegmund-Schultze, die das Buch im Verlag Hoffmann und Campe betreute.

Lea Rosh, Berlin   *Eberhard Jäckel, Stuttgart*

EINLEITUNG

Der Mord an den europäischen Juden im Zweiten Weltkrieg war einzigartig. Nie zuvor hatte ein Staat beschlossen, eine von ihm bestimmte Menschengruppe einschließlich der Alten, der Frauen, der Kinder und der Säuglinge ohne jegliche Prüfung des einzelnen Falles möglichst restlos zu töten, und hatte diesen Beschluß mit staatlichen Machtmitteln in die Tat umgesetzt, indem er die Angehörigen dieser Gruppe nicht nur tötete, wo immer er sie ergreifen konnte, sondern, zumeist über große Entfernungen, in eigens zum Zweck der Tötung geschaffene Einrichtungen verbrachte. Massenmorde hatte es zuvor gegeben, aber keinen Massenmord dieser Art. Er ging von Deutschland und besonders von Hitler aus. Aber indem er auf alle Länder im deutschen Herrschafts- und Einflußbereich erstreckt wurde, wäre er ohne Kollaboration in diesen Ländern nicht möglich gewesen. Die Täter waren allein nicht in der Lage, ihre Opfer zu finden, zu ergreifen und zu deportieren. Wie und warum sie dabei unterstützt wurden, ist zwar nicht die wichtigste Frage, wenn man den Vorgang erklären will, aber keineswegs eine unwichtige. Obwohl sich einfache und allgemeine Antworten verbieten, kann man doch Umstände nennen, die häufig zu der Kollaboration beitrugen.

Ein Umstand war eine seit Jahrhunderten überall, wenn auch in unterschiedlicher Stärke verbreitete Abneigung gegen die Juden, der sogenannte Antisemitismus. Doch war er durchaus nicht der einzige Beweggrund der Kollaboration. Ein anderer war Willfährigkeit gegenüber der deutschen Regierung, sei es, daß Beamte, oftmals in Unkenntnis des Zweckes der Maßnahmen, ihnen erteilte Weisungen befolgten, oder daß ausländische Regierungen sich einen Vorteil davon versprachen, die Wünsche der deutschen Regierung zu erfüllen. Es ist vielsagend, daß manche Regierungen

11

diese Wünsche nach Auslieferung der Juden erfüllten, solange Deutschland den Krieg zu gewinnen schien, ihre Mitarbeit aber einstellten, als es ihn zu verlieren begann. Kollaboration dieser Art ergab sich häufig aus opportunistischer Anpassung an die vorherrschende Großmacht. Ein weiterer Umstand war Täuschung durch die Täter, indem sie die Deportationen so lange wie möglich als Repressalien für Widerstand oder als Einsatz zur Zwangsarbeit darstellten. Die Kollaboration ließ häufig nach, wenn die Täuschung durchschaut wurde.

Neben der Kollaboration gab es vielfach Verweigerung. Auch dort, wo der Zweck der Deportation nicht erkannt wurde, erschien sie allein bereits vielen als eine Verletzung der Menschenrechte. Sie halfen, indem sie Juden versteckten, ihnen falsche Ausweise verschafften oder die Flucht ermöglichten. Freilich gab es auch Denunziationen, und deren Motiv war häufig die Habgier nach dem Besitz der Juden. Nur sehr selten gab es offene Auflehnung, Streiks und Proteste. Diese Mittel versagten zumeist angesichts des Terrors oder wurden aus Furcht vor ihm gar nicht erst angewendet. Was die Täter begünstigte, war ihre Macht, ihre List und ihr Terror.

Die Vorbereitung des Mordes durchlief fast überall die gleichen Stufen: Entrechtung, Enteignung, namentliche Erfassung, öffentliche Kennzeichnung, Ergreifung, Verbringung in Gettos oder Durchgangslager, Deportation. Nur die Juden in der Sowjetunion wurden fast alle nahe ihren Wohnorten erschossen. Die anderen wurden zumeist in Vernichtungslager gebracht und dort mit giftigen Gasen getötet. Nur wenige wurden zur Zwangsarbeit eingesetzt, und von ihnen überlebten einige, weil der Krieg zu Ende ging, ehe auch sie getötet werden konnten.

Eine besonders schwierige Frage ist die nach der Zahl der Opfer. Obwohl sie für die Beurteilung des Vorgangs ohne Belang ist, findet sie doch viel Aufmerksamkeit. Was zunächst die meistgenannte und vielumstrittene Zahl der sechs Millionen betrifft, so geht sie ursprünglich auf die Aussage eines SS-Führers vor dem Nürnberger Militärgericht zurück, der sagte, Eichmann habe ihm diese Zahl genannt. Drei Tage später sagte ein anderer SS-Führer aus, Eichmann habe ihm gegenüber fünf Millionen genannt. Damals aber, im November 1945, gab es noch kaum eine Möglichkeit der Überprüfung, und so setzte sich im ersten Entsetzen angesichts des unvorstellbaren Verbrechens die höhere Zahl durch.

Inzwischen haben Nachforschungen verschiedener Art die Angaben überprüft. Statistik ist jedoch nie so einfach, wie man gemeinhin glaubt, und in diesem Fall ist sie besonders schwierig. Eine erste Schwierigkeit liegt in der Definition. Die älteren Statistiken zählten nur die Glaubensjuden. Die Nazis aber gingen vom sogenannten Rassenbegriff aus, der freilich in Wahrheit auf nichts anderem beruhte als auf der Abstammung von Glaubensjuden. Demnach nämlich galten auch viele Christen und andere als Juden, wenn sie drei oder vier Großeltern hatten, die Glaubensjuden gewesen waren. So gerechnet, ergeben sich natürlich unterschiedliche Zahlen. Himmler etwa schrieb einmal 1942 in einem Brief, offiziell werde die Zahl der Juden in Ungarn mit 742 827 angegeben, die wirkliche Anzahl dürfe aber bei rund einer Million liegen. Heute werden als Opfer diejenigen gezählt, die die Nazis mit der Begründung, sie seien Juden, ermordeten. Aber das erschwert natürlich den Vergleich mit den älteren Statistiken.

Ferner zählten die Täter ihre Opfer oftmals nicht genau, und von ihren Unterlagen vernichteten sie viele vor Kriegsende. Man muß also die Zahlen umständlich errechnen. Für Westeuropa ist das mit großer Sicherheit möglich. Hier kann man heute die meisten Opfer sogar mit Namen nennen. Für Osteuropa hingegen ist man in der Hauptsache darauf angewiesen, die Zahlen der vorher und nachher lebenden Juden zu vergleichen. Aber das ist vor allem deswegen eine unsichere Grundlage, weil eine nie erfaßte Zahl von Juden vor dem deutschen Einmarsch geflohen war. Genau wird die Zahl der Opfer also nie zu ermitteln sein. Die verschiedenartigen Berechnungen der Forschung ergeben, daß es mehr als fünf und weniger als sechs Millionen waren.

VON BERLIN NACH WIEN

Während die Juden seit der Reichsgründung von 1871 in ganz Deutschland gleichberechtigt waren, setzte mit dem Machtantritt Hitlers am 30. Januar 1933 erneut ihre Entrechtung ein und steigerte sich im Laufe der folgenden Jahre zu einer beispiellosen Verfolgung. Der Antisemitismus war das Kernstück der nationalsozialistischen Weltanschauung. Doch waren damit die antijüdischen Maßnahmen nicht klar vorgeschrieben. Während die meisten Nationalsozialisten eine mehr oder weniger starke Zurückdrängung des jüdischen Einflusses in Deutschland erstrebten, war Hitler von Anfang an radikaler. Er hatte schon 1919 geschrieben, das letzte Ziel des Antisemitismus müsse »unverrückbar die Entfernung der Juden überhaupt sein«. Sein Haß richtete sich nicht nur gegen die in Deutschland lebenden, sondern gegen alle Juden. Insofern das seine Leitlinie war, war die deutsche Judenpolitik bis zum Beginn des Zweiten Weltkrieges nur ein Vorspiel. In der Tat zerfällt die nationalsozialistische Judenpolitik klar in die Verfolgung der in Deutschland lebenden Juden von 1933 bis 1941 und die Ermordung der europäischen Juden von 1941 bis 1945.

In Deutschland lebten 1933 etwa 400 000 Juden deutscher und 109 000 nichtdeutscher Staatsangehörigkeit, insgesamt also etwa eine halbe Million, was einem Anteil von 0,76 Prozent der Gesamtbevölkerung entsprach. Etwa 380 000 weitere Personen waren jüdischer Abstammung. Die Zahlen sind also je nach Definition unterschiedlich. Sie stiegen durch die Gebietserweiterungen und verminderten sich durch Auswanderungen. Mit dem Anschluß Österreichs kamen etwa 200 000 hinzu, von denen allerdings ein Viertel binnen sechs Monaten das Land verließ. Bis Ende 1939 waren aus Deutschland über

320 000 Juden ausgewandert. Etwa 17 000 waren 1938 deportiert worden. Als im Herbst 1941 die Ermordung der europäischen Juden einsetzte, lebten in Deutschland, dem sogenannten Altreich, noch etwa 160 000 und in Österreich, damals Ostmark genannt, noch knapp 50 000 Juden. Auf der Besprechung am Wannsee im Januar 1942 bezifferte Heydrich diese beiden Gruppen auf 131 800 bzw. 43 700. Hinzu kamen nach seiner Zählung noch 74 200 Juden im sogenannten Protektorat Böhmen und Mähren, also den Teilen der früheren Tschechoslowakei, die im Oktober 1938 und März 1939 an das Reich angeschlossen worden waren, und etwa 420 000 Juden in den aus Polen im Oktober 1939 sogenannten eingegliederten deutschen Ostgebieten. Die Zahlen ändern sich abermals etwas, wenn man auch die Eingliederungen des Memelgebietes im März 1939, von Eupen-Malmédy im Mai 1940 sowie vom Elsaß, von Lothringen und Luxemburg im August 1940 berücksichtigt.

Diese Angaben sollen vor allem die Schwierigkeiten der Statistik verdeutlichen. Man kann zwar heute ziemlich genaue Zahlen nennen, muß sie aber immer auf einen bestimmten Personenkreis (Glaubens- oder sogenannte Rassejuden, mit deutscher Staatsangehörigkeit oder ohne sie) und auf ein bestimmtes Gebiet (Deutschland in den Grenzen von 1933, 1938, 1939 oder 1940) beziehen. Die einfache Angabe »deutsche Juden« genügt nicht. Das gilt zumal, wenn man den Anteil der Opfer beziffern will. Nicht jeder ausgewanderte Jude war gerettet. Tausende wurden nach 1941 in Ländern, in denen sie Zuflucht gefunden hatten, ergriffen und in die Vernichtungslager deportiert. Sie erscheinen zumeist in der Statistik ihrer Zufluchtsländer, müssen aber doch auch zu den deutschen Opfern gezählt werden.

Mit Sicherheit kann gesagt werden, daß von den noch 1941 in Deutschland in den damaligen Grenzen lebenden Juden ungefähr 90 Prozent ermordet wurden, daß dies aber nur einem Anteil von zwei Prozent an der Gesamtzahl der Opfer entspricht. Etwa 98 Prozent aller Getöteten waren nichtdeutsche Juden. Dieses Zahlenverhältnis zeigt, daß es sich wirklich um einen Mord an den europäischen Juden handelte.

Den Bahnhof Grunewald in Berlin kannte ich genau. Nach meinem Studium hatte ich dort meine erste Berliner Wohnung gemietet. Ein kleiner verwilderter Garten mit etwas morastigem Boden lag zwischen meinem ebenerdigen Schlafzimmer und dem Bahnhof. Ich hörte die S-Bahn-Züge Richtung Wannsee vorbeirattern, besonders nachts drang das Geräusch bis in meine Träume. Ich hatte damals ganz andere Geschichten im Kopf als die von Judendeportation und Judenmord. Und dennoch erinnere ich mich daran, daß mir immer gewärtig war, von diesem Bahnhof wurden die Juden »in den Osten« abtransportiert. Es gibt ein Foto von einer jungen Frau auf einem Bahnsteig: Regenmantel, Kragen hochgeschlagen, auf der Brust der gelbe Stern. Sie guckt in das Objektiv des Fotoapparates, mir also direkt in die Augen. Ich kannte die Frau von diesem Foto ganz genau. Der Blick: fragend, ungläubig, entsetzt. Ein Uniformierter, neben ihr stehend, prüft irgendwelche Papiere. Sie war mir vertraut wie eine Schwester. Ich wußte immer schon, bevor ich Konzentrations- und Vernichtungslager aufsuchte, daß diese Frau umgebracht worden war, in einem der Lager. In ihrem Blick lag so viel Traurigkeit und Erschrecken, dieser Blick konnte nur ein Abschiedsblick sein. Für mich stand auch immer fest, daß es der Bahnhof Grunewald gewesen war, wo diese Frau gestanden hatte. Die Deportationszüge gingen ja von hier und von der Levetzowstraße ab. Dieses Bild vom Bahnhof Grunewald war mein Bild vom Bahnhof Grunewald: Abschied, Trauer, Tod. Das Rattern der Züge, das ich nachts hörte, war ein Rattern in den Tod. Der Bahnhof Grunewald war für mich immer ein trauriger Bahnhof.

Später, als ich begann, Filme über den Mord an den europäischen Juden zu drehen, bin ich immer wieder zu diesem Bahnhof zurückgegangen. Nie zur Levetzowstraße. Ich wußte nun auch genauer, von welchem Bahnsteig die Züge mit den Menschen mit dem gelben Stern auf der Brust losgefahren waren. Es waren nicht die Bahnsteige mit dem täglichen Nah- und Fernverkehr. Nein, die Fahrgäste, die arischen, sollten ja nicht sehen, was mit den Juden angestellt wurde. Der Bahnsteig, »die Rampe«, lag abseits, es war das äußerste Gleis. Weit genug entfernt.

An dem Bahnwärterhäuschen war nun eine kleine Tafel angebracht: »Zum Gedenken an die Zigtausende Berliner Juden, die von hier aus in den Tod transportiert worden sind...«. Jedesmal, wenn ich davorstand, schmerzte mich diese kleine dunkelbraune Tafel. Mit so einer mickrigen Tafel sollte der über fünfzigtausend Juden aus Berlin, unserer Berliner Juden, gedacht werden?

Der erste Deportationszug in Richtung Osten verließ Berlin am 18. Oktober 1941. Er ging nach Lodz. Lodz, das bedeutete Getto und Tod. Auf dem Friedhof von Lodz habe ich später viele Grabsteine für Berliner Juden gefunden. Einer, der mir auffiel, hatte folgende Inschrift:

»Zum Gedenken an meinen geliebten unvergessenen Vater Adolf Wolff aus Berlin, geboren 1873 in Posen, der am 23.3.1942 im Getto Lodz umgekommen und hier an unbekannter Stelle begraben ist.«

In dem ersten Transport, der Berlin Richtung Lodz verließ, waren fast tausend Juden.

In Wien suchte ich den Aspang-Bahnhof. Das war der dortige Deportationsbahnhof. So hatten mir die Wiener Juden der Jüdischen Gemeinde berichtet. Wien, das gehört zu meinen bedrückendsten Erinnerungen. Polen, Rußland, Rumänien – alles schreckliche Erlebnisse. Erschießungsgruben, Vernichtungslager, Gaskammern. Eine Vergangenheit, die immer wieder gegenwärtig wird für mich. Alles ist ja bald fünfzig Jahre her. Das ist nicht lang, was ist schon ein halbes Jahrhundert. Und dennoch ist alles dort Vergangenheit. Aber Wien hat mich auf andere Art bedrückt, hier glaubt man, die Zeit sei stehengeblieben.

Bei meinem ersten Besuch hatte ich, wie überall, die Jüdische Gemeinde aufgesucht. Der Vorsteher, mit dem ich außer über Deportation und Ermordung der österreichischen Juden auch über Kurt Waldheim sprechen wollte, holte, anstatt mir auf meine Fragen zu antworten, ein Manuskript aus seinem Schreibtisch. Ich war gespannt, was er damit tun wollte. Er begann daraus vorzulesen. Als er die erste halbe Seite heruntergelesen hatte, unterbrach ich ihn: »Warum erzählen Sie mir das nicht?« Seine Antwort: Weil er nichts zu diesem Thema sagen wolle, was nicht hieb- und stichfest sei. Das verblüffte mich nun wirklich. Denn ich hatte weder ein Mikrofon noch eine Kamera dabei. So viel Angst haben die Juden in Wien also schon wieder, dachte ich. Selbst Simon Wiesenthal, den ich von früheren Besuchen und Interviews her kannte, war bei meiner Frage nach Waldheim zornig geworden. Nachdem er vorher über die Österreicher geplaudert und gesagt hatte, das einzige Hindernis, das die Hitler-Wehrmacht an einem schnellen Vormarsch gehindert hätte, seien die vielen Blumen gewesen, die die Österreicher vor die Panzer geworfen hatten – es war also ein »Blumenfeldzug« –, schnauzte er mich nun mit der Gegenfrage an, was ich denn seinerzeit in der Bundesrepublik gegen Helmut Schmidt unternommen hätte. Ich entgegnete ihm, daß die beiden doch nun wirklich nicht zu vergleichen seien. Wieso nicht? fragte er zurück und wollte schließlich wissen, weshalb ich, eine Nichtösterreicherin, mich eigentlich in innerösterreichische Angelegenheiten einmischte. Ich sagte, abgesehen davon, daß meine Mutter Österreicherin sei, hielte ich den Fall Waldheim nicht nur für ein österreichisches Problem. Aber Wiesenthal blieb verschlossen. Ein halbes Jahr später traf ich Rolf Liebermann in Salzburg, bei Dreharbeiten. Es war jener Sommer, in dem eine Inszenierung von Georg Tabori in Salzburg abgesetzt worden war. Liebermann gab mir den Rat, in der Umgebung von Salzburg in die Beiseln zu gehen und den Leuten zuzuhören. Da würde ich hören können, daß man so einen wie den Tabori vergessen hat zu vergasen. Der Antisemitismus in Österreich war auch einer der Gründe, weshalb Liebermann seine Tätigkeit in Salzburg eingestellt hat.

Ich suchte in Wien Juden, die deportiert worden waren und sich nun bereit fanden, mir von ihrer Deportation zu erzählen. Ich wollte ja herausfinden, wie das denn funktioniert hatte, Juden aus ihren Wohnungen in Amsterdam oder Wien oder Budapest herauszuholen und in den Osten zu schaffen. Wer hatte sie benachrichtigt? Wer hatte sie geholt? In welchem Land in Europa hatte es dabei Verweigerungen, in welchem tatkräftige Unterstützung gegeben? Und warum hatten sich die einen so, die anderen anders verhalten?

Also Wien. Wien war die einzige Stadt, in der ich bei meinem ersten Besuch völlig ergebnislos nach auskunftswilligen Zeugen gesucht hatte. Alle hatten irgendwelche Entschuldigungen, mich nicht zu einem Gespräch zu empfangen. Krankheit, Reise, Termine. Ich hatte dann von Berlin aus neue Kontaktadressen bekommen. Vor allem hatte mir ein Mitarbeiter der Jüdischen Gemeinde Wien zugesagt, mir zu helfen. Nun war ich wieder in Wien, aber die Leute, die ich interviewen wollte, hatten plötzlich alle keine Zeit. Oder plötzlich eine schreckliche Grippe. Oder einfach zuviel Angst, vor die Kamera zu gehen. Genau das war, wie ich schließlich herausbekam, der Grund. Angst. Angst, sich als Jude zu erkennen zu geben. Aber es dauerte einige Zeit, bis ich das begriff. Erst als ich alles zusammenzählte, den Vorsteher der Gemeinde mit seinem lächerlichen Manuskript, die scharfe Zurückweisung von Wiesenthal und die vergeblichen Anläufe für Vorgespräche und Interviews, da begriff ich, was in Österreich schon wieder los ist.

Schließlich half das Wiener Institut für Zeitgeschichte. Ich bekam Namen und Adressen von Juden, die politisch organisiert sind und also keine Angst haben, sich als Juden zu erkennen zu geben.

Fritz Kleinmann war sofort zu einem Interview bereit. Wir trafen uns im Hof einer Schule. Heute Schule, damals Schule. Damals aber auch Sammelplatz, einer von drei Sammelplätzen, wo sich die Wiener Juden einfinden mußten, um von hier aus deportiert zu werden. Neben dem Eingang: eine Erinnerungstafel. Auch nicht gerade übergroß, aber immerhin stand da geschrieben, daß von hier aus die ersten Sammeltransporte abgingen: Oktober 1941. Daneben und darüber bunte Bäume und Blumen, Kinderzeichnungen. Fritz Kleinmann erzählte:

Ich wurde das erste Mal am 9. November 1938 bei der Reichskristallnacht verhaftet, und zwar von Nachbarn aus unserem Wohnhaus, die dann stramme Nationalsozialisten waren. Die suchten den Vater, und weil sie ihn nicht fanden, hat man mich mitgenommen. Das waren vier Leute, die mit dem Vater per du waren, und der Vater wurde auch von denselben Leuten an dem Tag verhaftet. Ich kam am nächsten Tag noch einmal frei, weil ich erst 15 Jahre alt war, und der Vater kam nach Haus, weil er im Ersten Weltkrieg Frontsoldat war und höchste Auszeichnungen für den Kampf an der Front erhalten hatte.

Wenn da vier Leute kommen, die einen kennen und die man kennt, die einen abholen wollen, da fragt man doch erst mal: Was soll das? Man mußte mitgehen, das waren SA-Leute. Der eine war politischer Funktionär in Uniform, die anderen waren in Zivil mit Hakenkreuzbinden. Es war ihnen unangenehm, zu uns zu kommen, das merkte man, aber sie haben es ja an anderen Stellen überall gemacht. Wir waren ja nur die Bekannten aus dem Haus. Sie haben uns auch nicht geschlagen. Dieselben Leute kamen nach Kriegsbeginn 1939 wieder, diesmal mit zwei SS-Leuten, alles Österreicher, und die suchten wieder den Vater, und ich mußte mitgehen, weil der Vater nicht zu Hause war. Die Gefängnisse in Wien waren überfüllt, über tausend Wiener Juden wurden inhaftiert und mit Autos zum Westbahnhof gebracht, dann mit Zügen nach Weimar und ins Konzentrationslager Buchenwald transportiert.

Wer hat die Züge begleitet, wer hat die ganzen Aktionen gemacht, immer Österreicher? Deutsche und Wiener Schutzpolizei begleiteten uns bis Weimar. Dort wurden wir von der SS-Verfügungsstandarte übernommen.

Wie haben sich die Österreicher den verhafteten Juden gegenüber verhalten? Bei der Reichskristallnacht wurden die Juden verprügelt, mißhandelt, schikaniert, die Tempel wurden angezündet.

Von Österreichern? Ja. Sicher auch unter Anweisung der deutschen Nazis, aber da waren schon unsere Einheimischen stark dabei.

Sie hatten ja noch einen Bruder und zwei Schwestern, was ist mit denen geschehen?

Die eine Schwester wurde in der Reichskristallnacht von Jugendfreunden, die jetzt stramme SA-Leute waren, zu »Reibarbeiten« geholt. Sie mußte mit anderen Juden die Straßen mit Zahnbürsten reinigen. Das war eine reine Schikane, und die Leute haben dabei zugeschaut und sie bespuckt und geschlagen. Das war das Normale damals. Sie ist 1939 mit einem Dienstbotenvertrag nach England ausgewandert. Mein Bruder wurde mit elf Jahren von der Mutter zu fremden Leuten nach Amerika geschickt. Am 6. Juni 1942, während der Vater und ich schon im Konzentrationslager waren, wurden meine Mutter und meine andere Schwester aus der Wohnung geholt und nach dem Osten deportiert. Sie wurden beide in Minsk erschossen.

Haben Sie nach dem Krieg diese Leute, die Sie verhaftet haben, wiedergetroffen?

Ja, sie haben ja in unserem Haus gewohnt. Ich war am 28. Mai schon aus dem Konzentrationslager Mauthausen wieder in Wien. Von den 1 048 Juden aus meinem Transport haben 26 überlebt. Auch mein Vater hat das Konzentrationslager überlebt, er kam aus Bergen-Belsen zurück. Und diese vier, die mich 1938 und 1939 verhaftet hatten, beschwerten sich, daß ich sie nicht grüße. Der Vater meinte, warum ich sie nicht grüße, das wäre nicht so schwer, wir wollten ja wieder ruhig leben, und ich sagte ihm, ich habe keine Veranlassung dazu. Solange sie lebten, 40 Jahre lang, kam keiner von ihnen zu mir und sagte, es tut mir leid, was eurer Familie geschah.

Aber sie wollten gegrüßt werden?

Ja, das hätten sie gern gehabt, das Gewissen zu bereinigen.

Wie lebt es sich heute als Jude in Österreich?

In den letzten Jahren wurde es schon schwierig. Die Ressentiments sind stark, und mit denen muß man leben. Man hat mir am Stephansplatz gesagt: »Schade, daß man euch nicht alle vergast hat.« Das war 1987.

Er zeigt mir die Fotos seiner Familie. Ich sehe mir die Gesichter der Mutter und der Schwester an, die beide in Minsk erschossen wurden. Junge, schöne Gesichter. Ernst, aber ahnungslos schienen sie mir. Ich war zuvor in der Sowjetunion gewesen, hatte mir an Erschießungsgruben schildern lassen, was dort geschehen war und wie es geschehen war. Ich gebe Herrn Kleinmann die Fotos wortlos zurück. Er sagt auch nichts. Dann packt er alles wieder in seine Aktentasche zurück. Er begleitet uns zu den anderen Sammelplätzen. Ein Neubau. Wir fahren weiter. Der andere ebenfalls ein Neubau, heute ein Altersheim. Wir gehen durch das Haus, sehen, daß im Hof ein alter jüdischer Friedhof erhalten ist. Die sehr alten jüdischen Grabsteine waren umgestoßen und zerstört, sind jetzt, mühsam restauriert, wieder aufgerichtet. Auch das ist ein Teil der Geschichte der österreichischen Juden, Zeichen ihrer Anwesenheit hier, seit Jahrhunderten.

In Wien lebten 1938 etwa 160 000 bis 180 000 Juden. Im übrigen Österreich etwa 20 000. Wien also war ihr Zentrum. Von März 1938, dem Anschluß an das Deutsche Reich, dem sich die Österreicher so gar nicht widersetzt hatten, im Gegenteil, bis zum März 1939 emigrierten rund 70 000 Juden. Rund ein Drittel. Die anderen kamen nach Theresienstadt. Und nach Auschwitz. Und in all die anderen Lager. In Wien überlebten, versteckt, 2 000 Juden – kein Ruhmesblatt für die Österreicher.

Am nächsten Tag wieder Absagen. Krankheit, Termine und überhaupt. Ich telefoniere lange mit Frau Rusz, die ich schließlich überreden kann. Ich habe ein schlechtes Gewissen dabei, denn ich weiß, was es für die Menschen heißt, in all die schrecklichen Erinnerungen zurückzutauchen. Tränen, Alpträume, schlaflose Nächte. Aber sie zögert zu lange, will also überredet werden. Sie willigt ein, als ich ihr sage, sie hätte doch auch ihren ermordeten Eltern gegenüber die Verpflichtung, von Vertreibung und Deportation zu erzählen. Wenn nicht die Überlebenden davon erzählen, wer dann? Wir treffen uns am Aspang-Bahnhof. Sie ist eine schöne Frau: schmales, feines Gesicht. Sie spricht sehr leise. Ihre Tochter, sagt sie, dürfe nicht wissen, daß sie das mache. Und das Fernsehen aus Deutschland würde man in Österreich ja nicht empfangen, nicht wahr?

Frau Rusz, könnten Sie mir sagen, wie es zu Ihrer Verhaftung kam?
Wer hat Sie geholt, wann und wie war das?
Zwischen dem 9. und 12. Februar 1941 wurden wir von der israelitischen Kultusgemeinde benachrichtigt, daß wir einbezogen sind. Wir mußten uns zu einem bestimmten Termin mit 50 Kilo Reisegepäck in der Schule in der Sperlingsgasse einfinden.

Warum sind Sie da hingegangen? Was haben Sie gedacht?
Nicht viel in diesem Augenblick, weil ich noch jung war. Meine Eltern waren natürlich verzweifelt. Wir gingen praktisch ins Ungewisse. Wir konnten uns gar nicht denken, wo man uns eigentlich hinführt. Als wir von unserem Haus wegfuhren, habe ich schrecklich geweint, und eine sehr gute Freundin meiner Mutter hat mich getröstet und gesagt: »Schau, es wird nicht so arg werden.«

Es gab noch eine erfreuliche Begegnung mit einem Taxifahrer. Dieser Taxifahrer, ich habe das damals wunderbar von ihm gefunden, hat gesagt: »Also lassen Sie das Kind weinen, sie weiß ganz genau, was ihr mal bevorsteht. Sie soll sich ihr Herz erleichtern.« Mit einer empörten Geste hat er über die Regierung geschimpft. Das war für uns eine Bestätigung, daß nicht alle Menschen so grausam sind. In der Schule waren SS-Leute, die uns in Empfang genommen haben. Darunter war auch Brunner, ein Österreicher. Ich glaube, wir waren zwei Tage dort. Dann ist ein Aufruf gekommen, daß die jüngeren Leute dieses Transports, wir waren 1 200 in dieser Schule, die zurückkehrenden Waggons vom ersten Transport säubern sollten. Das war natürlich ein sehr ungewisser Abschied von meinen Eltern, weil wir ja nie wußten, ob wir uns jemals wiedersehen würden. Die haben uns einfach rausgenommen und in Lastwagen verladen und hierher zum Bahnhof gebracht. Die Waggons von dem Personenzug waren in einem fürchterlichen Zustand. Die haben wir dann, ich erinnere mich, bis zehn Uhr abends gesäubert. Wir haben nur gezittert, ob unsere Verwandten auch hierhergeführt würden, und knapp nach zehn sind die mit Lastwagen gekommen, darunter auch meine Eltern. So sind wir in die Waggons gestopft worden, und dann ist die Fahrt losgegangen.

24

Haben Sie dann gewußt, was geschehen würde?
Nein, wir haben nichts gewußt. Es war eine Fahrt ins Nichts. Wir wußten nicht, wohin, wir waren nur glücklich, daß wir alle drei zusammen waren. Die sanitären Verhältnisse in den Waggons waren katastrophal. Die haben uns dann einmal mitten auf der Strecke ausgeladen. Da durften wir das tun, was notwendig war. Und dann wieder hinein. Alles war streng bewacht von deutscher SS. Dann sind wir in eine kleine polnische Stadt gekommen und in einer Schule interniert worden. Die dort lebenden Juden durften sich Leute, die bei ihnen wohnen konnten, rein sympathiemäßig aussuchen. Nach fünf Wochen ist dann ein Getto geschlossen worden. Da haben wir dann mit dreißig Leuten in einer Wohnung gewohnt. Wir waren 27 000 Leute. Von diesen 27 000 wurde ein Großteil in die Vernichtungslager geschickt. Ich weiß heute, daß meine Mutter nach Treblinka* gekommen ist. Mein Vater durfte nicht mit, weil er einem militärischen Betrieb in Polen angehörte, und dadurch wurden sie getrennt. Natürlich war der Gedanke für mich ganz schrecklich, daß sie alleine gegangen ist. Wir haben immer noch Hoffnung gehabt, daß sie nicht direkt in den Tod geschickt wurde, aber es hat sich dann später bestätigt. Von dort sind wir dann nach Auschwitz gekommen. Da war ich ungefähr ein Jahr. Dann wurden wir nach Ravensbrück überstellt, und das war mehr oder weniger das Ende der Zeit.

Warum sind Sie nach Wien zurückgekehrt? Ist Ihnen das nicht schwergefallen?
Nein, ich hatte die Hoffnung, doch irgendwie einige meiner Leute wiederzufinden. Mein Mann ist im November zurückgekommen. Mein Vater hat noch bis zum 5. 2. 1945 gelebt, ist dann aber auf der Straße zusammengebrochen. Das habe ich von einem ehemaligen KZ-Kollegen erfahren.

Würden Sie heute noch sagen, Wien ist Ihre Heimat?
Doch, sie wird es immer für mich sein, denn die Stadt kann nichts dafür.

Ich denke über den Taxifahrer nach, der gesagt hatte: »Lassen Sie das Kind weinen, es weiß genau, was ihm bevorsteht.« Also wußte er es auch. Und hat sie doch zum Sammelplatz gefahren. Was er hätte tun sollen? Ich weiß es auch nicht. Auf keinen Fall einfach eine Taxitour absolvieren. Denn das war eine Fahrt in den Tod. Und er wußte das. Aber so hat das eben funktioniert, bei uns in Deutschland und in Österreich auch. Frau Rusz stehen die Tränen in den Augen. Ich nehme sie in den Arm. Wir weinen beide. Ich versuche sie zu trösten und sage ihr noch einmal, daß das alles trotzdem sein müsse: das Erzählen davon und darüber. Erst wenn wir nicht mehr von den Toten reden, sind sie wirklich tot.

SOWJETUNION

Als die deutschen Truppen am 22. Juni 1941 in die Sowjetunion einfielen, stießen sie, wie 1939 in Polen, in eines der dichtesten jüdischen Siedlungsgebiete auf der Erde. Es lag gerade in den westlichen Landesteilen und besonders in den erst 1939 und 1940 annektierten Gebieten Ostpolens, der baltischen Staaten, Bessarabiens und der Nordbukowina. 1939 lebten in der Sowjetunion über drei Millionen Juden. Durch die Annexionen war etwa eine weitere Million hinzugekommen. Das Reichssicherheitshauptamt schätzte die Gesamtzahl sogar auf fünf Millionen. Mindestens zwei Millionen dürften unter deutsche Herrschaft geraten sein. Genauere Angaben sind vor allem deshalb nicht möglich, weil keine Statistik diejenigen Juden verzeichnet, die kurz vor dem deutschen Überfall in das Innere der Sowjetunion deportiert wurden oder geflüchtet waren.

Die Geschichte der Juden in Rußland war wechselvoll gewesen. Im Zarenreich unterdrückt und immer wieder von Pogromen verfolgt, wurden sie nach der Revolution von 1917 gleichberechtigt, so daß viele das neue Regime begrüßten. Zugleich erhielten sie die Anerkennung als eigene Nationalität, die in den Personalausweisen verzeichnet wurde, was den Deutschen später die Erfassung sehr erleichtern sollte. Aber in ihrer Religionsausübung wurden die Juden weiterhin behindert und als bürgerliche Zionisten verfolgt. So hatte sich 1941 eine sehr gemischte Lage ergeben. Während manche Juden die Deutschen als Befreier vom stalinistischen Terror betrachteten oder sie doch nicht fürchteten, wurden sie von vielen Nichtjuden als Kollaborateure des Stalinismus angesehen. Jedenfalls kam es beim Abzug der sowjetischen Truppen vielfach zu Pogromen, und der alte Antisemitismus brach offen hervor.

Das war ganz im Sinne Hitlers. Denn für ihn war der Krieg gegen die Sowjetunion nicht nur das Kernstück seines Eroberungsprogramms, sondern zugleich auch ein Rassenkrieg gegen die Juden, und die Propaganda förderte dies, indem sie den Bolschewismus als jüdisch hinstellte. So waren schon im März 1941 vom Reichssicherheitshauptamt vier besondere Einsatzgruppen aufgestellt worden, die der vordringenden Wehrmacht folgten und vor allem die Aufgabe hatten, die Juden zu vernichten, indem sie entweder Pogrome auslösten oder selbst töteten. Daher war der deutsche Vormarsch von entsetzlichen Blutbädern begleitet.

An zahllosen Orten war der Vorgang immer der gleiche. Die Einsatzkommandos, in die die Einsatzgruppen unterteilt waren, erschienen, ließen in einem nahe gelegenen Wald Gruben ausheben, führten die Juden mit der Hilfe von Landeseinwohnern heran und erschossen sie mit Maschinenpistolen. In vielen sogenannten Ereignismeldungen, die auch Hitler vorgelegt wurden, verzeichneten sie ihre Ergebnisse. So meldete etwa die Einsatzgruppe A, sie habe bis zum 15. Oktober 1941, also in weniger als vier Monaten, 118 430 Juden exekutiert.

Die größte einzelne Mordaktion ereignete sich in Kiew, wo vor dem Krieg über 150 000 Juden gelebt hatten, was mehr als ein Viertel der Gesamtbevölkerung war. Am 19. September 1941 war die Stadt von deutschen Truppen erobert worden. Ihnen folgte schon am 21. das Einsatzkommando 4 a der Einsatzgruppe C. Am 24. löste eine wahrscheinlich von Partisanen gelegte Explosion in der Stadtmitte einen Großbrand aus, der erst am 29. gelöscht werden konnte. Das wurde als Vorwand benutzt, um die Juden durch Plakate aufzufordern, sich am 29. um 8 Uhr morgens an einer bestimmten Straßenkreuzung einzufinden. Da viele glaubten, sie sollten vor einem ukrainischen Pogrom in Schutz gebracht werden, erschienen statt der erwarteten 5 000 weit über 30 000. Sie wurden von Wehrmacht und Polizei an den Rand einer tiefen Schlucht namens Babi Jar geführt und dort am 29. und 30. erschossen. Das Einsatzkommando meldete die Zahl von 33 771.

In vielen Städten wurden die Juden in besonderen Wohnbezirken konzentriert. In Riga etwa wurde ein solches Getto mit über 32000 Juden am 25. Oktober 1941 geschlossen. Am 29. November wurden etwa 15000 von ihnen zu Fuß in den einige Kilometer entfernten Rumbula-Wald geführt und dort an den beiden folgenden Tagen erschossen. Am 8. Dezember folgten etwa 12000 weitere, so daß das verkleinerte Getto nun nur noch etwa 4500 Bewohner hatte. Am 13. Dezember kam an dem Vorortbahnhof Skirotava zwischen Riga und Rumbula ein erster Deportationszug mit Juden aus Deutschland an, die zum Teil in dem geräumten Getto untergebracht wurden.

Die Sowjetunion wurde jetzt auch das Deportationsgebiet für viele Juden aus anderen Ländern. In Kowno (Kaunas) wurden die ersten 2934 deutschen Juden (1159 Männer, 1600 Frauen und 175 Kinder) aus Berlin, München und Frankfurt sogleich bei ihrer Ankunft am 25. November 1941 im Fort IX einer alten zaristischen Befestigung vom Einsatzkommando 3 der Einsatzgruppe A erschossen.

Als der deutsche Vormarsch zum Stillstand kam, bezogen auch die Einsatzgruppen feste Quartiere. 1942, als die Wehrmacht noch einmal weit vorstieß, waren die Juden vielfach gewarnt und wurden nun im Zuge der Partisanenbekämpfung getötet. 1943 und 1944 wurden die noch übrigen Gettos liquidiert. Das ganze Verfahren in der Sowjetunion unterschied sich sehr von demjenigen in den anderen besetzten Ländern. Während dort und auch in Polen fast alle Opfer in Vernichtungslager deportiert wurden, wurden sie in der Sowjetunion alle, von wenigen Ausnahmen abgesehen, in der Nähe ihrer Wohnorte und im Freien erschossen. Nach vorsichtiger Schätzung waren es mindestens 700000. Es können aber auch mehr als eine Million gewesen sein.

Zur Vorbereitung unserer Reise war ich im September/Oktober 1988 in Moskau bei Gosteleradio, dem Staatlichen Rundfunk und Fernsehen, gewesen. Ich war damals voller Skepsis. Jeder, der die Sowjetunion kannte, hatte mir ein Mißlingen des Unternehmens vorausgesagt. Aber die Leute waren überraschend freundlich und bekundeten sogar ein Interesse daran, unsere Fernsehserie in ihrem Programm zu senden. Das nahm ich zwar nicht sehr ernst, aber das Ergebnis der ersten Reise war immerhin, daß Gosteleradio die Vorbereitungen für die Drehreise treffen wollte. Den Wunsch, die Dreharbeiten mit einem sowjetischen Team zu machen, lehnte ich höflich ab, denn es würde schwer genug sein, mit den eigenen Leuten eine solche Reise zu unternehmen. Von den sprachlichen Problemen ganz zu schweigen. Wie sollte ich einem russischen Kamerateam erklären, welche Einstellung ich haben wollte: Bildausschnitt, Entfernung, Interview mit zweiter Kamera, Ton laut oder leise usw. Also sagte ich ihnen ziemlich kategorisch, daß ich mit eigenem Team käme, aber dankbar für Vorbereitung und Reisebegleitung sei. Das war ohnehin klar. Völlig undenkbar, eine solche Reise ohne Begleitung zu unternehmen. Ich versprach, genaue Angaben über die Reiseroute, Drehorte und die entsprechenden Begründungen durchzugeben.

Wir lieferten alles. Dann wechselten Briefe und Telexe hin und her. Flüge klappten nicht, Autobeschaffung schien ein Problem zu sein, Hotelreservierungen auch. Das Schlimmste aber war offensichtlich die Visabeschaffung. Wir flogen schließlich ohne die Visa los, hatten nur eins für Moskau. Hätten wir auf die Visa gewartet, die für jeden Distrikt gesondert erteilt werden müssen, dann würden wir heute noch mit gepackten Koffern in Berlin auf Antritt der Reise warten.

Also Flug nach Moskau. Ankunft mit üblicher Verspätung. Auf dem Flughafen keine Gepäckwagen. Wir stehen da mit unseren 20 Gepäckstücken. Ein Koffer wiegt einen Zentner! Da schiebt ein dicklicher junger Mann eine kleine wacklige Karre auf uns zu: Konstantin Federow, unser Begleiter. Mehr Karren gäbe es nicht. Wieso nicht? Er lächelt spöttisch, sagt, ich solle mich von vornherein damit abfinden, daß in der Sowjetunion alles anders sei als sonstwo in der Welt. Im übrigen grenze es ohnehin an ein Wunder, daß die Sowjets dieses Projekt unterstützten. Das habe mit Glasnost und Perestroika zu tun.

Laut Prospekt ist das »Hotel Rossija« das größte in Europa und eines der angenehmsten in der Sowjetunion. Groß ist es. Es hat auch mehrere Eingänge auf mehreren Etagen, Eingänge auf Hochstraßen. Aber angenehm? Angenehm an diesem riesigen Kasten ist nur die Tatsache, daß man rund um die Uhr Tee bekommen kann, umsonst, von Frauen, die in den Fluren sitzen, Tag und Nacht, vorausgesetzt, man geniert sich nicht, die Frauen nachts aufzuwecken.

Schnell stellt sich heraus, daß Gosteleradio für uns nicht sehr fleißig war, obwohl wir 17 000 DM nur für die Unterstützung zahlen mußten. Wir fanden nur Visa und Flüge für Riga und Odessa vor. Keine für die anderen Drehorte Wilna, Kaunas, Kiew, Lemberg, Czernowitz und Kischinjow. Und nirgends Hotelbuchungen. Im Intourist-Büro besteche ich die Frau am Schalter nach mehrmaligen vergeblichen Versuchen mit Seife von Yves Saint Laurent und Strümpfen. Sie ist freundlich und willig, kämpft hartnäckig gegen Bürokratismus und Desinteresse am anderen Ende der Leitungen. Nach drei Tagen lacht sie mich erleichtert an. Hotelbuchungen keine, Flüge keine, Autovorbestellungen keine, aber die Visa, die Visa sind da.

Am nächsten Morgen fliegen wir nach Riga. Am Flughafen steht Konstantin in abgewetzten Jeans und Windjacke, ganz in Hellblau. Heute sei auf dem jüdischen Friedhof eine Totenfeier, sagt er mit seinem gelangweilten Lächeln. Jüdischer Totensonntag. Wann? Jetzt.

Wir beeilen uns. Es ist dichter Verkehr in Riga. Wir überqueren die Düna, moderne Hängebrücke, bewaldete Uferstreifen. Der jüdische Friedhof kündigt sich an durch viele Menschen mit Blumensträußen, vor allem Astern, in Zeitungspapier eingewickelt. Auch Disteln, mit lila Blüten. Hunderte von Menschen. Am Friedhofseingang Blumenstände. Himmel und Menschen. Ich bin fassungslos. So viele Juden in Riga? Ich drängle mich durch die Menschen hindurch, höre Gesang, Gesänge eines Rabbiners, sehe das Totenhaus mit Davidstern, die Grabsteine mit Davidstern. Ich höre jiddisch. Ich spreche eine alte Frau an, auf deutsch. Sie ist so alt, daß sie eine Überlebende sein muß. Sie antwortet freundlich, auf jiddisch. Ja, ihre Familie ist im Wald da draußen erschossen worden. Alle. Sie entkam durch einen Zufall. Ob es noch mehr deutschsprechende Juden hier gibt? Ja, sagt sie, viele. Sie sei mit einer Frau hier verabredet, einer aus dem Getto. Das sind also noch immer die Kategorien, in denen sie denken. In wenigen Minuten sind wir umringt, alle reden durcheinander, jeder will seine Geschichte erzählen. Ich verabrede mich für den nächsten Tag mit einigen, die mir das Getto zeigen wollen und den Wald von Rumbula, wo im November und Dezember 1941 die Erschießungen stattfanden.

Im Hotel, pieksaubere Zimmer, einfach, aber angenehm, treffen wir Herrn Gerson, einen alten kleinen Mann. Er heißt wie mein Großvater, von dem mir meine Mutter oft erzählt hat. Mein Großvater war Opernsänger gewesen, ein kluger Mann, ein bißchen Lebemann. Bereits 1927 hatte er die Auswanderungspapiere für sich, seine Frau und meine Eltern besorgt und gesagt: »Wir müssen hier weg, der bringt uns alle um.«

Warum uns?

Als er plötzlich starb, gaben sie ihre Auswanderungspapiere zurück. Seine Frau, seine Brüder und deren Söhne und Frauen haben das »Warum uns« mit dem Leben bezahlt. Aber meinen Großvater, so habe ich mich oft getröstet, hätten sie nicht gekriegt. Und ich, wäre ich rechtzeitig gegangen, wenn ich die Entscheidung hätte treffen müssen? Sicher bin ich nicht, leider.

Herr Gerson führt uns ins ehemalige Getto. Kleine, niedrige Häuser. Ich lernte auf dieser Reise durch die Sowjetunion, daß die Juden, überwiegend arme Leute, immer in solchen Häusern gelebt hatten. Die Bessergestellten, die auch in besseren Wohnbezirken gewohnt hatten, wurden nach der Bildung der Gettos hierher umgesiedelt. Die nichtjüdischen Bewohner dieser Viertel hatten ihre Häuser räumen müssen.

Herr Gerson, Sie sind damals in dieses Haus gekommen. Das war Vorstadt von Riga?
Das war Vorstadt von Riga. Als die Deutschen kamen, war dieses Gebiet mit zwei Reihen Stacheldrahtverhau abgesondert. Meine Familie und ich haben vom 8. September 1941 bis zur Aktion am 30. November hier zusammen gelebt.

Wie sind die Juden von den Deutschen informiert worden, daß sie ihre Wohnungen verlassen müssen?
Durch die Presse. In der Zeitung stand, daß die Juden am 25. Oktober 1941 die Stadt verlassen und hierherkommen müssen. Wer bis 18 Uhr draußen bleibt, wird erschossen. So sind die Juden in das Getto gegangen. Wir waren 15 Personen und haben hier drei Zimmer, wenn man das so nennen kann, bekommen. Die Lebensmittel wurden uns zugeteilt. Es gab Geschäfte hier, in denen wir auf Karten Brot bekamen, wenn es welches gab. Bewacht wurden wir von der lettischen SS-Legion.

Sie sagten: bis zur Aktion. Das war im November 1941. Da wurde das Getto geräumt.
Ja, das waren zwei Aktionen. Die erste war am 30. November, die zweite am 8. Dezember. Am 30. November hatte man mich zur Arbeit herausgeschleppt, und als ich zurückkam, wurde ich nicht mehr in dieses Getto reingelassen. Man schleppte mich in das sogenannte Kleine Getto. Wir waren ungefähr 4 500 Männer. Alle übrigen, Männer, Frauen und Kinder, sind herausgeführt worden, ungefähr 28 000, in den Wald von Rumbula. Das Kleine Getto existierte bis Oktober 1943. Ich bin am 23. Juli 1943 getürmt und habe 15 Monate in einem Keller gelebt. Dieses Versteck habe ich durch einen guten Mann, der hier als Hausmann arbeitete, gefunden. Er wußte, daß ich Jude bin. Ich kannte ihn aus Riga, und als ich mich an ihn wandte, hat er nicht nein gesagt. In dem Keller war alles voll Wasser. Wir hatten Besuch von Ratten. So habe ich hier mit ei-

nem Bekannten 15 Monate gehaust. Der Hausmann hat uns alles gebracht, was wir nötig hatten. Als die Rote Armee kam, haben wir das Versteck verlassen.

Was ist mit Ihrer Familie geschehen?
Sie sind alle bei der großen Erschießungsaktion im November 1941 umgekommen. Wahrscheinlich im Wald von Rumbula.

Herr Schalom, ein großer, weißhaariger Mann, hatte uns begleitet. Ruhig und geduldig wartete er, bis wir ihn baten, uns das Gettohaus zu zeigen, in dem er mit seiner Familie damals gewohnt hatte. Gleiches Bild: relativ schmale Straße, einstöckiges Haus, fast eine Hütte, Wäsche auf einer quer über den Rasen gespannten Leine. Anwohner fragen, was wir machen. Sie sind einfach neugierig. Als sie erfahren, was wir tun, geht gleich eine Diskussion los, über die Zeit der Okkupation. Keine Feindseligkeiten gegen uns, was mich erstaunt und erleichtert.

Herr Schalom, Sie erinnern sich hier an dieses Haus? Das gehörte zum Getto? Sie haben hier mit Ihrer Familie gelebt?
Ja, wir haben unsere Wohnung in der Stadt getauscht und kamen hierher. Hier war ein ganz kleiner Laden, und da war auch ein kleines Zimmer. Dort wohnten wir, meine Mutter, mein Vater, eine Schwester mit Mann und zwei Kindern, eine zweite Schwester mit ihrem Mann und einem kleinen Kind, mein Bruder und ich, alle in einem Zimmer. Es war schrecklich schmutzig, alles war zerbrochen. Trotzdem waren wir glücklich, daß wir hier so was bekommen hatten. Denn manche Leute hatten nicht mal das.

Herr Schalom, warum sind Sie denn nicht weggegangen? Hatten Sie keine Angst vor den Deutschen?
Es wurde mehrmals täglich im Rundfunk gesagt, daß die russische Armee schon in Deutschland sei und daß wir keine Panik haben sollten. Alle mußten zur Arbeit gehen. So war es bis zum letzten Tag. Viele haben geglaubt, daß es wirklich so ist. Außerdem hatte meine Mutter eine deutsche Erziehung bekommen, und sie sagte:

»Ich kenne das deutsche Volk, es ist ein Kulturvolk. Ein Volk, wo so bedeutende Leute wie Goethe, Schiller, Lessing und Musiker wie Bach und Beethoven geschaffen haben, ich glaube nicht, daß sie uns was Böses antun werden.«

Was ist mit Ihrer Familie passiert, Herr Schalom?
Mein Bruder und ich wurden ins Kleine Getto geschickt, ebenso alle anderen Männer der Familie. Meine Mutter, meine zwei Schwestern und die Kinder wurden in der zweiten Aktion nach Rumbula gebracht und dort erschossen.

Herr Schalom, können Sie mir beschreiben, wie diese Aktion hier in Riga aussah? Was heißt Räumung des Gettos? Was heißt: Die Leute sind weggekommen von hier?
Herbert S., ein Kapitän der lettischen Armee, kam hier ins Getto, und sein Todesbataillon, das bewaffnet war, hat alle mit Peitschen aus den Häusern rausgetrieben. Wer nicht rausgehen konnte, wurde erschossen. Kleine Kinder wurden aus den Fenstern der höheren Stockwerke herausgeschmissen. Alle mußten auf der Straße antreten. Dann ging man nochmals räumen, nachsehen, ob sich vielleicht jemand im Keller oder auf dem Boden versteckt hat. Hatte man jemanden gefunden, so wurde er sofort erschossen.

Sie standen die ganze Nacht auf der Straße. Ältere Leute, Kinder und Kranke, die nicht so lange stehen konnten, wurden erschossen. Die anderen gingen in den Wald von Rumbula. Es war Winter, sehr kalt, und es lag viel Schnee, und auf dem weißen Schnee hat das rote Blut kontrastiert. Überall lagen die Leichen, erschossene Menschen. Das habe ich alles gesehen, denn ich war auf dem Dach eines Hauses im Kleinen Getto. Wir dachten, daß das Ende der Welt gekommen sei. Keiner konnte sich vorstellen, daß so etwas je hätte geschehen können. In der ganzen Geschichte der Menschheit hat es so was Schreckliches nicht gegeben. Wir dachten, das Mittelalter ist schrecklich gewesen, die Inquisition, die Pogrome in Rußland. Aber das war alles nichts, verglichen mit dem, was hier während der Okkupation geschah. Mein Vater und mein Bruder sind später auch erschossen worden. Ich bin geflüchtet, weil ich sagte, lieber im Laufen erschossen werden als so was. Ich war schlank, blond und spreche die lettische Sprache. Also gab ich mich als Lette aus und kam in einen Wald zu anderen Letten.

Würden Sie denn sagen, Herr Schalom, wenn Sie sich nicht als Lette ausgegeben hätten, wenn die Leute gewußt hätten, daß Sie Jude sind, daß Sie denunziert worden wären?
Ja, ganz bestimmt. Die Bevölkerung war leider überwiegend sehr antijüdisch eingestellt. Obwohl, ich persönlich hatte viele lettische Freunde. Dieser Herbert S., der die Mordaktion anführte, war bei mir zu Hause gewesen. Ich war bei ihm zu Hause gewesen. Wir hatten zusammen studiert an der Universität, und ich hatte ihm in Mathematik geholfen. Wir waren Freunde. Ich konnte mir niemals vorstellen, daß dieser Mann ein solcher Sadist war. Das war einfach unvorstellbar für mich.

Wie hat sich die Bevölkerung verhalten, als diese Aktionen stattfanden? Die Leute müssen das doch gesehen haben? Wie war die Haltung der Bevölkerung den Juden gegenüber?
Selbst heute hat man wenig Mitgefühl für das, was damals hier geschehen ist. Man spricht jetzt sehr viel über die Stalinepoche, als viele Letten deportiert wurden. Aber von dieser Epoche, in der die Letten die Juden vernichtet haben, davon spricht keiner. Und auf den Denkmälern – eines ist auch in Rumbula – steht nur, daß sowjetische Bürger ermordet wurden. Auf keinem steht, daß es Juden waren.

Es wird dunkel und beginnt zu regnen. Herr Heifetz, den wir auf dem Friedhof getroffen und um ein Interview gebeten hatten, ist dazugekommen. Er wirkt verschlossen und redet nur zögernd. In der Wohnung seiner Eltern waren damals Juden aus Kassel einquartiert. Juden aus Kassel! Man muß sich vorstellen: Juden, aus ihrer Umgebung gerissen, wurden hierherverschleppt, nach Lettland, in irgendwelche Wohnungen gepfercht. Dann wurden sie in den Wald geschleppt. Und dort erschossen. Am Tag, als »die zweite Aktion« war, die Erschießung im Wald von Rumbula, waren auch seine Eltern dabei. Als sie die Eltern holten, mußte er sich, zusammen mit anderen jungen Männern, mit dem Gesicht zur Wand stellen. Niemand durfte sich umdrehen. Hinter ihm wurden seine Eltern, zusammen mit Frauen und Kindern, weggeführt:

Und dann, was ist dann geschehen?
Und am andern Tag komm' ich her, das war schon der 9. Dezember, da hat mich ein Schutzmann reingelassen. Ich habe die Eltern nicht gefunden, nur den Stock von meinem Vater. Vielleicht hat man ihn auf dem alten Jüdischen Friedhof erschossen. Denn viele Juden hat man dort erschossen, wenn man sie nicht weggetrieben hat auf die Moskauer Straße und dann nach Rumbula. Das hab' ich nachher erfahren. Dort hat man sie erledigt.

Riga an der Düna, eine alte Hansestadt und Hauptstadt von Lettland, hatte 1939/40 rund 380 000 Einwohner, davon waren 45 000 jüdischen Glaubens, also 12 Prozent. Die Juden hatten 60 Synagogen. Heute hat Riga noch eine einzige Synagoge. Und zwei Prozent Juden. Von den insgesamt 100 000 Juden Lettlands wurden über 70 000 ermordet. Und das ging hier, wie überall, nach dem immer gleichen Muster: Erst wurden die Juden ausgesondert. Dann wurden sie kenntlich gemacht, durch den gelben Stern. Dann wurden sie zusammengetrieben und in abgeschlossene Wohnquartiere, in Gettos, gebracht. Die Gettos waren durch Stacheldraht und Mauern abgeriegelt. Wer außerhalb des Gettos erwischt wurde, wurde erschossen. Aus diesen Menschenfallen kam niemand mehr heraus. Schließlich Räumung der Gettos mit Maschinengewehren, Marsch in den nahe gelegenen Wald, Erschießung an den Gruben.

Am nächsten Tag schlechtes Wetter. Grauer Himmel. Es ist kalt und diesig. Bald wird es regnen. Herr Gerson und Herr Schalom warten in der Hotelhalle auf uns. Wir fahren nicht lange zum Wald von Rumbula, vielleicht zwanzig Minuten. Der Fußweg damals dauerte also einige Stunden. Die Erschießungsstellen liegen ein gutes Stück von der Straße entfernt im Wald, aber wie in den meisten Fällen in der Nähe einer Bahnstrecke. So konnten die in Waggons von weiter transportierten Opfer dicht an die Todesgruben herangefahren werden.

Im Wald von Rumbula mehrere lange Gräber, mit Steinen einge-
faßt. Am Ende ein Gedenkstein, nicht besonders groß: »Den
Opfern des Faschismus«. Die Toten also waren Sowjetbürger, nicht
Juden. Herr Gerson sagt, das werde bald geändert. Auch in der
Sowjetunion habe man inzwischen begriffen, daß man diese
Geschichtsfälschung nicht länger hinnehmen dürfe.

*Herr Gerson, in den Transportlisten der Berliner Juden taucht sehr
oft ›Ankunftsbahnhof Riga‹ auf. Das war nicht weit von hier?*
Ja, das war der Rigaer Bahnhof, nicht weit von hier. Ein kleiner Teil
wurde vom Bahnhof aus sofort in das Rigaer Getto geschafft. Alle
anderen sind vermutlich zur Erschießung weggebracht worden. Die
deutschen Juden kamen aus Hannover, Berlin, Stuttgart, Kassel
usw. Sie waren unter schrecklichen Bedingungen transportiert worden. Sie hatten nichts zu essen bekommen, hatten sich nicht
waschen können, tagelang. Als sie im Getto waren, mußten sie alle
außerhalb arbeiten. Transportarbeit, Möbeltransport usw. Im
Oktober 1943 wurde das Getto liquidiert. Um sieben Uhr abends
wurden sie von Deutschen und Letten aus den Häusern getrieben.
Ich habe die Aktion von halb zwei nachts an gesehen. Die Kolonnen
wurden durch die Straßen getrieben. Wer nicht mitkam, der wurde
erschossen. Um ein Uhr mittags wurde die Aktion unterbrochen.

*Wie viele Menschen sind in den Wald von Rumbula zur ersten
Erschießungsaktion getrieben worden?*
Eine genaue Zahl kann ich nicht nennen. Bis zu 30 000 ungefähr.
Dann kam die nächste Erschießung. Die zweite Aktion war am 8.
Dezember 1941.

*Das muß doch sehr kalt gewesen sein? Wie lange hat die Erschie-
ßung gedauert, weiß man das?*
Es waren 18 Grad minus. Ich weiß genau, daß es damals sehr kalt
war. Manche haben eine ganze Woche auf ihr Schicksal gewartet.

Eine Woche auf die Erschießung gewartet, im Freien?
Ja.

Auf einem der Grabhügel, eingerahmt und unter Glas, das Foto eines blonden Mädchens, mit Grübchen. Sie lächelt. Ihr Geburtsdatum: 1931. Sie war also zehn Jahre alt, als sie hier erschossen wurde, vor 48 Jahren. Blumen liegen vor dem Foto. Ich würde gern wissen, wer hierherkommt und Blumen niederlegt. Herr Schalom hat blaue Lippen und blaue Hände vor Kälte, er zittert am ganzen Körper. Wir bieten ihm unsere Mäntel und Jacken an. Aber er will nichts anziehen. Hier sind auch seine Eltern ermordet worden. Wir fahren am Bahnhof vorbei. Steigen aus. Ein kleiner Bahnhof, rotes Backsteinhaus. Zwei Bahnsteige. Mehr nicht. Ankunftsort und Endstation so vieler Juden. Auch aus Berlin. Auch aus Hannover, aus Stuttgart, aus Kassel.

Ich strenge meine Phantasie an, versuche mir vorzustellen, ich wäre in so einem Zug hier angekommen, auf diesem Bahnsteig ausgestiegen, wäre erschossen worden im Wald von Rumbula, bei Riga, hier, in fremdem Land.

Wir fahren zurück zum jüdischen Friedhof. Wir haben uns dort mit dem Historiker Marger Westermann verabredet. Er hatte mir erzählt, daß die Synagoge auf dem Friedhof angesteckt und Juden darin verbrannt worden waren. Herr Schalom und Herr Gerson kommen mit. Ich verstehe, warum sie mitkommen. Die Erinnerung läßt sie nun nicht mehr los. Und endlich können sie ihre Geschichte erzählen, uns Fremden, Deutschen.

»Vierzig Jahre lang habe ich gewartet. Gewartet, daß jemand kommt und meine Geschichte hören will«, sagt Abraham Gerson.

Nun sind wir da.

Für ihn ein kleines Wunder. Das will er nicht loslassen.

Herr Westermann, erzählen Sie mir bitte, was sich hier bei der Synagoge abgespielt hat. Wie viele Menschen sind hier verbrannt worden?
Nach Angaben einer außerordentlichen Kommission, die sich mit dieser Frage beschäftigt hat, wurde hier die Familie des Friedhofswärters, eine mehrköpfige Familie, in das Gebetshaus hineingetrieben und verbrannt. Wahrscheinlich, es ist schwer zu belegen, wurden auch Passanten jüdischer Herkunft, die zufällig auf der Straße aufgegriffen wurden, hier verbrannt.

Es gab eine Art Reichskristallnacht hier. Wie viele Synagogen sind angezündet worden in Riga?

Die Hauptsynagogen. Die sogenannte große Synagoge im Zentrum von Riga, mit einigen hundert Opfern, größtenteils Frauen und Kindern. Das waren Flüchtlinge aus Litauen, die steckengeblieben waren. Dann die zweitgrößte Synagoge in der Säulenstraße und die hier auf dem sogenannten Neuen Friedhof.

Herr Westermann, die Leute, die wir hier interviewt haben, haben immer wieder gesagt, daß die Deutschen im Hintergrund Regie geführt hätten, geschossen hätten die Letten. Würden Sie das bestätigen? Wie groß war das Maß der Kollaboration? War es größer als woanders, Ihrer Meinung nach?

Ich denke, daß das Maß der praktischen Kollaboration auf keinen Fall größer war als in den übrigen baltischen Staaten. Ich würde sagen, in ganz Lettland waren höchstens einige tausend Menschen bereit, ihre jüdischen Mitbürger zu ermorden.

Vielleicht könnten Sie das an Beispielen erklären. Wer hat im Getto von Riga geschossen? Wer hat bei den beiden großen Aktionen am 30. November und 8. Dezember im Wald von Rumbula geschossen? Wer hat im Wald von Bikernieku geschossen? Wer waren die Täter?

Also im Getto war es das 20. lettische Reserveschutzmann-Bataillon unter Anführung hoher deutscher SS-Offiziere. Das waren einige hundert Mann, Getto-Wache, lettisches Schutzkommando, die beim Heraustreiben aus dem Getto unheimlich brutal waren. Leute, die gehbehindert waren, wurden an Ort und Stelle erschossen. Besonders viele Opfer gab es bei der letzten Aktion am 8. Dezember. Die Menschen im Altersheim an der Lutherstraße wurden teilweise an Ort und Stelle erschossen, teilweise auf dem Alten Friedhof an der Friedhofsmauer. In dem Getto-Kinderlazarett wurden die kranken Kinder zum größten Teil aus dem zweiten Stockwerk auf aufgepflanzte Bajonette hinausgeworfen. Das war die lettische Schutzmannschaft. Die hat auch die Todeskolonnen in den Wald von Rumbula und in den Wald von Bikernieku getrieben. Ich fasse noch einmal zusammen: zwölf Mann deutsches Erschießungs-

kommando und einige hundert Mann aus dem 20. Reserveschutzmann-Bataillon bei der Bewachung und den brutalen Mißhand-
lungen.

Herr Gerson kommt abends noch einmal zu uns ins Hotel, um sich
zu verabschieden. Er bringt uns eine halbe Flasche Wodka und eine
halbe Flasche Cognac mit. Er habe sich gedacht, sagt er, das wäre
doch gut, wenn es weiterhin so kühl und so regnerisch bliebe. Ich
weiß, daß ihn diese beiden halben Flaschen ein kleines Vermögen
gekostet haben, und protestiere. Umsonst. »Sie wissen schon«, sagt
er, »mehr als vierzig Jahre...« Er sieht klein aus und verloren, wie
er so dasteht und uns nachwinkt. Ich habe versprochen, ihm zu
schreiben, wann seine Geschichte erzählt werden wird, in Deutschland.

Am nächsten Morgen Fahrt mit einem Minibus nach Vilnius, zu
deutsch Wilna, Hauptstadt von Litauen. Rechts und links der Auto-
bahn Mischwald, kleine Dörfer. Ankunft am späten Nachmittag
bei Nieselregen. Das Hotel: ein Hochhaus, Neubau, riesengroß,
aber komfortabel. Wir treffen eine Verabredung für den nächsten
Morgen mit Grigorij Smoliakov, Lehrer und Vorsteher des Lehrer-
verbandes, und dem Historiker Dimitri Gelpernas, die beide das
Getto von Kaunas überlebt haben. Sie sprechen zu meiner Erleichterung ziemlich gut deutsch. In Kaunas, 50 bis 60 Kilometer von
Wilna entfernt, war das berüchtigte Neunte Fort, eine Festungsan-
lage mit Gefängnis. Zehntausende sind da erschossen worden. Vor
allem die jüdischen Bewohner des Gettos von Kaunas, aber auch
Tausende von Juden aus den anderen europäischen Ländern. Auch
Juden aus Deutschland. Auch in Wilna gab es, wie überall, ein
jüdisches Getto. Es hatte 70 000 bis 80 000 Bewohner. 67 000 von
ihnen sollen liquidiert worden sein. Das war 1943. Heute leben in
Wilna noch, oder schon wieder, 10 000 Juden.
    Herr Smoliakov steht Punkt neun vor der Tür, klein, schmal,
grauer Bart. Dimitri Gelpernas holen wir ab, aus irgendeiner
Redaktion. Nach zwei Stunden sind wir am Stadtrand von Kaunas.

In der Stadt leben heute 1 000 Juden, früher waren es 43 000. 34 000 Juden waren im August 1941 dem Aufruf der Deutschen gefolgt, ins Getto zu gehen. Es war die Einsatzgruppe A, unter Stahlecker, die den Auftrag hatte, Litauen, Lettland und Estland »judenfrei« zu machen. Und die Einsatzgruppe A besorgte das gründlich.

Von den 34 000 Juden des Gettos von Kaunas haben 6 000 bis 7 000 die Befreiung durch die Rote Armee im Juli 1944 erlebt. Die anderen: erschossen, verhungert, in andere Lager deportiert. Bis nach Dachau. Kurz vor der Befreiung durch die Rote Armee zwischen dem 13. Juli und 1. August wurde das Getto liquidiert, die Überlebenden wurden »evakuiert«. Die meisten wußten inzwischen, was »Evakuierung« hieß. Aber nur wenige konnten sich verstecken, irgendwo, irgendwie.

Wir lassen uns von Herrn Smoliakov das Getto zeigen. Schmale Straßen. Kleine, niedrige Häuschen. Ein bis zwei Stockwerke. Die meisten aus Holz, braun gestrichen.

Als das Getto von den Deutschen eingerichtet wurde im August 1941, haben Sie da geahnt, was das heißt, oder waren Sie arglos?
Wir wußten nicht, was das bedeutet. Wir wußten zwar aus der Geschichte, daß es im Mittelalter Gettos gab. Aber was uns bevorstand, davon hatten wir keine Ahnung. Wir dachten, wir würden arbeiten müssen, und waren auch bereit dazu. Aber wir wußten nicht, was mit uns passieren würde.

Wir wohnten hier in einer kleinen Wohnung mit zwei Zimmern. Wir waren zu sechst, Vater, Mutter und vier Kinder. Dazu kamen noch weitere sechs, so daß zwölf Menschen in zwei kleinen Kämmerchen lebten. Das Getto war mit Stacheldraht umzäunt. Niemand konnte raus, und bewacht wurde es von litauischer Polizei.

Es war also schwer zu fliehen?
Wir hätten fliehen können, aber niemand hätte uns aufgenommen. Jeder hatte Angst. Wenn man in einer Wohnung einen Juden fand, wurde die ganze Familie erschossen.

Die großen Aktionen, die Massenerschießungen, wer hat die geleitet?

Die großen Aktionen wurden von einem SS-Mann geleitet. Um sechs Uhr früh mußten wir uns auf einem Platz einfinden. Wir dachten, es ginge nur um Registration. Wir standen einige Stunden. Dann kam ein SS-Mann und begann mit der Sortierung. Man teilte jede Familie. Ein Teil rechts, ein Teil links. Niemand wußte, wo die schlechte Seite war, wo Leben war und wo der Tod. Ungefähr 14 000 kamen auf die schlechte Seite und wurden zum Fort IX gebracht. Die Straße zum Fort IX führte direkt am Zaun des Gettos entlang. Einige von uns standen am Zaun und sahen eine große Menge Menschen, gut angezogen, mit Koffern: Kinder, Ältere, Frauen und Männer. Sie waren ernst, aber nicht traurig. Einige von uns haben mit ihnen gesprochen, haben zu ihnen gesagt: »Wissen Sie, wohin man Sie führt«? Sie sagten: »Man hat uns gesagt, zur Arbeit, und wir sind bereit, zu arbeiten.« Da sagten wir: »Wir wissen, daß dieser Weg in den Tod führt.« Und die anderen antworteten: »Ach, laßt uns in Ruhe, das kann nicht sein. Uns hat man gesagt, daß wir zur Arbeit gehen.« So sind sie ganz ernst und ruhig in den Tod gegangen.

Wir fahren zum Fort IX einer Festung aus der Zarenzeit mit meterdicken Mauern, später ein Gefängnis. Stacheldraht. Ein Innenhof, für den Rundgang. Die Zellen, zum Teil sehr groß, mit Pritschen, neben- und übereinander. Eisengitter vor den Fenstern. Es ist feucht und kalt hier drinnen. Und es gehört nicht sehr viel Phantasie dazu, sich vorzustellen, was sich in diesen Mauern abgespielt hat. Aber die Massenerschießungen haben nicht in dem Gefängnis stattgefunden, sondern draußen, entlang der Festungsmauer, vor langen Gräben. Die Abhänge sind 15 bis 20 Meter tief. Die Opfer sind an den Rand gestellt und dann erschossen worden. Die Leichen, aber auch diejenigen, die nicht tot waren, fielen in die Gräben. Dann kam die nächste Gruppe an die Reihe. Herr Gelpernas klettert mit uns so einen Abhang hinunter, der Rasen ist naß, es macht ihm nichts aus. Nichts, sagt er, ist im Leben so schlimm wie die Zeit damals:

Das hier ist das Fort IX von Kaunas. Hier wurden über 70 000 Menschen erschossen. Hauptsächlich Juden aus dem Getto von Kaunas, aus der Umgebung, aber auch viele Juden aus Westeuropa, aus Deutschland, Frankreich, Belgien und anderen Ländern. Wir sahen, wie die Menschen am Getto vorbeigingen und bis zum letzten Moment nicht glauben konnten, daß man sie zum Erschießen führte.

Wer hat hier geschossen? Waren es die Deutschen, oder waren es Litauer?
Es waren weder die Deutschen noch die Litauer. Es waren Hitleristen und litauische Faschisten. Die Hauptleitung führten Offiziere der SS und der Gestapo. Der offizielle Name war »Betrieb 1005 B«. Es gab viele solcher Betriebe in Europa.

Die Erschießungen fanden hier statt. Massenerschießungen in den langen Gräben, Einzelerschießungen an dieser Wand. 1961 oder 1962 gab es einen großen Prozeß gegen acht oder neun Angeklagte, die hier geschossen hatten, und die haben dann alles erzählt. Wie man die Menschen ins Getto gebracht hat, wie man sie bis zur Wäsche ausgezogen und wie man sie dann hierher getrieben hat. Viele wollten nicht gehen, also trieb man sie mit Stockhieben, Gewehrkolben und Hunden bis an die Gräben. Dann wurden sie mit Maschinengewehren erschossen. Dann gingen die deutschen Offiziere zu den Menschen, die noch nicht tot waren und knallten sie ab, aber bei weitem nicht alle. Die Angeklagten erzählten, daß man sehen konnte, wie sich die Erde bewegte, als sie weggingen.

Was hat man nachher mit all den Leichen gemacht? Sind sie verbrannt worden?
Am Anfang glaubten die Nazis, daß sie schon nach einigen Wochen in Moskau sein würden, und daß alle ihre Greueltaten niemanden interessieren würden, daß alles in Ordnung sei. Aber Ende '43, als sie schon spürten, daß das Spiel zu Ende geht, daß sie bald die besetzten Gebiete verlassen müssen, begannen sie hier, die Spuren ihrer Greueltaten zu vernichten.

Man hat den ganzen Platz umzäunt, so daß Menschen, die vorbeifuhren oder vorbeigingen, nichts sehen konnten. Dann mußten

72 jüdische und kommunistische Häftlinge die Leichen ausgraben. Die Tagesnorm waren 300 Leichen. Die wurden dann gestapelt: eine Schicht Leichen, eine Schicht Holz, eine Schicht Leichen, eine Schicht Holz. Einige Meter hoch. Das Ganze wurde mit Benzin übergossen und verbrannt. Dann stapelte man einen zweiten und einen dritten Haufen, und die brannten einige Tage. Aus der Stadt konnte man den Feuerschein sehen, aber man wußte nicht, was los war. Wissen Sie, da gab es verschiedene Gerüchte, aber genau wußte man nicht, was da geschah. Normale Menschen konnten sich nicht vorstellen, daß so ein Kulturvolk wie das deutsche solche Massenmorde begehen würde.

Ein Riesendenkmal aus Beton ragt in den Himmel. Mächtige geballte Fäuste, markige Gesichter.

Wir gehen in das Museum: Fotos, Dokumente, Fundsachen der Opfer – Brillen, Kämme, Zigarettenspitzen, Kinderschuhe. Im Gras gefunden, in der Asche.

Auf dem Flughafen von Kiew erwartet uns am nächsten Tag Anatoli, ein Mann vom ukrainischen Fernsehen, Ende Dreißig, dick, nett, mit vielen Goldzähnen. Erste Botschaft: Wir kriegen keine Flüge nach Lemberg (Lvov). Meine Reklamationen bei Aeroflot mit dem Hinweis auf unsere rechtzeitige Buchung beeindrucken die Frau am Schalter überhaupt nicht. Keine Flüge, keine Diskussion. Zweite Hiobsbotschaft: Es gibt auch kein Auto. Also Eisenbahn. Und das mit unserem Gepäck, 400 Kilo insgesamt, ohne Gepäckwagen oder Träger. Und der Zug fährt nur nachts. Ich kämpfe gegen meine Resignation an, bestehe wenigstens auf einer Fahrt nach Babi Jar, am Stadtrand von Kiew. Und ich will die Synagoge sehen, die einzige, die es in Kiew noch gibt. Dabei waren in Kiew 1939 rund 27 Prozent der Einwohner Juden.

Anatoli, der nette dicke Mann mit den Goldzähnen, wird ganz unnett, als er von meinen Wünschen hört. Er will nach Hause. Schließlich besorgt er doch ein Auto, vom Fernsehen, für Devisen, versteht sich.

Die Synagoge ist goldgelb angestrichen, wirkt auf den ersten Blick ganz schön. Genau besehen, ist sie mehrfach übergestrichen, aber jedenfalls nicht ganz verkommen. Ein paar alte Männer sind da. Dann kommt der Rabbiner, der uns von einem Überlebenden von Babi Jar erzählt. Wir verabreden uns für den nächsten Morgen zum Frühgottesdienst, es ist Sabbat.

Die Schlucht von Babi Jar liegt am Ende einer sehr langen, breiten Ahornallee. Ich weiß, daß die Juden eine solche Straße entlanggehen mußten, bis sie die Schlucht erreicht hatten, in der sie erschossen wurden. 33 771 Juden, an zwei Tagen, am 29. und 30. September 1941. Wir sehen rechts der Allee auf einer Anhöhe, zu der eine breite Treppe führt, ein Denkmal. Es ist riesig, aus dunkelgrauem Stein. Leiber, in sich verschlungen. Die Schlucht ist zugeschüttet, mit einer großen grünen Wiese zugedeckt. Ich will die Nebenschluchten sehen, weiß, daß diese Schluchten nicht zugeschüttet worden sind. Anatoli tut so, als wüßte er nicht, wo sie sind. Ich aber weiß, daß es sie gibt und daß sie ganz dicht bei der großen zugeschütteten Schlucht von Babi Jar sein müssen. Aber allein kann ich sie nicht finden. Ich muß aufgeben, für heute.

Im Hotel kriegen wir mit viel Geduld einen Platz. Am besten ist es in der Sowjetunion, man gehört zu einer Delegation. »Delegazie« heißt das Zauberwort. Und in der Tat bevölkern Riesengruppen alle Eßsäle der Hotels. Jeder Mensch, der einzeln kommt, muß warten. Beschwerden sind sinnlos. Alles geht seinen Gang. Bestechung mit Geld funktioniert auch nicht. Die Sowjets dürfen kein Geld nehmen. Trinkgeld ist abgeschafft. Also sage ich einfach auch ab und zu, wir seien eine »Delegazie«. Meistens klappt es dann.

Ich esse schnell. Es ist ungemütlich und laut. In meinem Zimmer lese ich noch einmal das Kapitel in dem Roman von Anatoli Kusnezow, in dem er den »Babi Jar« und die Mordaktion beschrieben hat. Seine Beschreibung beruht auf dem Bericht der einzigen Überlebenden, die sich aus der Schlucht hatte retten können. Dina Mironowna Pronitschewa, Mutter von zwei Kindern, Schauspielerin am Kiewer Puppentheater, hatte ihren Bericht aufgeschrieben. Kusnezow versichert, er habe diesem Bericht nichts hinzugefügt.

Im übrigen mußte auch zur Rechtfertigung dieser Mordaktion in Babi Jar, wie für viele andere Judenmassaker, ein Vorwand herhalten. Partisanen, sowjetische Partisanen, hatten in Kiew das Postamt im Zentrum der Stadt in die Luft gejagt. Angrenzende Gebäude gingen ebenfalls hoch. Es gab einen Riesenbrand, Tote und Verletzte.

Warum der Kretschatik in die Luft gejagt worden war? Kusnezow vermutet, daß »die Deutschen aufgebracht werden sollten, um im Umgang mit der Bevölkerung die sauberen Handschuhe abzustreifen«. Die Deutschen hatten in Kiew zunächst Milde walten lassen. So, wie Kusnezow schreibt, hatte »die Staatssicherheit der UdSSR die Deutschen zur Erbarmungslosigkeit herausfordern sollen. Um so mehr, als die Deutschen darin gelehrige Schüler waren.« Und die Deutschen ergriffen die Gelegenheit. Die Partisanen bekannten sich nicht zu ihrer Tat. Aber selbst wenn sie es getan hätten, hätte es den Juden wenig geholfen. Denn auch hier wurden sie, wie sooft in der Geschichte, zu Sündenböcken gemacht. Die Juden hatten schuld, auch wenn sie mit der Aktion nicht das geringste zu tun hatten. Fünf Tage nach dem Anschlag hing folgendes Plakat in Kiew an Bäumen und Zäunen:

»Alle Juden der Stadt Kiew und Umgebung müssen sich
am Montag, dem 29. September 1941, um acht Uhr
morgens an der Ecke Melnikowskaja und Dochturowskaja
(neben dem Friedhof) einfinden.
Ausweise, Geld und Wertsachen sind mitzubringen,
ebenso warme Kleidung, Unterwäsche usw.
Jeder Jude, der dieser Anordnung zuwiderhandelt
und an anderem Ort angetroffen wird, wird erschossen.
Jeder Bürger, der in eine von Juden verlassene Wohnung eindringt und sich Sachen aneignet, wird erschossen.«

Derselbe Text folgte auf ukrainisch und dann auf deutsch.

Ich las bei Kusnezow den Bericht der Dina nach. Hier eine Zusammenfassung:

»Sie ging auf die Straße, um den Befehl zu lesen. Sie ging rasch weiter, niemand verweilte länger an diesem Ort. Dinas Eltern lebten noch, waren aber alt und kränkelten. Dinas Mann war Russe, sie hatte also einen russischen Familiennamen. Auch ihr Äußeres war keinesweg jüdisch.

In der Luft war ein lautes Stimmengewirr, die Menge dröhnte. Das Ganze ähnelte einer Demonstration, wenn die Straßen, genau wie jetzt, vom Volk überflutet sind. Diese dröhnende Prozession wollte und wollte nicht enden. Es war nicht ohne weiteres zu verstehen, was hier vorging. Wie viele andere war auch sie bisher der Meinung gewesen, daß dort vorn ein Zug steht. In nicht allzu weiter Entfernung hörte man es schießen. Die ganze Atmosphäre ringsherum war unheilvoll und panisch. Die Menschen schubsten einander beim Versuch, eine Schlange zu bilden. In diesem Chaos verlor Dina ihre Eltern.

In diesem Augenblick betraten sie einen langen, engen Durchgang, den zwei Reihen Soldaten mit Hunden bildeten. Die Soldaten schlugen auf die Gehenden ein. Sich zu verstecken oder auszuweichen war völlig unmöglich. Grausame Hiebe, die den Getroffenen sogleich blutig schlugen, prasselten von links und rechts auf Köpfe, Rücken und Schultern nieder. Die Soldaten brüllten: Schnell, schnell. Von hinten drängten neue Menschen nach. Die Menge schritt über die Leiber der Gestürzten hinweg und zertrat sie.

Die Gehenden, die kaum noch bei Sinnen waren, taumelten auf ein Areal zu, das von Soldaten abgesperrt war. Es war ein mit Gras bewachsener Platz. Das Gras war mit Unterwäsche, Schuhwerk und Kleidungsstücken übersät. Dina bemerkte, daß ihr aus der Gruppe der Entkleideten, die jetzt abgeführt wurden, jemand zuwinkte und etwas zurief. Es war ihre Mutter. ›Tochter, rette dich!‹ rief die Mutter, ›du siehst nicht ähnlich aus.‹ Dina ging kurzentschlossen auf einen Polizisten zu. Er verlangte ihren Ausweis. Sie wollte etwas aus ihrem Täschchen holen, aber er griff selbst nach dem Täschchen. In der Tasche waren Geldscheine, das Arbeitsbuch sowie ein Gewerkschaftsausweis. In diesem Ausweis war die Nationalität nicht angegeben. Der Familienname Pronitschewa überzeugte den Polizisten. ›Setz dich dorthin. Sobald wir die Juden abgeknallt haben, lassen wir dich raus.‹

Dina ging zur Anhöhe hinüber und setzte sich. Direkt vor ihren Augen spielte sich, wie auf einer Bühne, das entsetzliche Geschehen ab. Aus dem Korridor, den die Soldaten bildeten, taumelten kreischende, zusammengeschlagene Menschen und wurden von Polizisten in Empfang genommen, die weiter auf sie eindroschen und ihnen die Kleider vom Leibe rissen. So ging es endlos weiter.

Dina sagt, einige der Opfer hätten hysterisch gelacht. Sie versichert, sie habe mit eigenen Augen gesehen, wie mehrere Menschen, während sie sich auszogen und zur Erschießung gingen, schlagartig graue Haare bekamen. Die nackten Menschen wurden in kleinen Reihen aufgestellt. Dann führte man sie durch eine Lücke, die schnell durch eine abfallende Sandmauer gegraben worden war. Was dahinter geschah, war nicht zu sehen, man hörte es nur schießen. Plötzlich kam ein offener Personenwagen angefahren, in dem ein eleganter Offizier saß.

›Was sind das für Leute‹? fragte der Offizier, und dabei wies er auf die Anhöhe. ›Das sind Leute von uns‹, erwiderte der Polizist, ›wir wußten nicht, ob wir sie laufenlassen müssen.‹ Da brüllte der Offizier los: ›Sofort erschießen! Wenn bloß einer hier herauskommt und in der Stadt etwas erzählt, kommt morgen kein Jude mehr hierher.‹

Dina schritt ungefähr im zweiten Dutzend. Sie gingen durch die Lücke. Jetzt öffnete sich vor ihnen eine Art Arena mit beinahe senkrecht abfallenden Wänden. Man trieb sie auf einen ganz schmalen Sandvorsprung. Als die ganze Reihe auf dem Vorsprung stand, stand ein Deutscher vom Lagerfeuer auf und begann mit dem MG zu schießen. Dina fühlte, mehr, als sie es sah, wie die Leiber den Vorsprung hinunterfielen und wie sich die Bahn der Geschosse ihrem eigenen Leib näherte. Sie wartete die Kugel nicht ab und sprang, mit geballten Fäusten, selbst hinunter.

Sie hörte irgendwelche Körperlaute. Rings um sie herum und unter ihr wurde gestöhnt. Die Soldaten schossen mit Pistolen auf jene Opfer, die noch zu leben schienen. Sie hörte neben sich Schritte. Die Deutschen waren hinuntergestiegen und gingen jetzt über die Leichen.

Ein SS-Mann stieß auf Dina, sie kam ihm verdächtig vor. Er hob Dina hoch und begann auf sie einzuschlagen. Aber sie ließ sich wie ein Sack hängen und gab kein Lebenszeichen von sich. Sie hörte das Scheppern von Spaten, hörte, wie der Sand dumpf auf die Leiber fiel, immer näher zu ihr her. Dann spürte sie den Sand auf ihren eigenen Körper fallen. Der Sand drohte sie zu ersticken, sie war nahe daran loszuhusten. Mit letzter Mühe unterdrückte sie den Husten. Dann wurde ihr leichter. Schließlich hatte sie sich freigeschaufelt. Sie preßte sich gegen die Wand, machte kleine Löcher in den Sand und kroch Fußbreit um Fußbreit in die Höhe. Als sie oben anlangte, griff sie einen Strauch. Sie klammerte sich verzweifelt an ihm fest und erreichte festen Boden.«

Am nächsten Tag holen wir den Schriftsteller Gerij Aranow ab, der uns nach Babi Jar begleiten will. Er wohnt in einem Neubau. Kleine Wohnung. Nicht mehr als zwei Zimmer. Er hat eine Frau und zwei Kinder. Ein schmaler, freundlicher Mann, um die Fünfzig. Er zeigt uns die anderen Schluchten. In den vergangenen Jahrzehnten sind Bäume und Sträucher gewachsen. Aber er sagt, die große Schlucht von Babi Jar sei mehr eine Sandschlucht gewesen. Wir klettern eine Schlucht hinunter, stolpern, rutschen. Drehen Bilder, die sich der Wirklichkeit von damals nur annähern können.

Dann Fahrt zur Melnikowstraße, jener Allee, in der sich die Juden einfinden mußten, bevor es auf den Marsch zu den Schluchten ging. Konstantin übersetzt, fast synchron. Ich bin überrascht. Er sagt, er habe das drei Jahre lang in der DDR gemacht.

Herr Aranow, ich wüßte gern von Ihnen, wie die Juden von Kiew benachrichtigt wurden? Ist es richtig, daß das mit Plakaten passierte?
Die erste Nachricht war auf Flugblättern. Dort war vorgeschrieben, daß die Juden mit ihren Sachen zu einem Sammelpunkt kommen mußten. Die zweite Benachrichtigung, die kam von den Polizisten, hiesige Polizei, die von den Deutschen gebildet worden war. Die sind durch die Stadt gegangen und haben den Juden noch mal gesagt, daß sie Kiew verlassen müßten.

Und die Juden sind diese Allee entlanggelaufen?
Ja, diese Straße. Das ist nicht weit von dem Babi Jar, wo sie erschossen wurden.

Und sie haben nicht gewußt, was mit ihnen geschieht? Sie haben gedacht, sie würden irgendwohin gefahren, deportiert werden?
Natürlich. Alle waren sicher, daß sie aus Kiew heraus- und irgendwohin fahren. Zur Arbeit. Aber in der Zone, wo man die Schüsse hörte, da haben sie dann schon begriffen, was vorging. Aber da konnten sie nicht mehr fliehen.

Weil die Bewachung zu stark war?
Dichte Bewachung. Da konnte keiner mehr raus.

Wie hat die Bevölkerung reagiert? Da sind ja bei hellichtem Tag Tausende von Menschen über die Straße gegangen. Das war doch keine Nacht- und Nebel-Aktion?
Die Bevölkerung hat unterschiedlich reagiert. Da waren Leute, die geweint haben, die die Nachbarn und Bekannten begleiteten. So weit, bis sie nicht mehr weiterdurften. Aber es waren auch solche, die Schadenfreude zeigten. Die sehr froh waren. Ich muß noch mal unterstreichen: Im Spalier standen die Kiewer Polizisten, die von den Deutschen formiert worden waren. Das waren auch Menschen, die gemeint haben, so sollte es sein, da ist die neue Macht gekommen, die eben diese jüdische Frage ein für allemal löst.

Aber es sind nicht alle Juden der Aufforderung gefolgt?
Es gab welche, die das boykottierten. Die haben auch versucht, sich irgendwo zu verstecken oder aus der Stadt zu fliehen. Aber die meisten haben geglaubt, es würde sie nicht betreffen, weil sie mit einem Ukrainer oder einem Russen verheiratet waren.

Und Ihre Tante? Was ist mit der geschehen?
Meine Tante Genja hatte auch geglaubt, es würde sie nicht betreffen. Die war mit einem Ukrainer verheiratet und hatte drei Kinder von ihm, und laut deutschem Gesetz hat man ihre Kinder zwar nicht als Arier betrachtet, aber sie sollten auch nicht vernichtet werden. Sie ist nicht nach Babi Jar gegangen. Als man dann wußte, daß es sich um Erschießung handelte, hatte sie beschlossen, die Herkunft zu leugnen und sich als Ukrainerin auszugeben. Sie hatte sich ein Kreuz an einer Kette um den Hals gehängt. Aber die

51

Nachbarn, an sich gute Hausnachbarn, haben sie angezeigt. Es war nichts Böses zwischen den Nachbarn und meiner Tante. Aber die hatten den Befehl der Deutschen gelesen, die Anordnung, Juden anzuzeigen, und da haben sie meine Tante eben angezeigt. Man hat sie abgeholt und später, nicht am 29. September, sondern danach, in Babi Jar erschossen.

Warum haben die Nachbarn sie angezeigt? War das Antisemitismus?
Ich glaube nicht, daß es Antisemitismus war. Sie waren ja gut befreundet. Ich meine, die hatten die große Bereitschaft, dem Befehl der neuen, starken Macht zu folgen. Einer Macht für lange Zeit, so sah es ja damals aus. Ich muß aber sagen, es gab ja auch Ukrainer und Russen, die Juden versteckt hatten. Meine Tante hatte eben Pech mit diesen Nachbarn. Dieser Fall ist natürlich kein Einzelfall. Man hat in den nächsten Tagen nach dem 29. viele Juden angezeigt.

Auf dem Weg zum Denkmal schenkt mir Herr Aronow ein Gedicht, in dem er das Schicksal seiner Tante beschreibt. Zum Denkmal, sagt er, gehe er sonst nie, denn die Inschrift darauf beziehe sich auf »Sowjetbürger«. Es wurden also keine Juden, sondern Sowjetbürger ermordet, so ist das häufig in der Sowjetunion und in Polen. Die Juden, die zu der Schlucht gepilgert waren, um ihrer Toten zu gedenken, waren auseinandergetrieben worden. Jahr für Jahr. Bis die Regierenden eingesehen hatten, daß das Gedenken so nicht abzuschaffen ist. Also hatten sie sich unter Breschnew entschlossen, den Juden den Babi Jar zu nehmen, indem sie die Gedenkstätte zu einer Gedenkstätte »für die ermordeten Sowjetbürger« umfunktionierten. Seitdem gehen am 29. September nur noch ganz wenige Juden dorthin. Aranow war seit der Errichtung des Denkmals 1980 nicht mehr da.

Ich erinnerte mich an die Broschüre, die ich in Kaunas, im Museum von Fort IX, bekommen hatte. Da heißt es auch: »Die Faschisten brachten im 9. Fort Arbeiter und Bauern, Ärzte und Ingenieure, Künstler und Wissenschaftler um.«

Wir nehmen den Nachtzug nach Lemberg. Wenigstens Schlafwagenabteile. Wir bekommen Laken und schwere Decken. Die Betten sind so schmal und hart, daß man sich vor den endlosen Nachtstunden fürchtet. Also Tee mit Whisky? Lieber nicht, denn in den Toiletten steht das Wasser, stinkt es nach Pisse. So fahren wir der Hauptstadt Galiziens entgegen, früher ein Zentrum jüdischen Lebens.

Auf dem Bahnsteig steht unsere Betreuerin vom Fernsehen Lemberg. Es gibt Gepäckträger, die unser Gepäck zu einem Minibus karren. Hotel: erbärmlich. Der Eßsaal hat die Behaglichkeit einer Bahnhofshalle mit Neonlicht. Einige »Delegationen« sitzen an den meterlangen Tischen. Vor dem Fahrstuhl, der nie kommt, Trauben von Touristen mit Bergen von Koffern. Viele Amerikaner. Vor dem Hotel hält gerade ein Bus aus Hamburg. Ich frage mich, was die in Lemberg verloren haben. Familiengeschichten?

Auf dem jüdischen Friedhof treffen wir einige Juden, wie immer nur alte Männer. Einer erinnert uns daran, daß heute Laubhüttenfest ist. Ich würde gern bei einer kleinen Feier dabeisein. Es gibt, sagt er, in Lemberg heute keine einzige Synagoge mehr, trotz der insgesamt noch 11 000 bis 12 000 Juden. Früher gab es 80 Synagogen, für 150 000 Juden. Die einzige Synagoge, die nicht zerstört wurde, sei zu einer Turnhalle umgebaut worden. Ich habe mich, weil ich es nicht glauben wollte, am nächsten Tag selbst davon überzeugt. Die Ballnetze waren unter den Glasfenstern mit dem Davidstern.

Wo sie denn ihr Laubhüttenfest feierten? Sie feiern, sagt mir ein Mann, der im Ober- und Unterkiefer nur Silberzähne hat, in einer Wohnung. Wir könnten hinkommen. Mit Kamera, ja. Er ist sehr freundlich. Eine ältere Frau kommt dazu, eine Gießkanne in der Hand. Die fängt an zu schimpfen. Deutsche? Wir sollten machen, daß wir wegkämen. Ich schweige. Ich kenne ja die Fotos, wie die Juden in Lemberg auf den Straßen erschlagen wurden. Mit Knüppeln, mit Schaufeln, mit langen Stangen. Von Kriminellen, die zu diesem Zweck aus den Gefängnissen geholt worden waren. Auch Fotos von Frauen, die nackt über die Straße rannten. Man hatte ihnen die Kleider vom Leib gerissen.

Ich werde diese Bilder nicht los. Dabei ist Lemberg immer noch eine ganz schöne Stadt. Rund um den Marktplatz dieser kleinen, von 1772 bis 1918 habsburgischen Stadt, immerhin die Hauptstadt Galiziens, stehen zwei- bis dreistöckige, bunt angemalte Bürgerhäuser: rosa, hellgrün, goldgelb. Man darf nur nicht genau hinsehen, es blättert überall. Die Fenster sind zigmal überpinselt. Auf dem Platz Kopfsteinpflaster. Die Oper aus dem Jahre 1901, also aus der österreichischen Zeit, steht in merkwürdigem Kontrast zu einer riesigen Leninbüste aus grauem Granit, direkt davorgesetzt. Lenin, den Blick gen Himmel gerichtet, dahinter das Stück Habsburg, Symbol für Lembergs wechselhafte Geschichte: Erst war die Stadt lange Zeit habsburgisch, dann in schneller Folge polnisch, sowjetisch, deutsch (okkupiert), jetzt ist sie wieder sowjetisch.

Im ehemaligen Getto stehen nur noch wenige Häuser. Ringsum große Neubaukästen. Die Erschießungsgruben liegen außerhalb. Auch sie sind, wie bei Kiew, inzwischen mit Sträuchern und Unterholz zugewachsen.

Im Hotel erwartet uns der Leiter der »Freunde der Jüdischen Kultur« – es gibt hier keine Jüdische Gemeinde –, mit zwei Überlebenden. Der »Freund der Jüdischen Kultur« ist klein und mopplig. Ein Linientreuer. Er und die Kollegen vom Lemberger Fernsehen erklären uns, daß wir das Laubhüttenfest nicht filmen dürften. Warum nicht? Weil die »Freunde der Jüdischen Kultur« keine zugelassene religiöse Gemeinschaft sei. Demzufolge dürften die Juden auch keine religiösen Feste feiern. Ich erkläre ihnen, daß ihr Regierungschef nicht mehr Stalin und nicht mehr Breschnew, sondern Gorbatschow heißt. Das beeindruckt sie nicht übermäßig. Pause. Achselzucken.

Später fahren wir, mit der Begleiterin vom Fernsehen, zu der Wohnung der Juden. Nur mal gucken, sage ich, um sie zu beruhigen. Wir gehen ohne sie. Alles erbärmlich. Wir gehen über einen Hof, Kohlehaufen, Kohlenstaub. Im Haus kein Lichtschalter, stockdunkel. Einige Stufen der Holztreppe muß man überspringen, um nicht in den Löchern hängenzubleiben. Auf dem Laubengang dicke Taubenscheiße. Keine Türklingel. Ich sehe durch die kaputten Fensterscheiben in einer Küche einen Mann mit Kappele. Wir sind also richtig. Die Hausfrau, enorm dick, ist sehr freundlich. Führt uns in ein Wohnzimmer, in dem das Fest zelebriert wird, mit

Vorlesen und Vorsingen. Auch hier nur alte Männer, sie haben ein Gebetstuch um die Schultern gelegt. Der Mann vom Friedhof und die Wohnungsinhaberin erzählen, daß sie seit 1961 keine Synagoge mehr haben. Sie sagen: Das sollten wir mal erzählen, in Deutschland, im Fernsehen, vielleicht bekämen sie dann eine Synagoge. Sie hätten bei den Behörden immer wieder interveniert, vergeblich. Die Frau will, daß wir Filmaufnahmen machen. Aber die anderen spielen nicht mit. Sie wollen die Drehgenehmigung sehen. Die haben wir nicht. Ohne schriftliche Genehmigung keine Filmaufnahmen. Sie wurden fast böse, vor lauter Angst.

Im Hotel treffen wir Edmund Seidel, einen pockennarbigen älteren Mann. Seine Lebensgeschichte und vor allem seine Überlebensgeschichte ist lang und verschlungen. Er ist auf eine sympathische Weise schlau. Wie er den Nazis immer wieder entkommen ist, macht mir großen Eindruck. Er sprang zum Beispiel vom Zug, der nach Polen in das Vernichtungslager Belzec fuhr. Belzec ist von Lemberg gar nicht weit, etwa 70 Kilometer. Im Getto tauchte er dann während einer Razzia in einen Kanalisationsschacht ab, blieb drei Tage unten, bis er den richtigen Ausschlupf fand. Wir machen kein Interview mit ihm. Sein Deutsch ist zu schlecht, sein Jiddisch nicht zu verstehen. Aber ich bin froh, auch mal so einen getroffen zu haben, einen, der sich nicht hat kriegen lassen.

Siegmund Leiner, Direktor einer Konservenfabrik, wartet bereits geduldig und freundlich, wie überhaupt fast alle, mit denen wir sprechen wollen, geduldig und freundlich sind und sich zum Schluß bei uns bedanken, bis auf diejenigen, die noch Angst haben. Mit Herrn Leiner fahren wir nach »Piaski«, zu deutsch »Sand«. Es war die Erschießungsgrube für die Juden aus Lemberg und Umgebung. Deutsche Quellen nennen die Zahl von 200 000 erschossenen Juden. Was wir nun sehen, einige Kilometer außerhalb der Stadt, ist dies: ein Grasabhang, ein bißchen Sand, daneben eine Fabrik. So sieht das Grab von Zehntausenden erschossener Juden aus. Siegmund Leiner war im KZ Janowska, das direkt neben diesem Abhang lag, er sah und hörte also genug. Er hörte zum Beispiel auch, daß Frauen, die mit ihren Kindern nackt drei Tage und drei Nächte auf die Erschießung warteten, angesichts des Gemetzels schließlich darum flehten, endlich erschossen zu werden.

Was haben Sie von den Erschießungen gehört?
Im Sommer 1943 haben sie die Menschen aus dem Getto hierhergeführt und erschossen. Das ging viele Tage lang. Tag und Nacht
hörte ich die Maschinengewehre. Als das ganze Lemberger Getto
vernichtet war, stellten sie die »Brigade 1005« auf. Das waren mehr
als hundert Menschen, und die haben alle Toten verbrannt.

Wie viele Menschen sind hier erschossen worden?
Hier wurden mehr als 100 000 aus dem Getto erschossen. Im Getto
in Lemberg waren 150 000 Juden.

Also, es sind nicht alle hierhergekommen?
Nein. Ein Teil ist nach Belzec gekommen und dort in den Gaskammern vernichtet worden.

*Und die anderen sind hier erschossen worden. Das muß doch eine
riesige Grube gewesen sein?*
Ja, schrecklich viel Blut, den ganzen Weg herunter. Man hat mit
Autos Sandsäcke gebracht und auf den Weg gelegt. Hunderte
waren verwundet. Menschen sind auf Menschen gefallen. Einige,
die verwundet waren, sind weggelaufen und haben erzählt, daß es
ein Holzbrett gab, auf das die Menschen gehen mußten, dann
wurde geschossen, und die Menschen fielen herunter. Die »Brigade
1005« hat sie dann auf Holz geschichtet, mit Benzin übergossen
und verbrannt. Das Gold aus Zähnen haben sie sortiert, die Knochen in eine Maschine getan und dann über die Berge geschüttet.

Wer hat geschossen, Herr Leiner?
Das waren Ukrainer und Deutsche.

*Stimmt es, daß im Lager bei den Erschießungen Musik gespielt
wurde?*
Ja, wenn sie im Lager erschossen haben. Hier nicht.

Und was für eine Musik war das?
Die Musik hieß »Todestango«. Das kam vom »Tango Milonga«.
Das haben jüdische Musikanten gespielt und auch geschrieben.

Und die mußten das spielen, wenn Erschießungen waren?
Ja. Und die wußten, die anderen gingen in den Tod. Ja. Es war eine
traurige Musik.

Was ist mit Ihrer Familie geschehen?
Meine Eltern und meine Schwester haben sie aus dem Getto in den
Wald, drei Kilometer hinter der Stadt, geführt und erschossen. Dort
haben sie ungefähr 3 000 Menschen erschossen. Ich war vom 5.
März bis zum 18. November 1943 in dem Lager. Dann türmte ich
und war bei Partisanen in den Karpaten.

Stille. Dann wage ich ihn zu fragen, ob er sich noch an die Melodie
erinnert. Er summt die Melodie, ganz leise. Ich kenne diesen Tango.
Jeder kennt ihn. Er ist schön.
    Wir fahren zum Wald von Liesenice, wo seine Eltern und seine
Schwester erschossen worden sind. Alles ist überwachsen. Auch
hier: Gras, Sträucher, Unterholz. Was soll ich zum Abschied sagen.
Ich komme mir hilflos vor. Wir wollen ihn nach Hause fahren. Das
sei zu weit für uns, sagt er und nimmt die Straßenbahn.

Wir haben noch zwei Städte auf dem Programm: Odessa und
Czernowitz. Czernowitz, das Zentrum jüdischer Kultur in Osteuropa, ist die Geburtsstadt von Paul Celan, der hier Kindheit und
Jugend verbrachte. Ich kenne Beschreibungen dieser österreich-
habsburgischen Stadt, der Hauptstadt des Herzogtums Bukowina,
auch aus Beschreibungen von Edgar Hilsenrath. Er ist in Czernowitz bei seiner Großmutter aufgewachsen und von dort mit der
Familie deportiert worden. Das war 1941, als sich die mit Hitlerdeutschland verbündeten Rumänen an dem Überfall der Deutschen
auf die Sowjetunion beteiligten. Sie trieben die Juden über die
Grenze, zuerst nach Bessarabien, dann nach Transnistrien. Dort
kamen Zehntausende um. Sie wurden erschossen, sie starben an
Hunger, sie starben an Kälte. Es waren die elendsten Gettos. Diese
Vertreibung und Ermordung der rumänischen Juden durch das
rumänische Militär ist ein besonders grausames Kapitel. Auch die
Erschießungen bei Odessa, der Hafenstadt am Schwarzen Meer.

Was wußte ich von Odessa? Größter Hafen am Meer. Und natürlich hatte ich eine Vorstellung von der berühmten Treppe, auf der in Eisensteins Film »Panzerkreuzer Potemkin« der Kinderwagen hinuntersaust: Revolution 1905. Und dann war Odessa mit 60 Prozent Juden die Stadt mit dem größten jüdischen Bevölkerungsanteil in der UdSSR, für mich auch immer mit Namen wie Nathan Milstein und David Oistrach verbunden. Jüdische Geigenvirtuosen kommen aus Odessa, das weiß jeder Konzertbesucher, auch bei uns. Aber jetzt kamen andere Assoziationen hinzu. Judenmassaker. Die Rumänen waren bis tief in die Sowjetunion, bis weit in die Ukraine, vorgedrungen. Sie haben bei Odessa Zehntausende von Juden ermordet. Kein Land in Europa, außer Deutschland, war in Massaker solchen Ausmaßes verstrickt. Die Grausamkeit der Rumänen, heißt es, übertraf zeitweilig noch die der Deutschen. Sogar Angehörige der Einsatzgruppen, also deutsche SS-Männer, der Sensibilität und des Mitleids unverdächtig, haben dem Reichssicherheitshauptamt in den »Ereignismeldungen« von der Front ihr Entsetzen über das Vorgehen der Rumänen mitgeteilt.

Beide Städte waren schwierig zu erreichen. Die üblichen Transportprobleme: Weder Flüge noch ein Minibus waren zu bekommen. Aber diese Reise gehört in das Rumänien-Kapitel.

NORWEGEN

Norwegen gehörte nicht zu den eigentlichen Eroberungszielen Hitlers. Aber als die Marineführung im Winter 1939/40 davor warnte, Britannien könne das Land besetzen, um Deutschland von den über Narvik laufenden schwedischen Erzzufuhren abzuschneiden, was in der Tat ein britischer Plan war, da entschloß sich Hitler, wie es seine Art war, zu einer durchschlagenden Offensive sowohl gegen Norwegen als auch gegen Dänemark und ließ sie noch kurz vor der bevorstehenden Westoffensive am 9. April 1940 einleiten. Während Dänemark die deutschen Truppen ohne Widerstand ins Land ließ und dafür seine Souveränität auch unter deutscher Besetzung bewahrte, was später für das Schicksal der Juden von großer Bedeutung sein sollte, setzte sich Norwegen zur Wehr, und es kam vor allem bei Narvik zu heftigen und verlustreichen Kämpfen auch mit britischen und französischen Einheiten, die zur gleichen Zeit dort an Land gegangen waren. Erst Ende Juni war das Land ganz in deutscher Hand. König und Regierung gingen ins Exil nach London.

Obwohl also die Okkupation zunächst aus militärischen und kriegswirtschaftlichen Gründen erfolgt war, kamen bald danach auch politische Gründe zum Vorschein, als Hitler das besetzte Land einer Zivilverwaltung unter einem Reichskommissar unterstellte und dazu den Gauleiter Josef Terboven ernannte. Das deutete auf Absichten hin, Norwegen und auch Dänemark später in ein geplantes Großgermanisches Reich einzubeziehen. In Oslo wurde ein norwegischer Verwaltungsrat unter Vidkun Quisling gebildet, der so eng mit der Besatzungsmacht zusammenarbeitete, daß sein Name geradezu zum Inbegriff der Kollaboration wurde, obwohl er nennenswerten Einfluß nicht auszuüben vermochte. Auf der anderen Seite bildete sich eine starke Widerstandsbewegung und rief harte deutsche Gegenmaßnahmen hervor.

In Norwegen lebten unter einer Gesamtbevölkerung von fast drei Millionen etwa 1 800 Juden, von denen 300 Flüchtlinge aus Mitteleuropa waren. Sie waren voll integriert und machten einen Bevölkerungsanteil von wenigen Promille aus. Antisemitismus war so gut wie unbekannt. Trotzdem leiteten die deutschen Behörden schon im Mai 1940 judenfeindliche Maßnahmen ein. Die Juden wurden verfolgt, registriert, wirtschaftlich benachteiligt, ab 1. März 1942 mußten ihre Personalausweise mit einem »J« gekennzeichnet werden.

Als zur gleichen Zeit überall im deutschen Herrschaftsbereich in Europa die Deportationen begannen, fanden die deutschen Behörden auch in Norwegen einen Vorwand, um Ende Oktober die Verhaftung aller jüdischen Männer anzuordnen, während die Frauen sich täglich bei der Polizei zu melden hatten. Etwa die Hälfte der Juden konnte sich diesen Maßnahmen entziehen und großenteils mit Hilfe der Widerstandsbewegung nach Schweden entkommen. Die andere Hälfte fiel den Deutschen in die Hände. Am 26. November 1942 wurden 530 Juden auf einem deutschen Schiff von Oslo nach Stettin und von dort mit der Eisenbahn nach Auschwitz deportiert, wo 345 von ihnen sofort in die Gaskammern kamen. Am 24. Februar 1943 folgte ein zweiter Schiffstransport mit 158 Juden, von denen 130 bereits bei der Ankunft in Auschwitz ermordet wurden. Von den insgesamt 760 aus Norwegen deportierten Juden überlebten 25. 42 Prozent der bei Kriegsbeginn in Norwegen lebenden Juden fielen dem deutschen Mordanschlag zum Opfer.

Ganz anders verlief die Geschichte in Dänemark, obwohl die geographischen und freiheitlich-demokratischen Voraussetzungen fast gleich waren. Hier lebten bei Kriegsbeginn sogar etwa 8 000 Juden, darunter etwa 1 500 Flüchtlinge. Bei Kriegsende aber hatten mit Ausnahme von 51, die in Theresienstadt zugrunde gegangen waren, alle überlebt. Der entscheidende Unterschied war, daß Dänemark sich seine eigene Regierung bewahrt hatte und folglich keine antijüdischen Maßnahmen eingeleitet worden waren. Erst als im August 1943 der Ausnahmezustand ausgerufen wurde und die Wehrmacht die Herrschaft übernahm, sollten die Juden auf Befehl Hitlers deportiert werden. Doch die Deutschen hatten keine Vorbereitungen treffen können, die Dänen waren gerade wegen der Aufhebung ihrer Souveränität sehr widerspenstig geworden, und der Reichsbevollmächtigte Werner Best war mehr an der Stärkung seiner Macht interessiert als an der Deportierung der Juden. Er fürchtete auch, daß Unruhen im Lande ausbrechen würden, und als dann der deutsche Reedereivertreter Georg Duckwitz einem dänischen Bekannten den Deportationsplan verriet, kam es zu einer einzigartigen Rettungsaktion. Als die deutschen Polizisten an den Wohnungstüren klingelten, um die Juden abzuholen, waren die meisten von ihnen in anderen Wohnungen versteckt worden, und in den folgenden Wochen wurden sie in vielen Fischerbooten über den Öresund nach Schweden gebracht.

Natürlich gebührt den dänischen Helfern der Ruhm. Aber man muß auch hinzufügen, daß die Umstände hier wesentlich günstiger waren als in Norwegen. Auch dort fehlte es nicht an tapferen Helfern, aber die Deutschen hatten in diesem Land schon früh die antijüdischen Maßnahmen einleiten können, die die Deportationen ermöglichten.

Wir waren im nördlichsten Land Europas, aus dem Juden deportiert wurden, in Norwegen. Und wir waren im südlichsten, auf der Insel Rhodos. Von hier sind noch nach dem Attentat auf Hitler, also im Juli 1944, Juden deportiert worden. Das zeigt die europäische Dimension: von Norwegen bis Rhodos.

In Norwegen, hatte ich bei Raul Hilberg in seinem Buch »Die Vernichtung der europäischen Juden« gelesen, gab es vor 1939 etwa 1 800 Juden. Zwei Drittel lebten in Oslo, ein Drittel in Drontheim. 760 Juden sind umgekommen. Die anderen konnten flüchten, die meisten nach Schweden, über die 1 500 Kilometer lange Grenze. Das war nur mit tatkräftiger Unterstützung von Norwegern möglich. Also mehr Widerstand als Kollaboration? Natürlich wußte ich von Quisling, dem norwegischen Kollaborateur. Aber von Fluchtgeschichten, von Fluchthilfe, die es bei etwa 50 Prozent der Geretteten gegeben haben muß, wußte ich nichts. Nur die nackten Zahlen.

Im Oktober '87 waren wir das erste Mal in Oslo.

Es war kühl, es regnete. Keine gute Einstimmung für eine fremde Stadt im hohen Norden. Auch der Hafen wirkte nicht gerade einladend, vor allem, wenn ich an südliche Häfen dachte, wo man überall einen Platz findet auf einen Kaffee oder ein Glas Wein. Das Stadtschloß sah heiter aus, in den schönen architektonischen Proportionen fast italienisch. Aber die langen Straßen wirkten öde, keine Restaurants, keine Kneipen, kein Café. In der Hauptstraße, in der das Hotel lag, randalierende Jugendliche, Bierflaschen am Hals. Doch das Hotel war angenehm. Ich rief Oskar Mendelsohn an, bei dem ich mich bereits angemeldet hatte. Wir trafen uns in der behaglichen Hotelhalle: Teppiche, Grünpflanzen, Tee, Kuchen. Draußen pladderte der Regen gegen die Fenster.

Ich wußte, Oskar Mendelsohn hatte 35 Jahre lang an einem zweibändigen Werk über die Geschichte der Juden in Norwegen gearbeitet. Er brachte es mit. Es war nicht übersetzt. Ich schob es ihm sanft wieder über den Tisch zurück. Ich verstand: Das war sein Lebenswerk. Aber ich konnte es doch nicht lesen. Man müßte einen deutschen Verleger finden, einen guten Übersetzer, versuchte ich ihn zu trösten. Sein Beruf: Deutschlehrer. Geboren in Drontheim. Dort hatte sein Vater eine Fabrik besessen. Vater, Mutter und Bruder kamen nach Auschwitz. Alle sind umgekommen. Vor der Deportation war sein Vater schrecklich mißhandelt worden. Sie hatten ihm den Rücken mit Ochsenziemern blutig geschlagen, dann den aufgerissenen Rücken mit grüner Schmierseife eingerieben. So warfen sie ihn in eine Zelle, auf frischen Zement. Er war, sagte Mendelsohn, mit dunklen, traurigen Augen an mir vorbeisehend, in einem so elenden Zustand, daß ihn seine Peiniger »erlösen« wollten. Aber sie taten es nicht. Er kam nach Auschwitz. Dort wurde er »erlöst«.

Mendelsohn erzählt von seiner Flucht. Wenigstens eine Geschichte mit Happy-End, der gute Ausgang ist von vornherein klar. Er entkam mit seiner Frau nach Schweden. Es ist eine lange und komplizierte Geschichte. Ich hatte mir die Flucht von Norwegen nach Schweden immer so einfach vorgestellt. Nun erfahre ich, daß das gar nicht einfach war. Als er nach vielen Stunden geht, verabreden wir uns zu Filmaufnahmen im nächsten Jahr. Dann wollen wir den Fluchtweg abfahren. Ich würde ihn am liebsten umarmen, wie er so dasteht, mit seinem dicken zweibändigen Werk unter dem Arm, mit dieser schrecklichen Familiengeschichte im Herzen, die er mir, einer Fremden, einer Frau aus Deutschland, gerade erzählt hat. Natürlich umarme ich ihn nicht.

Mein nächster Besucher: Kai Feinberg. Ein großer Mann, eine Zigarette nach der anderen rauchend, eilig, geschäftig, freundlich, sachlich. Auch er hat seine ganze Familie in Auschwitz verloren. Vater, Mutter, Geschwister, Tanten, Onkel. Neun Selektionen hat er bei Mengele überstanden. Ich frage noch einmal nach, ob ich mich vielleicht verhört hätte. Neun? Ja, neun Selektionen. Er zuckt die Schultern. Er spricht schnell, raucht schnell, will keinen Tee, nein, danke. Feinberg hat einen Metallwarenhandel. Ist Geschäftsmann. Hat nicht viel Zeit. Wann ich wiederkomme? Nächstes Frühjahr. Ja, gut. Soll er Autos bestellen für uns? Nein, danke, vielleicht kommen wir mit eigenen Autos. Gut, wir telefonieren. Er sei viel unterwegs, viel Glück weiterhin.

Ich fliege nach Berlin zurück.

Mai 1988. Ankunft pünktlich. Zum Glück Sonne.

Ich bin mit Oskar Mendelsohn verabredet. Er ist nett, wie ich ihn kenne, aber umständlich. Er will mir unbedingt noch eine dritte Geschichte für die Dreharbeiten einreden, die Geschichte einer Frau, die Kinder gerettet hat. Ich gebe nach, weil ihm so viel daran zu liegen scheint. Ich fürchte mich vor Norwegen und den Geschichten hier.

Unser Hotel in Oslo war diesmal etwas bescheidener. Ich habe noch nicht ausgepackt, da ist Mendelsohn schon da. Wir fahren gemeinsam zum Hafen, von dem aus damals die »Donau« abgefahren war und wo uns Herr Feinberg bereits erwartet. Wieder ein bißchen eilig, wieder so hastig rauchend, eine Zigarette nach der anderen, war er plötzlich gar nicht mehr der Geschäftsmann, den ich in Erinnerung hatte. Er verwandelte sich für mich in einen Juden, verfolgt, gehetzt, erniedrigt. Er wurde mir fast vertraut. Obwohl er so sachlich erzählt:

Bitte beschreiben Sie mir Ihre Verhaftung, Herr Feinberg.
Ich habe im Oktober 1942 Mathematik in Oslo studiert, und wir haben Gerüchte gehört, daß etwas geschehen sollte. Ich wurde am 26. Oktober verhaftet. Ich hatte bei einem Freund geschlafen, der kein Jude war. Meine Eltern waren verreist, und meine Schwester und mein Adoptivbruder, ein Junge aus Wien, waren zu Hause. Die norwegische Polizei kam zu meiner Schwester, Deutsche waren nicht dabei. Sie haben zu meiner Schwester gesagt, wenn ich mich nicht innerhalb von fünf Stunden meldete, würden sie sie verhaften. Ich habe morgens zu Hause angerufen und diesen Bescheid bekommen. Deshalb habe ich mich gemeldet, und dann haben sie uns alle in einem Haus gesammelt.

Wie viele Männer sind da versammelt worden?
Das kann ich nicht genau sagen, aber mindestens 200.

Dort sind Sie von norwegischer Polizei empfangen worden, nicht von deutscher Polizei?
Norwegische Staatspolizei hat uns empfangen und in ein norwegisches Gefängnis gebracht, und dann sind wir in ein Konzentrationslager in Nordnorwegen gefahren.

Wie waren die Zustände dort?
Also, wenn man das mit Auschwitz vergleicht, dann war es ein Sanatorium. Wir haben zu essen bekommen und sind nicht direkt mißhandelt worden. Wir mußten stundenlang im Appell stehen, aber das war alles. Es war kein Geschrei, gab keine Schläge und Torturen.

Es heißt, daß fast 600 Leute mit der »Donau« abtransportiert wurden, hier von Oslo.
530 Männer, Frauen und Kinder. Als wir hierherkamen, wir waren ein reiner Männertransport, habe ich gesehen, daß auch alle Frauen und Kinder verhaftet worden waren, und sie warteten, um auf das Schiff zu kommen.

Und haben das Leute aus Oslo beobachtet? Es ist ja ein bißchen abgelegen hier.
Es war sehr streng bewacht, und ich glaube, daß die Bevölkerung nichts sehen konnte. Das war ganz geheim. Wir sind ungefähr um elf Uhr hier angekommen, und um 15 Uhr ging das Schiff ab.

Und als Sie das Schiff sahen und als es nun aufs Schiff ging, da haben Sie immer noch gedacht, Sie kommen nach Nordnorwegen und später wieder zurück?
Nein, auf dem Schiff haben wir gehört, daß die Familien nach Polen oder Deutschland fahren sollten, um in einem Arbeitslager zu leben, und die Familien sollten zusammensein. Das habe ich geglaubt. Weil ich ja keine andere Erfahrung hatte.

Das heißt, es gab auch unter diesen Umständen keine Fluchtversu-
che von irgendwelchen Leuten?
Nein, wir sind alle raufgegangen auf das Schiff. Dann ging es direkt
nach Stettin. Und das war ein ganz besonderes Gefühl: Dänemark
ganz im Dunkeln und alle Lichter an der schwedischen Küste. Das
ist ja sehr schmal da. Und wir waren seekrank, aber auf dem Schiff
war alles in Ordnung. Wir haben genug zu essen bekommen. Die
Frauen lagen für sich und wir Männer auch, aber wir haben die
Gelegenheit bekommen, die Frauen und Kinder zu besuchen. Dann
kam ich nach Stettin, und da haben uns die Deutschen übernommen, das heißt die SS. Und dann war es sehr schrecklich. Da gab es
Schläge, Schreie usw. Wir haben uns aufgestellt und sind in Eisen-
bahnwaggons verladen worden, die Männer für sich und die
Frauen und die Kinder für sich. So ging es nach Auschwitz.

Mit mir waren mein Vater, meine Mutter, meine Schwester und
der Wiener Adoptivbruder. Ich habe 32 Verwandte in Auschwitz
verloren. 32 Angehörige, mit Cousin, Großmutter, Tante, Onkel
usw. Auch meine Mutter und meinen Vater. Mein Vater ist am 7.
Januar 1943 in Auschwitz, in Buna, gestorben. Meine Mutter,
meine Schwester und der Adoptivbruder aus Wien sind in die
Gaskammer gekommen. Bei der Ankunft in Auschwitz haben sie
eine Selektion beim Dr. Mengele gemacht. Und nur die Männer, die
arbeiten konnten, durften ins Lager einmarschieren. Rechts sind die
Leute mit Autos zu einem Gebäude, das aussah wie eine Fabrik,
gefahren. Damals wußten wir noch nicht, was geschehen würde.
Zwei, drei Tage später ist es mir klargeworden. Die anderen Häftlinge haben es mir erzählt.

Die letzte von meiner Familie, die ich sah, war meine Schwester.
Sie hatte einen roten Hut auf, und sie hat mir zugewinkt vom Auto.
Das war das Ende.

Wie haben Sie das überlebt, Herr Feinberg? Wodurch? Waren Sie
so kräftig, so stark?
Nein, nur Glückssache. Nur Glückssache. Ich habe nichts gemacht,
um mich zu retten. Ich war in neun Selektionen.

Wieviel?
Neun. Und immer hatte ich Glück. Ich weiß nicht, ob es ein Glück war. Die haben immer gesagt: »Laßt den langen Norweger, laßt ihn leben«. Wir mußten die ganze Zeit arbeiten, und nach drei Monaten war ich »Muselman«. Ich hatte ein Gewicht von 47 Kilo. Ich war sehr oft im Krankenhaus und dadurch diese vielen Selektionen.

Wie leben Sie heute damit, Herr Feinberg?
Ich träume nachts. Ich habe jetzt Familie, drei Kinder. Ich habe Enkelkinder. Ich arbeite viel. Das Leben geht weiter. Wenn man nur an diese Sache denken würde, dann könnte man nicht leben. Was ich da gesehen habe, das kann nicht beschrieben werden.

Was war das Schlimmste an Auschwitz für Sie?
Ich bin ein norwegischer Jude, ich bin gewöhnt, Menschenrechte zu haben, und in Auschwitz hatte man keine Menschenrechte. Das normale Leben für einen Menschen in Auschwitz dauerte zwei, drei Monate. Daß man in den ersten Monaten nicht zurückschlagen konnte, das war das Schlimmste. Ich mußte alles hinnehmen, denn ich wußte, wenn ich etwas tun würde, würde ich erschossen werden.

Haben Sie den Norwegern irgend etwas vorzuwerfen?
Nein. Ich weiß zwar, daß Norweger und die norwegische Polizei mitgemacht haben. Aber das war nur ein Teil. Zwei Prozent der norwegischen Bevölkerung vielleicht. Die anderen haben uns geholfen, so gut sie konnten. Man darf nicht vergessen, daß über die Hälfte der Juden nach Schweden gerettet wurden.

Mein Schicksal war für mich besonders schlimm, weil mein Vater und meine Mutter nicht verhaftet worden waren, denn mein Vater war Vorsitzender des Jüdischen Hilfsvereins. Als alle Männer verhaftet wurden, hatte er den Auftrag, von dem Geld, das der Verein hatte, den Frauen und Kindern Geld für die Flucht zu geben. Deshalb war ich so erstaunt, ihn hier auf dem Schiff zu sehen. Und ich habe ihn gefragt, warum er nicht nach Schweden geflohen sei. Er hat gesagt: »Du bist doch verhaftet worden, wie konnte ich da von hier weggehen!« Er hätte fliehen können, ebenso meine Mutter und meine Schwester. Alle sind sie dageblieben, weil ich verhaftet wurde, und alle sind mit mir auf dem Schiff transportiert und dann vernichtet worden.

Herr Feinberg zündet sich eine Zigarette an und sagt zum Abschied mit einem kleinen ironischen Lächeln: »Vielleicht schlafe ich heute wieder etwas schlechter.«

Das Gesicht von Herrn Mendelsohn, der das Gespräch mit angehört hat, kommt mir jetzt kleiner und grauer vor. Ich weiß, was er denkt. In seiner Familie waren es fünfundzwanzig. Ich lege meine Hand auf seine Schulter, so, als wolle ich ihn wegführen vom Hafen. Aber im Grunde ist es eine hilflose Geste.

Die Frau, von der mir Mendelsohn erzählt hat, wohnt in einem weißen Holzhaus, das fast so aussieht wie ein amerikanisches Pionierhaus. Sie ist alt, vielleicht siebzig. Aber sie steht ganz aufrecht, wenn auch auf einen Stock gestützt. Diese Ingeborg Sletten also hatte Kinder gerettet. Tschechische jüdische Kinder, die in Oslo Zuflucht gefunden hatten. Sie hat strahlende blaue Augen, weißes Haar.

Ich frage Frau Sletten zuerst nach dem Baum, den sie in Jerusalem, in Yad Vashem, in der »Allee der Gerechten«, hat pflanzen dürfen. Das ist eine hohe Ehrung nur für diejenigen, die Juden vor dem Tod gerettet haben.

Diese Ehrung, Frau Sletten, für welche gute Tat?
Weil ich versucht habe, den Juden zu helfen.
Zuerst waren da die Flüchtlinge, die ich schon von 1939 kannte. Ich gehörte danach zu einem internationalen Zivildienst. Und dann kam der Krieg, und ich bin zu der nationalen Hilfe gegangen und habe gefragt, was können wir tun. Mir wurde gesagt, ihr könnt den Flüchtlingen Unterricht geben. Ich hatte eine Gruppe von tschechischen Juden, und sie waren meine norwegischen Schüler. Ich habe sie sehr gut kennengelernt, wir waren sehr gute Freunde, und als der Krieg begann, versuchten wir natürlich, ihnen zu helfen.
Zuerst haben wir sie aus Oslo rausgeschickt, an dem Tag, als die

Deutschen kamen, in mein Sommerhaus auf dem Land. Eine Gruppe von ihnen war einmal zu den Osterferien dort, das waren sehr feine Menschen. Da gab es eine Frau, Nora, die für mich sehr wichtig war. Wir saßen in der norwegischen Stille am Hafen, die anderen waren schlafen gegangen, da wirft sie sich mir plötzlich um den Hals und sagt, Inge, es wird was Furchtbares über uns alle kommen. Das war Ostern 1940. Und das Furchtbare kam. Da haben wir versucht, sie alle weit wegzuschicken. Ich wollte sie alle in meinem Sommerhaus haben, aber einige von ihnen, darunter auch Nora, reisten zur Westküste, waren lange dort, bis sie verhaftet wurden, und ich habe sie dann besucht. Da waren sie im Gefängnis, alle.

Die anderen, die näher waren, denen konnten wir helfen. Ich konnte reisen, sie finden, sie warnen, wenn was los war, sie nach Oslo bringen und später nach Schweden.

Man mußte auch Giftpillen für sie besorgen, falls auf dem Weg nach Schweden etwas passieren sollte. Die Transporte sind nicht immer gutgegangen, oft sind sie zurückgekommen. Sie haben den Chauffeur nicht gefunden, oder es gab andere Schwierigkeiten. Was wir versuchten, war, so viele wie möglich zu finden und ihnen irgendwie mit Eßwaren, Rationierungskarten und Wohnungen zu helfen.

Warum haben Sie das gemacht?
Warum? Es war doch eine natürliche Sache, wenn man irgend etwas machen konnte. Das war doch eine große Sache. Sollte man sie verrecken sehen?!

Aber das war doch auch gefährlich. Hatten Sie keine Angst?
Nein, wir hatten zwar verschiedene Erlebnisse, aber wir hatten so viel zu tun. Wir waren Tag und Nacht beschäftigt, wirklich. Die Leute haben von unserer Gruppe gehört und kamen zu mir in meine große Bude und haben gesagt, helfen Sie mir mit diesem oder jenem, und wir haben versucht zu helfen.

War das eine typische Haltung hier in Norwegen? Oder eher eine Ausnahme?

Ich glaube, daß die meisten gerne geholfen hätten, aber man mußte auch ein bißchen Phantasie haben. Ich persönlich war ja gewöhnt, mit vielen Leuten aus verschiedenen Ländern zusammenzusein, egal, ob sie Juden waren oder nicht, und weil ich vielen von diesen jüdischen Flüchtlingen nahestand, dachte ich sehr an sie.

Sie wollen sagen, wenn die Norweger, wenn die Bevölkerung hier gewußt hätten, was mit den Juden geschieht, hätten sie noch mehr geholfen?
O ja, natürlich. Wir mußten uns ja an viele wenden, und es gibt immer welche, die Angst haben. Mein Bruder z. B. hatte so eine hohe Stellung, er sagte immer, ich muß vorsichtig sein usw. Aber die meisten haben gern geholfen. Wir brauchten ja so viel. Wir haben auch Einbrüche gemacht in verschiedene Keller, um Eßwaren zu bekommen. Wir haben sogar mit Nazis und Deutschen geflirtet, um verschiedene Sachen, notwendige Sachen zu bekommen.

Aber ein Versteck zu besorgen, das war doch sicher schwer? Es haben sehr viele norwegische Juden versteckt überlebt.
Ja, sie haben sich versteckt, aber wir wußten, daß sie nicht immer in demselben Haus bleiben konnten, und dann haben wir sie von einem Haus zum anderen bringen müssen. Ich bin oft Kilometer gewandert mit jemandem, und wir haben immer eine Möglichkeit gefunden, weil uns Freunde geholfen haben.

Wie vielen Juden konnten Sie helfen? Wissen Sie das?
Nein, das kann ich nicht sagen. Wir haben nicht gezählt. Und eine wichtige Sache war, wir versuchten Namen zu vergessen. Es war sehr wichtig, nicht zu wissen, wer sie waren, wo sie waren, wo sie hinfuhren. Das war sehr wichtig, man mußte ja sehr vorsichtig sein. Man brauchte keine Angst zu haben, aber man wollte auch nicht erwischt werden.

Viele Juden wurden ins Krankenhaus geschickt, mit oder ohne Krankheiten, und da hatten wir eine kleine Gruppe, die sind ins Krankenhaus geschlichen und haben die Leute sozusagen gestohlen. In der Nähe warteten Taxis, und die haben die Juden weggefahren. Das ist oft geschehen. Das war die kleine Arbeitsmethode.

Es ist so viel geschehen, aber so was Furchtbares wie dies gegen die Juden, das gibt es nicht noch einmal auf der Welt. Und ich denke oft an die Frau, die bei Miller gesagt hat, es sei fast unanständig, weiterzuleben in einer Welt, in der so was geschehen konnte.

Wir verabreden uns mit Herrn Mendelsohn für den nächsten Tag.

An diesem Morgen ist der Himmel verhangen. Das trostlose Grau paßt zu den Fluchtgeschichten, die sich im November und Dezember 1942 hier abgespielt haben: Wintermonate in Norwegen – kalt, neblig, Schnee.

Herr Mendelsohn hat Frau Pettersen mitgebracht, eine ehemalige Fluchthelferin von etwa sechzig Jahren. Unsere erste Station ist ein Bauernhaus, am Stadtrand von Oslo. In diesem Bauernhaus wurden die Juden gesammelt und bis zur Flucht versteckt.

Hier war Ausgangspunkt und Versteck für ungefähr 25 Flüchtlinge. Die kamen in dieses Bauernhaus und wurden im Keller versteckt. Frau Pettersen, Sie haben ja mitgeholfen, wann kamen die Flüchtlinge hier an?
Abends, zwischen sechs und neun Uhr. Um neun ging die Fahrt weiter. Ein Transport hatte vierzig Menschen, nicht nur Juden, sondern auch politische Flüchtlinge. Es kamen zwei Lastwagen. Auf jeden Lastwagen kamen zwanzig Menschen. Sie waren unter einer Plane versteckt. An dem Transport waren nur die Chauffeure und Flüchtlingsführer beteiligt. Viermal die Woche fuhren die Lastwagen hier ab.

Hatten Sie Angst, Frau Pettersen?
Ja, aber ich habe es gemacht, weil es selbstverständlich war, da man etwas riskieren mußte, um diesen Leuten zu helfen.

Wir fahren weiter übers Land – Tannen, Kiefern, felsiger Boden, Hügel, Seen –, halten an einer Brücke. Hier, so hatte mir Herr

Mendelsohn damals erzählt, sei er mit seiner Frau und den anderen Flüchtlingen fast entdeckt worden. Deutsche Posten standen am Ende der Brücke. Das Fluchtauto hatte einen Motorschaden. Die Flüchtlinge lagen unter einer Plane. Ein Kind fing an zu husten. Wenn das Kind nicht aufhörte zu husten, würden alle entdeckt werden. Die Mutter erstickte das Kind fast vor Angst. Die Deutschen kamen zu dem Auto. Traten an das Fenster heran. In diesem Moment habe er mit seinem Leben abgeschlossen, sagte Herr Mendelsohn. Der Fahrer aber behielt die Nerven, sprach mit den Deutschen über den Motorschaden. Der Motor sprang dann irgendwann, irgendwie wieder an, die Fahrt war jedenfalls weitergegangen.

Auf der Brücke Eisenbahnschienen. Rechts und links am Brückengeländer Stacheldraht. Rundherum Wald, Tannen. Der Fluß unter uns träge und breit, aber gar nicht so blau, wie man sich einen Fjord vorstellt.

Frau Pettersen, diese Brücke ist ungefähr 30 Kilometer von Oslo entfernt. Sie mußten bis zur schwedischen Grenze nochmal 70 Kilometer schaffen. Diese Brücke war wohl kriegsstrategisch wichtig. Sie sind mit den Lastwagen hier entlanggefahren. Diese Brücke wurde von Deutschen beobachtet. Wie haben Sie das signalisiert bekommen?
Wenn man von vornherein etwas von einer Kontrolle wußte, wurden wir telefonisch benachrichtigt. Wenn nicht, wurden einige Leute hier aufgestellt, um zu verhindern, daß die Lastwagen fuhren.

Herr Mendelsohn, das heißt, wenn man diese Brücke geschafft hatte, ohne entdeckt zu werden, dann war man schon ein ganzes Stück weiter, ja?
Ja, dann war man etwas ruhiger.

Herr Mendelsohn, waren denn Ihre Fluchthelfer auf Entdeckung vorbereitet mit Munition, Pistolen oder sonst was? Keiner wollte doch den Deutschen in die Hände fallen.
Man wußte genau, daß es gefährlich war, den Deutschen in die Hände zu fallen. Das war das Schlimmste, was passieren konnte.

Dann wartete nur noch der Tod. Also in meinem Fall hab' ich gesehen, wie der Flüchtlingshelfer vor der letzten Fahrt über die Grenze Ampullen und einen Revolver einsteckte. Er wollte den Deutschen nicht lebend in die Hände fallen. Dann wäre er gefoltert worden und hätte vieles verraten.

Frau Pettersen, wie war denn das bei Ihnen? Sie sagten vorhin, Sie hatten auch Angst. Hatten Sie sich denn für den schlimmsten Fall vorbereitet?
Ja, ich hatte immer einen Revolver dabei. Mein Mann auch. Er war der eigentliche Organisator der Fluchthilfe. Ich habe nur die Fahrerlaubnisscheine ausgestellt, die natürlich gefälscht waren.

Was war Ihr Mann von Beruf?
Er war bei der Polizei, aber nur bis zum 1. September 1942. Dann mußte er seinen Abschied nehmen.

Herr Mendelsohn, wie viele Leute waren beteiligt, um einem Juden oder politisch Gefährdeten zur Flucht zu verhelfen?
Das hing davon ab, wie schnell die Flucht gehen mußte und ob Kinder dabei waren. Das mußte alles genau vorbereitet werden. Man brauchte Wohnungen, in denen sich die Leute einige Zeit aufhalten konnten, Autos, um die Heimat verlassen zu können, und Lebensmittelkarten. Ich nehme an, daß wir für jede Flucht ungefähr 15 bis 20 Helfer brauchten und noch einige unterwegs.

Bei Ihrer eigenen Flucht, wie groß war Ihre Angst?
Das kann ich nicht beschreiben. Man versucht, die Angst nicht zu zeigen. Ich war mit meiner Frau zusammen, und es war eben notwendig zu fliehen. Wenn man erst mal den Entschluß gefaßt hatte, dann fühlte man sich schon etwas ruhiger. Wir verbrachten drei Tage hier in diesem Gebiet, weil das Auto noch einmal kaputtgegangen war. Wir warteten auf einem kleinen Bauernhof, bis der Fluchthelfer ein neues Auto hatte. Auf dem Weg zur schwedischen Grenze hatten wir auch an diesem Auto wieder einen Maschinenschaden. Wir erstickten fast in dem Auto. Der Chauffeur mußte in die nächste Stadt gehen, um Maschinenteile zu organisieren. Das

dauerte eine Stunde, und diese Stunde dauerte eine Ewigkeit. Dann ging es endlich weiter.

Wir waren vier Tage unterwegs.

War das die schwerste Entscheidung in Ihrem Leben? Sie sind geflohen. Aber Ihre Eltern und Ihr Bruder sind ja nicht nach Schweden geflohen.

Ja. Erstens, den Entschluß zu fassen. Aber ich wußte durch meine Tante, daß meine Eltern in Drontheim saßen und daß es der größte Wunsch meines Vaters war, daß ich mit meiner Frau nach Schweden gehe. Mein Bruder war im Gefangenenlager. Die Eltern versuchten, für ihn etwas zu tun. Sie sind dann alle nach Auschwitz deportiert worden und dort umgekommen.

Herr Mendelsohn hat Tränen in den Augen. Er stützt sich auf das Brückengeländer, dreht sich weg. »Es ist, als sei es gestern gewesen. Es kommt immer wieder«, sagt er leise. Wieder einer, der heute nacht nicht schlafen wird.

Wir fahren weiter, vorbei an vielen Seen, biegen in ein Waldstück ab auf einen schmalen Kiesweg, es wird unwegsam. Ein Schlagbaum. Die letzte Station. Von hier sind es nur noch drei Kilometer bis zur schwedischen Grenze.

Frau Pettersen, bis hierher sind die Leute in Lastwagen gefahren worden. Sind sie von hier bis zur Grenze zu Fuß gegangen, und was geschah mit den Alten und Kranken?

Ja, die sind alle zu Fuß gegangen, nur die sehr Kranken wurden auf sogenannten Bahren getragen. Den Kindern hatte ein Arzt Schlaftabletten gegeben, damit sie ruhig waren. Als wir hier ankamen, waren viele von den Leuten sehr nervös. Sie hielten die Schatten der Bäume für Polizisten und schrien.

Frau Pettersen, es war ja Spätherbst, also kalt, neblig, und es lag Schnee. Waren denn die Leute für dieses Wetter ausgerüstet?

Nein, leider nicht. Viele Frauen hatten dünne Schuhe mit hohen Hacken an. Sie hatten keine Möglichkeit gehabt, nach Hause zu

gehen, um die richtigen Kleider zu holen, weil sie doch in Deckwoh-
nungen wohnten.

*Wie lange haben Sie diese Rettungsaktion mit Ihrem Mann
gemacht?*
Vom 24. Oktober 1942 bis zum 14. Januar 1943. Dann sind wir
selber nach Schweden geflohen, weil uns die Gestapo besucht hatte.
Als wir auf die schwedische Seite kamen, sagte man zu uns: »Jetzt
kommt ihr selber, um Hilfe zu suchen.« Wir blieben bis Kriegsende.

Der Weg bis zur Grenze wird immer steiniger. Ein kleines Lächeln
ist in Herrn Mendelsohns Gesicht. Er zeigt auf ein gelbes Schild:
NORGE. Auf der Rückseite steht: RIKSGRENSE SVERIGE. Das
ist alles. Ich bin sprachlos. Ich kenne einige Grenzen. In Rumänien
zum Beispiel wollten wir gern an die russische Grenze fahren. Wir
waren in Jassy, ganz dicht dran. Bis auf zehn, fünfzehn Kilometer.
Wir wollten nur mal hinübersehen. Als wir das unserem rumänischen Begleiter sagten, wurde er ganz ernst und hielt uns gleich
einen staatstragenden Vortrag, warum das nicht möglich sei. Dann
habe ich als Berlinerin natürlich die DDR-Grenze noch sehr gut in
Erinnerung: breite Schneisen, gerodeter Wald, Wachtürme, Stacheldraht. Mauer. Und die Tellerminen im Sand gegen den »Feind
von außen«. Und nun das hier. Eine kleine Schneise im Wald, sonst
nichts als dieses kleine gelbe Schild. NORGE.
   Herr Mendelsohn klettert den Berg hinauf, verschwindet in
Gestrüpp und hohem Gras, geht seinen Weg von damals, allein mit
seinen Erinnerungen. Als er zurückkommt, wirkt er fast heiter. Das
ist der letzte, der gute Teil seiner Erinnerungen.

*Herr Mendelsohn, das war die rettende Grenze. Was passierte?
Fielen Sie sich alle in die Arme? Haben Sie geweint? Waren Sie
einfach nur still? Was war?*
Nein, ich war ganz ruhig. Zuerst hatte ich gar nicht gemerkt, daß
wir die Grenze schon passiert hatten, bis der Grenzführer sagte:
»Sie sind jetzt in Schweden, herzlich willkommen.« Da haben wir
uns umgesehen und den Grenzstein bemerkt. Dann haben wir uns

hingesetzt und erst einmal das Mitgebrachte gegessen. Wir saßen etwa zwanzig bis fünfundzwanzig Minuten, dann sagte der Flüchtlingshelfer: »Gehen Sie diesen Weg, bald werden die Schweden kommen.«

Zuerst haben wir einen Hund bellen hören, und dann kamen die Schweden. Wir gingen ziemlich schnell zu einer Hütte, wo sich Soldaten aufhielten, die uns fragten, ob wir imstande wären, noch acht Kilometer bis zum nächsten Dorf zu gehen. Dort sei die Polizeibehörde. Ich fragte meine Frau: »Kannst du noch acht Kilometer laufen«? – »Ja«, sagte sie. Und wir sind förmlich geflogen!

Er gefällt mir gut, dieser kleine Mann, mit seiner Nüchternheit und Genauigkeit, die ich zuerst mit Penibilität verwechselt hatte. So wird wohl auch sein Buch sein, nüchtern und genau.

Wir fahren zurück nach Bredtvet, einem ehemaligen Frauengefängnis in Oslo. Hierher kamen die Juden unmittelbar nach ihrer Verhaftung. Erst dann ging es zum Hafen von Oslo und von dort weiter – wir kennen den Weg aus der Erzählung von Herrn Feinberg.

Das Gefängnis sieht aus, wie viele Gefängnisse aussehen: grauer Kasten auf einem Hügel, hohe Mauer drumherum mit Stacheldraht und Glasscherben, davor Wohnhäuser. Die Leute konnten also manches sehen von dem, was hier geschah. Es fängt an zu regnen, wir stehen im nassen Gras, Herr Mendelsohn in leichten Schuhen. Ich bin besorgt, aber er sagt: »Es ist wichtig, daß Sie auch alles erfahren über die norwegische Kollaboration, auch die der norwegischen Polizei.«

Herr Mendelsohn, das Gefängnis Bredtvet war die erste Station für die Verhafteten. Wie viele Gefängnisse und Konzentrationslager gab es in Norwegen?
Es gab mehrere deutsche und norwegische Lager. Die Leute, die hier nach Bredtvet gebracht wurden, kamen später in ein Lager südlich von Oslo.

Es war folgendes geschehen. In einem Zug wollten zehn Juden nach Schweden fliehen. Der Flüchtlingsleiter erschoß einen SS-

Mann. Sofort begannen die Verhaftungen. Aus dem Gebiet um Oslo wurden mehr als 200 Männer hier nach Bredtvet und dann in ein anderes Lager gebracht.

Es gab ein deutsches Lager, in dem während des Krieges beinahe 20 000 Gefangene waren, darunter 200 Juden. Dann gab es ein deutsches Lager in der Nähe von Drontheim, ungefähr 100 Kilometer entfernt. Überall gab es furchtbare Szenen.

Sie sagen, deutsche und norwegische Lager. Wie war die Kollaboration der norwegischen Polizei und Gendarmerie, des Militärs, der Behörden?
Während des Krieges wurde eine norwegische Staatspolizei gebildet, die die Befehle der Deutschen befolgte. Mit Hilfe dieser Staatspolizei wurde auch die gewöhnliche Polizei gezwungen, an Verhaftungen teilzunehmen. Die Staatspolizei war ziemlich, ich möchte sagen, diensteifrig. Wenn sie einen Mann am Morgen verhaften sollte und ihn nicht antraf, kamen sie bis zu viermal wieder, suchten auf anderen Polizeiämtern und später dann in Oslo. Besonders diensteifrig waren sie, wenn es um Juden ging.

Wie würden Sie denn die Haltung der norwegischen Bevölkerung charakterisieren in diesen Jahren? Widerspenstig?
Ja, das darf man sagen. Aber nicht alle natürlich. Es gab Leute, die sehr aktiv waren und versuchten, den Juden zu helfen, und die heimlich an der Heimatfront gegen die Deutschen arbeiteten. Von Judenverfolgungen wußten sie nicht viel, weil nichts in den Zeitungen stand. Nur die, die hier in der Nähe von Bredtvet waren, haben etwas erfahren. Sie brachten den Leuten im Lager Medizin, Kleidung und so weiter.

Sie sind von Beruf Lehrer. Es gab doch hier beinahe einen Streik der Lehrer. Sie weigerten sich doch, sich den deutschen Anordnungen zu fügen. Wie viele waren da involviert?
Oh, Zehntausende. Beinahe mehr als 90 Prozent der Lehrer haben sich geweigert, in den neuen Verband für die Lehrer, der nazistisch geleitet werden sollte, einzutreten. Jeder von ihnen hat einen Brief geschickt, daß er sich nicht als Mitglied betrachte. Dann wurden

die Schulen unter dem Vorwand, man könne nicht heizen, geschlossen, es war ein sehr kalter Winter, und Hunderte, ja, man kann sagen Tausende der Lehrer wurden verhaftet. Das war ein Protest gegen die Nazifizierung des norwegischen Volkes. Man wollte nicht, daß das Land faschistisch würde, und es sollte nicht den deutschen Interessen dienen.

Wir stehen vor einem Wohnhaus. Eine Frau lehnt sich über die Balkonbrüstung. Sie will wissen, wer wir sind, woher wir kommen, was wir hier machen und so weiter. Sie erzählt uns, daß sie gesehen habe, wie Juden verhaftet worden seien. Während sie so erzählt, denke ich, daß wir Deutsche solche Geschichten anders erzählen. Diese Frau hier erzählt mit Empörung. Die Norweger hatten die Judendeportationen ja auch nicht erfunden. Deutsche hingegen erzählen, wenn sie nicht gerade zu den vielen Millionen gehören, die angeblich gar nichts gesehen und gewußt haben, meist mit Schuldgefühlen. Zu Recht.

RHODOS

Rhodos, die größte Insel des Dodekanes im Mittelmeer, hat zwar seit der Antike eine hauptsächlich griechische Bevölkerung, gehört aber erst seit 1947 zu Griechenland. Seit 1523 gehörte Rhodos zum Osmanischen Reich und wurde 1912 von Italien erobert. Im Zweiten Weltkrieg also gehörte die Insel wie der ganze Dodekanes zu Italien. Es unterhielt dort Truppen und einen Luftwaffenstützpunkt, und 1942 war zur Unterstützung der italienischen Kriegführung eine deutsche Division hinzugekommen. Als Italien im September 1943 Waffenstillstand schloß, überwältigten die Deutschen auch hier ihre früheren Verbündeten, und seitdem war der deutsche Divisionskommandeur auch Inselkommandant. Er unterstand dem Befehlshaber der Heeresgruppe E in Griechenland, die dort ihrerseits die Italiener entwaffnet hatte. Im selben Monat griffen die Briten die Inselgruppe an, aber die Deutschen konnten sich halten. Es war gleichwohl eine prekäre Situation entstanden.

Wahrscheinlich gab es schon in der Antike Juden auf Rhodos. Als die Juden 1492 aus Spanien vertrieben wurden, kamen von dort Flüchtlinge hinzu, und seitdem gab es auf Rhodos ununterbrochen eine größere jüdische Gemeinde, die 1938 etwa 4000 Mitglieder zählte, was einem Anteil von etwa 16 Prozent an der Gesamtbevölkerung entsprach. Freilich war dann nach dem Erlaß von Mussolinis Rassengesetzen ungefähr die Hälfte ausgewandert, so daß 1943 nur noch etwa 2000 Juden auf Rhodos lebten.

In Griechenland war die Judenverfolgung zu dieser Zeit bereits in vollem Gange. Nach dem Balkanfeldzug vom April 1941 war das Land in drei Gebiete geteilt worden. Im Nordosten war Thrakien an Bulgarien abgetreten, und von dort waren im März 1943 über 4000 Juden, etwa zwei Drittel von allen, nach Treblinka deportiert worden. Das übrige Griechenland wurde in eine italienische und eine deutsche Zone unterteilt. Dabei waren die meisten der etwa 70 000 griechischen Juden, nämlich etwa 55 000, in die deutsche Zone geraten, darunter vor allem die von Thessaloniki (Saloniki), wo eine der ältesten und größten jüdischen Gemeinden in Südeuropa bestand, die allein etwa 50 000 Mitglieder zählte und ein Viertel der Stadtbevölkerung ausmachte. Während die Italiener die Juden in ihrer Zone vor den Deportationen bewahrten, war es den Deutschen in ihrer Zone im März 1943 gelungen, die Deportationen in Gang zu setzen. Bis Ende Mai waren 45 984 Juden nach Auschwitz deportiert, darunter allein 43 850 aus Thessaloniki. Nach dem italienischen Waffenstillstand vom September 1943 begannen Anfang 1944 die Deportationen aus der früher italienischen Zone, und sie erstreckten sich auch auf Kreta, Korfu und die Inseln im Ägäischen Meer.

Nun kam auch Rhodos an die Reihe, über 2000 Kilometer von Berlin entfernt und zu einer Zeit, da die Alliierten schon in Frankreich gelandet waren, Rom besetzt hatten und die Rote Armee nach Ostpreußen durchbrach. Es scheinen nur zwei aus Athen im Flugzeug gekommene SS-Führer gewesen zu sein, die den Inselkommandanten veranlaßten, die Juden in einem Stadtgebäude, dem früheren Sitz des italienischen Luftwaffenkommandos, zu versammeln. Am 20. Juli 1944 mußten sich zunächst die Männer einfinden. Tags darauf wurden auch die Frauen und Kinder aufgerufen, und nun waren 1716 Personen versammelt. Einige hatten türkische Pässe, und so durften nach dem Eingreifen des türkischen Konsuls 46 wieder gehen. Die übrigen 1674 wurden am 23. Juli an den Hafen gebracht und auf drei kleine Schiffe verladen. Am 31. Juli kamen sie in Piräus an, nachdem auf dem Wege noch 100 Juden von der Insel Kos an Bord genommen worden waren. Von Athen aus traten sie am 3. August die 1500 Kilometer lange Eisenbahnfahrt nach Auschwitz an, wo sie nach fast zwei Wochen am 16. August eintrafen. Von den etwa 2500 Juden dieses Transports wurden 346 Männer und 254 Frauen zur Arbeit selektiert, alle übrigen

80

sofort in den Gaskammern getötet. Von den 1 674 aus Rhodos deportierten Juden kehrten nach dem Krieg 151 zurück.

Es genügte den deutschen Militärbehörden aber nicht, die Insel nicht vollständig judenfrei gemacht zu haben. Am 21. Januar 1945 setzten sie 36 Juden, die wegen ihrer türkischen Staatsangehörigkeit nicht hatten deportiert werden können, auf ein Ruderboot und trieben es auf das Meer. Es schlug jedoch unterwegs leck und kehrte zurück. So wurde das Unternehmen am 23. Januar wiederholt. In der Nacht erreichten die Insassen die türkische Stadt Marmaris.

Norwegen ist das nördlichste Land, aus dem Juden verschleppt und ermordet wurden. Die Insel Rhodos ist, was die Deportationen angeht, der fast südlichste Zipfel Europas. Nur Kreta liegt noch ein bißchen südlicher. Wir hatten uns für Rhodos entschieden, denn die Deportierung der Juden von Rhodos, im Juli 1944 und im Januar 1945, zeigt den ganzen Irrwitz der Nazis. Der Krieg war entschieden. Der Krieg war verloren. Alles war verloren. Aber selbst in dieser Situation mußten noch die Juden im südlichen Europa vernichtet werden.

Unser Hotel in der Hauptstadt der Insel ist der übliche Kasten, international und scheußlich.

Maurice Soriano, Präsident der Jüdischen Gemeinde, die nur noch 35 Mitglieder zählt, von denen noch sechs auf der Insel leben, besuchen wir am Nachmittag. Er wohnt mitten in der Stadt in einem alten, schönen einstöckigen Haus. Der Gang vom Tor zur Treppe, die in die Wohnhalle führt, besteht aus in Mustern gelegten Kieselsteinen. An beiden Seiten Calla, meine Lieblingsblume.

Maurice Soriano, um die Siebzig, weißes Haar, schlank, temperamentvoll, und seine Frau Viktoria, dunkelhaarig, klein, untersetzt, begrüßen uns in der Wohnhalle. Sie ist durch Jalousien verdunkelt, die auch nicht hochgezogen werden, es bleibt dunkel. Ein Sohn, um die Fünfzig, ist bei unserem Gespräch dabei, ein schweigender Gast. Soriano erzählt die tragische Geschichte der Juden von Rhodos, auch diese Geschichte ein Drama.

Am 17. Juli 1944, es kann auch am 18. oder 19. gewesen sein, sagt Soriano, lasen die Inselbewohner auf einem Anschlag des Bürgermeisters, daß die Deutschen allen männlichen Juden zwischen 15 und 80 Jahren befahlen, sich im ehemaligen italienischen Luftwaffenstabsgebäude, das nun von den Deutschen besetzt war, zu melden. Soriano, ahnungslos wie alle anderen auch, ging hin. Alle gingen hin. Sie wußten nichts von Deportationen und Tötungen. Auschwitz? Nie gehört. Vernichtungslager? Nie gehört. Sie hatten, so erklärte Soriano, weder Radio noch irgendwelche anderen Informationsquellen. Heute springen die Nachrichten über Demonstrationen und Aufruhr innerhalb weniger Stunden von einem Land zum anderen. Aber damals? Die Einwohner von Rhodos waren ahnungslos. Die Männer mußten die Nacht in der Kommandantur verbringen. Noch am selben Abend ein zweiter Anschlag. Nun mußten sich auch alle jüdischen Frauen mit ihren Kindern melden, wenn nicht, würden ihre Männer eingesperrt. Also kamen die Frauen am nächsten Morgen, mit ihren Kindern und einem Gepäckstück pro Familie. Sie wurden alle zusammen in etwa zwanzig Zimmer gepfercht. Was man ihnen gesagt hatte? Man hatte ihnen gesagt, sie würden auf eine Insel kommen. Dort würden sie arbeiten und von dem verdienten Geld leben können.

Maurice Soriano gehörte zu den Gefangenen. Seine Frau aber war dem Aufruf nicht gefolgt. Denn sie war nicht italienische, sondern türkische Staatsbürgerin, und die Türkei war neutral. Diese Neutralität wurde von den Deutschen respektiert. Soriano traute der Sache mit der Insel und der Arbeit nicht. Unmittelbar nach seiner Festsetzung in der Kommandantur besorgte er sich von einem Wächter, den er kannte, Papier und Bleistift. Alle auf der Insel kannten sich. Er schrieb seiner Frau eine Botschaft. Sie möge den türkischen Konsul, der den Juden gewogen war, informieren. Diesen Zettel schrieb er viermal und warf die vier Zettel aus dem Fenster. Einer kam an. Einer, obwohl er sich jedesmal einem am Haus vorbeigehenden Passanten mit Zeichen bemerkbar gemacht hatte. Na ja, sagt er, auf Rhodos gab es eben immer schon einen starken Antisemitismus. Er sagt das leichthin. Ich sehe zu seiner Frau, die uns so freundlich begrüßt hatte. Jetzt ist jedes Lächeln aus ihrem Gesicht verschwunden. Seine Frau informierte also den Konsul. Und nun spielte sich im Hof der Kommandantur eine Aktion ab, die 46 Menschen rettete, aber 1 674 eben nicht.

Wir gehen mit Soriano zur Kommandantur. Der Hof, die dicken Ahornbäume, das laute Zirpen der Grillen, alles wie damals. Nur die Autos der Schüler der Hotelfachschule, die jetzt in dem Haus untergebracht ist, gab es damals nicht. Die Schüler fahren bereitwillig ihre Autos weg. Sie sind neugierig. Und hören die Geschichte der Deportation der Juden von Rhodos zum ersten Mal:

Was hat der türkische Konsul für Sie tun können?
Der türkische Konsul kam persönlich mit einem Register, um den Deutschen zu zeigen, daß alles seine Richtigkeit hatte und gesetzlich war. Er sagte zu mir: »Herr Soriano, hier haben Sie Papier und Bleistift, bitte schreiben Sie die folgenden Namen, die ich Ihnen nennen werde, auf.« Er sah in seine Liste und sagte, der, der, der, und natürlich waren da auch Namen darunter, die nicht türkisch waren. Also, was habe ich getan? Ich habe meine Eltern, die keine Türken waren, auch auf die Liste gesetzt.

Haben denn die Deutschen keinen Verdacht geschöpft?
Nein, die hatten keinen Verdacht.

Wie viele Menschen hat der türkische Konsul auf diese Weise retten können? Wie viele hat er zu Türken gemacht?
Der Konsul hat 46 Menschen gerettet. Davon hatten 26 wirklich einen türkischen Paß. Unter den Geretteten war eine Dame, nicht von Rhodos, deren Vater in der türkischen Armee war. Also rettete der Konsul sie. Da gab es Juden, die Türken waren, aber ihre Staatsangehörigkeit verloren hatten, und der türkische Konsul war so menschlich, auch diese zu retten. Ich hatte einfach den Mut, meine Eltern auch zu dieser Gruppe zu stellen, und auf diese Art und Weise konnte ich meine Eltern retten.

Was für Szenen haben sich hier im Hof abgespielt? Haben die Frauen verstanden, was mit ihnen geschieht? Haben auch die nicht-türkischen Juden versucht, sich auf die rettende Seite zu begeben?
Das war wirklich ein Drama. Die Gruppe der 46 ging raus, und die anderen wurden zum Hafen geführt. Von dort ging es zur Insel Kos. Dort wurden noch andere Juden aufgenommen. Dann ging es nach Piräus. Dort wurden sie ausgeladen und für zwei Tage auf einem Platz festgehalten. Dann wurden sie mit Viehwaggons nach Auschwitz und Mauthausen gebracht.

Haben die Leute, die hier im Hof standen und die wußten, daß sie zum Hafen kommen, haben die verstanden, was mit ihnen passiert?
Ich glaube nicht, denn niemand wußte etwas über Deportationen, niemand wußte etwas über dieses Drama.

Wie sind die Gefangenen hier von den Deutschen behandelt worden?
Es gab eine Anordnung, daß alle Juden ihre Wertgegenstände den Deutschen abgeben mußten. Den Schmuck, das Geld, alles. Angeblich deshalb, weil eine deutsche Kommission damit beauftragt war, für die Ernährung der jüdischen Bevölkerung zu sorgen, egal, ob sie auf eine andere Insel transportiert werden würde oder nicht. Also, sie mußten alles abgeben, was sie besaßen. Man hatte nicht einmal das Recht, eine Uhr zu tragen.

Das muß hier aber ein großer Haufen von Schmuck und persönlichen Gegenständen im Hof gewesen sein?!
Ja, zwei große Kisten.

Frau Soriano war nicht mitgekommen. Sie wollte auch kein Interview geben, auf gar keinen Fall vor der Kamera. Sie hätte Angst, sagte sie, als Jüdin erkannt zu werden. Angst vor wem? Vor den Arabern. Mein Einwand, man würde sie als Frau des Präsidenten der Jüdischen Gemeinde sowieso kennen, konnte sie nicht umstimmen. Ein solches Interview, und noch dazu im Fernsehen, würde die Araber erst recht wütend machen und zu irgendwelchen Aktionen reizen. Mein nächster Einwand, daß es doch mehr als unwahrscheinlich sei, daß diese Terroristen das Interview im deutschen Fernsehen sehen würden, änderte ihre Haltung nicht. Mir lag sehr an einem Gespräch mit ihr für unsere Filmdokumentation, denn die Geschichte der Judendeportation ging ja weiter. Die Juden, die der Konsul zu türkischen Staatsbürgern gemacht hatte, durften nur zunächst auf der Insel bleiben. Am 21. Januar 1945 entfernten die Deutschen auch diese Juden von der Insel. Sie sollten in die Türkei rudern. Sie seien ja Türken, sagten die Deutschen. So befahlen sie die Juden zum Hafen, wo ein viel zu kleines Ruderboot bereitstand.

Das mußten sie besteigen. Morgens, bei beißender Kälte. Jeder mit einem Koffer in der Hand. Frau Soriano hatte mir zu Hause von dieser »Überfahrt« erzählt. Das war so traurig, daß ich hoffte, ihr Mann könnte sie doch noch überreden, am nächsten Morgen zu den Aufnahmen zu kommen. Sie kam tatsächlich.

Frau Soriano, wie lange dauerte die Überfahrt?
Die Überfahrt war sehr schwierig, weil es Winter war, und es herrschte Südwind. Dieser Wind trieb uns immer wieder nach Rhodos zurück. Wir stießen mit dem Boot gegen einen Felsen, und es gab ein Leck. Wir warfen unser ganzes Gepäck ins Meer, mit unseren letzten Habseligkeiten. Ein bißchen Schmuck. Fotos vor allem. Die Männer versuchten, mit einer Blechdose das Wasser aus dem Boot zu schöpfen. Aber es half alles nichts. Es drohte, mit uns allen zu sinken.
Herr Soriano: Ich bot dem Ruderer mein ganzes Hab und Gut an, Geld und Wertsachen, die auf Rhodos zurückgeblieben waren, wenn er uns zurückrudern würde. Besser, die Insel wieder erreichen, als mit Kindern und Greisen ertrinken. Er tat es.
Frau Soriano: Als wir wieder ans Ufer kamen, fingen die deutschen Soldaten sofort an zu schreien und zu schlagen. Unsere Rettung waren die englischen Flugzeuge, die gerade über uns hinwegflogen, davor hatten die Deutschen Angst. Wir rannten nach Hause. Aber die Deutschen kamen und fragten, warum wir zurückgekommen seien. Wir sagten ihnen, daß das Boot beschädigt gewesen sei. Sie meinten, sie würden das Boot reparieren. Zwei Tage später mußten wir wieder losfahren. Um 7.30 Uhr morgens kehrten 37 Personen auf das Boot zurück. Sie können sich vorstellen, daß wir nicht viel Platz hatten. Ich verlor das Bewußtsein. Ich weiß nichts, außer, daß abends um elf Uhr, als ich wieder zu mir kam, ein kleines englisches Boot neben uns hielt und daß man uns Kekse und Milch gab. Dann sind wir nach Marmaris gezogen worden, und als wir da ankamen, war es Mitternacht. Es war sehr kalt und regnete, aber wir konnten in ein Café gehen, wo auch schon andere waren, und dort verbrachten wir die Nacht. Am nächsten Morgen ließ man uns in ein Hotel gehen, und dort telegrafierte ich meinen Eltern, daß sie uns holen sollten.

Haben sich Leute von Ihnen verabschiedet? Sie haben doch immer hier auf dieser Insel gelebt, Sie waren bekannt, gab es einen Abschied, oder war es den Leuten egal, ob Juden deportiert wurden?
Nein, es war niemand gekommen.

Kein Abschied und keine Hilfe von Freunden und Nachbarn. Herr Soriano hatte uns erzählt, daß sich ein Jude bei einer Frau, irgendwo auf der Insel, versteckt hatte. Das wurde verraten. Die Deutschen suchten die ganze Insel ab. Bis sie den Mann fanden. Sie stellten ihn an die Wand der Scheune und erschossen ihn. Ende 1944.

Wir gehen zusammen zu Lucia Modiano. Sie wohnt in der Altstadt. Eine steile Treppe hinter einer das Areal umschließenden Mauer führt hinauf zu einer riesigen, in gleißendem Sonnenlicht liegenden Dachterrasse. Es riecht nach Rosmarin. Auf der Terrasse stehen mindestens acht Rosmarinsträucher in Blumenkübeln. Ein paar Stufen hinunter, und wir sind in Lucias Küche: Holztisch mit einer bunt gewürfelten Plastikdecke, ein alter Küchenschrank, zwei Stühle. Neben der Küche das Schlafzimmer, an der Wand ein paar gerahmte Familienfotos. Lucia ist um die Sechzig. Warme, gute Augen. Zerfurchtes Gesicht. Zerfurcht auch von der Sonne. Ich liebe sie sofort. Sie bringt wunderbar duftenden griechischen Kaffee und kandierte Orangen, selbstgemacht.

Lucia kam mit dem Schiff von Rhodos nach Auschwitz. Sie war damals 21 Jahre alt, ihre Schwester Elisa war 22, ihr Bruder Samuel 27. Alle kamen in Auschwitz um. Auch ihre Eltern. Auch ihr Onkel. Auch ihr Cousin. Alle sind in Birkenau auf »die andere Seite« gekommen. Nur sie nicht. Sie war kräftig und jung. Wie sie nach Birkenau kam? Im Viehwagen. Wie lange die Fahrt dauerte, von Piräus? Das wisse sie nicht mehr. Ich mag ihre Ehrlichkeit. Was sie weiß, das sagt sie, schnell, fast sachlich. Was sie nicht weiß oder nicht genau weiß, das weiß sie eben nicht.

Auschwitz. Sie war in Block 20. Sie sieht uns erschreckt an, als wir erzählen, daß wir gerade in Auschwitz waren. Wir erklären das Filmprojekt. Ja, ja, sagt sie dazu. Mehr nicht. Sie erzählt von ihrer

»Arbeit« in Auschwitz. Vom »Waschkommando«: »Raus, raus, zur Arbeit.« Diese Worte kann sie noch auf deutsch. Sie hat eine rauhe Stimme. Sie klingt noch rauher, wenn sie Befehle wiederholt. Sie hat auch Küchendienst machen müssen. Immer morgens um drei. Müde, ja, müde war sie schon. Alle waren immer müde. Aber sie war kräftig. Sonst hätte sie das nicht überstanden. Mit ihrer Schwester war sie zwei Monate zusammen. Dann wurde die Schwester krank. Kam in die Gaskammer. Und ins Krematorium.

Ihr laufen die Tränen über das Gesicht. Sie beißt sich auf die Lippen, versucht, nicht zu weinen, hebt, wie um sich zu schützen, ihre Hände vor das Gesicht.

Ich frage dennoch: »Haben Sie Ihre Eltern noch an der Rampe in Auschwitz gesehen?« Lucia sagt: »Nein, da habe ich meine Eltern nicht mehr gesehen. Ich weiß nicht, was mit ihnen passiert ist. Ich habe sie nie mehr gesehen. Ich bin die einzige, die übriggeblieben ist. Die ganze Familie ist getötet worden.«

Sie steht auf. Geht die Stufen zur Terrasse hinauf. Geht zu den Rosmarinsträuchern, steckt den Kopf tief in das Grün, streicht mit den Händen über die Pflanzen, von unten nach oben, und atmet den Duft ganz tief ein. Mehrere Male.

Beim Abschied umarmt sie mich. Sie ruft uns noch einmal zurück. Schenkt uns Nelken, von ihrer Terrasse. Auch die duften ganz stark.

Am nächsten Tag suchen wir die Synagoge. Fragen Leute, die uns einfach nicht antworten. Ihre Gesten sind feindlich, die Gesichter finster. Wir finden die Synagoge schließlich doch. Lucia sitzt davor, schält sich Orangen. Sie ist die Schließerin der Synagoge. Sie läßt uns eintreten in einen großen, prächtigen Bau mit Messingkronleuchtern, Marmorbänken, viel Samt. Der Fußboden: wieder das kleine Mosaikpflaster mit Blumenmustern, wie in Sorianos Garten. Zwei Paare kommen. Eins ist aus Israel. Alle staunen über diesen Prachtbau, der für die Touristen geöffnet wird. Aber für sechs Juden braucht man kein Gotteshaus, hat auch keinen Kantor, schon gar keinen Rabbiner. Das Licht macht Lucia nur für uns an. Und sie? Sie sitzt Tag für Tag vor der Synagoge, vormittags und nachmittags, und wartet auf Touristen. Frei hat sie fast nie.

Wofür auch.

NIEDERLANDE

Als der Zweite Weltkrieg begann, lebten die Niederlande seit über hundert Jahren im Frieden. Sie hatten sich aus allen europäischen Kriegen, auch aus dem Ersten Weltkrieg, herausgehalten und bekräftigten 1939 noch einmal ihre Neutralität. Als Gastland der Haager Friedenskonferenzen von 1899 und 1907, aus denen das Haager Schiedsgericht, später der Internationale Gerichtshof, und die Haager Landkriegsordnung hervorgingen, waren sie geradezu zum Inbegriff eines friedlichen Staates geworden. Trotzdem wurden sie am 10. Mai 1940 im Zuge des Krieges gegen Frankreich von Deutschland überfallen, weil Hitler glaubte, seine Vorherrschaftspläne so besser absichern zu können. Schon am 15. Mai kapitulierten die niederländischen Streitkräfte. Königin Wilhelmina und die Regierung gingen ins Exil nach London. Es hing mit Hitlers Plänen für ein germanisches Großreich zusammen, daß er die ursprüngliche Militärverwaltung alsbald durch eine Zivilverwaltung ablöste und wie in Norwegen einen Reichskommissar einsetzte, und zwar den Nationalsozialisten Arthur Seyss-Inquart, der schon beim Anschluß Österreichs 1938 eine führende Rolle gespielt hatte. Eine ähnliche Aufgabe war ihm auch hier zugedacht, und dazu gehörte nicht zuletzt die Ausschaltung der Juden.

In den Niederlanden lebten damals etwa 160 000 Juden, darunter etwa 24 000 Flüchtlinge aus Deutschland und anderen Ländern. Das war für Westeuropa ein ziemlich hoher Anteil von etwa 1,5 Prozent der Gesamtbevölkerung. Die niederländischen Juden lebten seit Jahrhunderten im Lande, waren seit 1796 gleichberechtigt und stark integriert. Verfolgung kannten sie nicht. Allerdings waren sie fast nur in wenigen Städten ansässig; über die Hälfte wohnte in Amsterdam. Nach dem deutschen Einmarsch hatten sie anders als in manchen anderen Ländern fast keine Fluchtmöglichkeiten.

Die deutschen Behörden leiteten alsbald antijüdische Maßnahmen ein. In dieser Hinsicht durchliefen die Niederlande in den folgenden zwei Jahren eine ganz ähnliche Entwicklung wie Deutschland. Am 22. Oktober 1940 wurde eine Verordnung erlassen, die den Nürnberger Gesetzen von 1935 entsprach und festlegte, wer als Jude angesehen wurde. Die meisten jüdischen Wirtschaftsbetriebe wurden enteignet. Am 10. Januar 1941 wurde die Registrierung der Juden angeordnet. Sie ergab zusammen mit den sogenannten Halb- und Vierteljuden 160 820 Namen und Adressen. Am 9. Februar kam es unter Beteiligung von niederländischen Nationalsozialisten zu antijüdischen Ausschreitungen in Amsterdam, die der sogenannten Reichskristallnacht in Deutschland vom November 1938 entsprachen. Dagegen erhob sich anders als in Deutschland eine allgemeine Streikwelle, der sogenannte Februar-Streik, und der wiederum löste eine verschärfte Verfolgung aus. Es folgten erste Deportationen, die wie Repressalien erschienen, in das Konzentrationslager Mauthausen. Im April 1942 wurde das Tragen des Judensterns vorgeschrieben.

Inzwischen waren die Vernichtungslager auf dem ehemals polnischen Gebiet betriebsbereit. Die sogenannte Endlösung konnte beginnen. Am 11. Juni 1942 wurde in einer Besprechung im Reichssicherheitshauptamt in Berlin die Deportation von zunächst 15 000 Juden aus den Niederlanden festgesetzt; nur zehn Tage später wurde die Zahl auf 40 000 erhöht. Eichmann schrieb, die Juden sollten »in täglich verkehrenden Sonderzügen zu je 1 000 Personen« nach Auschwitz gebracht werden. Dazu wurden zwei Durchgangslager errichtet. Dasjenige von Westerbork in der nordöstlichen Provinz Drente unweit der deutschen Grenze, von wo später fast alle Transporte abgehen sollten, war vor dem Krieg von den niederländischen Behörden als Auffanglager für Flüchtlinge aus Deutschland gebaut worden. Nun sollte es dem entgegengesetzten Zweck dienen.

Der erste Eisenbahnzug mit 1 135 deportierten Juden ging

am 15. Juli 1942 von Westerbork nach Auschwitz ab. Zwar wurde der tägliche Verkehr nicht erreicht, aber bis zum 23. Februar 1943 gingen fast fahrplanmäßig zweimal wöchentlich insgesamt 52 Deportationszüge mit 42 945 Juden von Westerbork nach Auschwitz. Von März bis Juli 1943 gingen die Transporte, die teilweise über 3 000 Personen umfaßten, mit insgesamt 34 313 Juden in das Vernichtungslager Sobibór. Danach war das Endziel wieder Auschwitz, seit Anfang 1944 zunehmend auch das sogenannte Aufenthaltslager Bergen-Belsen in der Lüneburger Heide, wo es zwar keine Gaskammern gab, die Häftlinge aber zu Tausenden an Hunger und Seuchen starben. Dorthin wurde Ende Oktober 1944 auch Anne Frank gebracht, nachdem sie am 3. September 1944 von Westerbork zunächst nach Auschwitz deportiert worden war. Der letzte Deportationszug verließ die Niederlande am 13. September 1944. Wenige Tage später begann der Einmarsch der Alliierten.

Insgesamt waren etwa 107 000 Juden aus den Niederlanden deportiert worden. Etwas mehr als 5 000 kehrten nach dem Krieg zurück. Über 100 000 waren ums Leben gebracht worden. Das waren mehr als zwei Drittel der jüdischen Vorkriegsbevölkerung. In Westeuropa hatte kein anderes Land so hohe Verluste erlitten.

Was wußte ich von den Niederlanden in jener Zeit? Wenig genug. Anne Frank war in Amsterdam versteckt und verraten worden. Der Polizeiapparat war sehr willfährig gewesen. Es gab viele Kollaborateure, auch viele Freiwillige bei der Waffen-SS. Andererseits hatte in Holland der erste Streik in Europa stattgefunden, ein Proteststreik gegen die Deportation von Juden. Aber welches Besatzungsregime hatten die Deutschen nach ihrem Überfall im Mai 1940 errichtet? Welche Ziele verfolgten die Deutschen? Ich wußte so gut wie nichts über dieses Kapitel der niederländischen Geschichte. Ich informierte mich also und versuchte, Verbindungen zu Niederländern herzustellen.

Meine erste Anlaufstelle in Amsterdam war das Auschwitz-Komitee. Dort war ich mit Eva Tass verabredet, die ich von einer früheren Begegnung her kannte. Schon damals war mir aufgefallen, wie energisch diese zierliche Frau war, die ich auf sechzig schätzte. Jetzt aber, in Amsterdam, war sie ganz in ihrem Element. Sie kannte alles und jeden. Sie war wie eine sanfte Lokomotive. Ohne die geringsten Ermüdungserscheinungen zu zeigen, schleppte sie mich tagelang zu allen Schauplätzen: Synagogen, Museen, dem ehemaligen jüdischen Wohnviertel, dem ehemaligen Getto, Denkmälern, Friedhöfen, dem Anne-Frank-Haus. Dabei erzählte sie Geschichten von Deportierten und Deportationen. Sie sah mich kaum an, erzählte ohne Punkt und Komma, sah irgendwohin. Mir wurde klar, daß sie von Auschwitz niemals loskommen würde. Und während sie so erzählte, Stunde für Stunde, Tag für Tag, verwandelte sich für mich das Amsterdam von heute mehr und mehr in das Amsterdam aus dem Jahre 1939 oder 1940 oder 1941 oder später, je nachdem. In dem ehemaligen jüdischen Viertel sah ich plötzlich den Stacheldraht, der das Getto damals einzäunte. Ich sah hastig zusammengenagelte Bretterzäune, Barrieren von einer Straßenseite zur anderen, zugemauerte Torbögen, aufgestellte Sichtblenden. Und ich sah die Schilder, die den Juden den Zutritt untersagten: zum anderen Viertel, zur Gaststätte, zur Parkanlage. Sogar auf der Parkbank stand es geschrieben: JODEN NIET GEWENSCHT. Überall in Amsterdam führen Hinweisschilder zum Anne-Frank-Haus. Man kann es einfach nicht verfehlen. Vor dem schmalen Haus: unzählige Besucher, besonders viele junge Leute. Sie stehen Schlange für den Rundgang durch das Vorder- und Hinterhaus, sie sitzen auf dem Geländer, das die Prinsengracht auf beiden Uferböschungen einfaßt, sie lesen in den Broschüren, die jeder Besucher in allen wichtigen Sprachen in die Hand gedrückt bekommt.

»Im Mai 1940 wurden die Niederlande besetzt [...] Viele Niederländer mußten als Sklaven in deutschen Fabriken arbeiten, 140 000 Juden in den Niederlanden. Unter ihnen waren 25 000 jüdische Flüchtlinge, die aus Deutschland hierhergekommen waren, genau wie die Familie Frank. Es gelang nur wenigen, sich dem Schicksal im Konzentrationslager durch Untertauchen zu entziehen. Drei von vier jüdischen Niederländern haben den Krieg nicht überlebt [...] Die Besetzung der Niederlande bedeutete fünf Jahre Unterdrückung, Sklavenarbeit, Terror, Hunger und Angst [...] Leider bedeutete es auch Kollaboration, aber glücklicherweise auch Widerstand.«

Das Versteck der Familie Frank lag in den beiden oberen Stockwerken und im Dachstuhl des Hinterhauses. Der Zugang war hinter einem drehbaren Bücherschrank verborgen. Die Treppe hinauf ist steil, die Zimmer sind winzig. Man ahnt, wie eng und bedrängt die Versteckten hier 25 Monate lang gelebt haben: die Familie Frank, die Familie van Daans und etwas später Herr Dussel. Für alle acht Personen gab es ein Handwaschbecken, ein Klo.

In dem Dachzimmer, in dem das Bett von Anne Frank steht, ist durch eine Luke nur ein winziges Stück Himmel zu sehen. Blauer Himmel, grauer Himmel, Schnee oder Regen. Aber keine Straße, keine Menschen. An den Wänden sind immer noch die Fotos ihrer Idole angepinnt: die englische Königin Elisabeth als junge Prinzessin, mit blonden Locken; die strenge, schöne Greta Garbo, um die Dreißig, mit Hut; und schließlich Heinz Rühmann; Profilauf-

nahme, mit Lächeln und dicker Zigarre. Anne Frank wußte natürlich nicht, daß dieser auf dem Foto so jovial lächelnde Mann seit
1939 auf deutschen Bühnen Durchhaltelieder für die Nazis sang
und daß er sich von seiner ersten Frau, einer Jüdin, auf Betreiben
der Nazis hatte scheiden lassen. Danach durfte er bei Goebbels ein-
und ausgehen. Das hat ihm aber nach dem Krieg nicht geschadet.
Rühmann war vor, während und nach dem Krieg dicke im
Geschäft. Die Deutschen haben eben ihre Lieblinge, vor allem die
von Film, Funk und Bühne.

Fotos von den Versteckten sind in dem kleinen Museum des
Vorderhauses anzusehen, natürlich auch Originalmanuskripte der
Tagebucheintragungen von Anne Frank, dazu Dokumente. Am 1.
August 1944 schrieb sie die letzte Eintragung in ihr Tagebuch. Am
4. August 1944 wurden die Untergetauchten, nachdem sie verraten
worden waren, abgeholt. Frau Frank starb in Auschwitz. Herr van
Daan wurde vergast. Seine Frau starb in Bergen-Belsen. Ihr Sohn
Peter wurde von der SS verschleppt. Herr Dussel starb in Neuen-
gamme. Anne und ihre Schwester Margot wurden nach Bergen-
Belsen gebracht, wo beide kurz vor der Befreiung an Typhus starben, März 1945. Nur Annes Vater, Otto Frank, überlebte. Er
wurde in Auschwitz von den Sowjets befreit. Bei seiner Rückkehr
nach Amsterdam gab ihm Miep, eine der Helferinnen, Annes Tagebuch. Bis zu seinem Tod widmete er sich der Bearbeitung und
Veröffentlichung. Inzwischen gibt es eine dicke wissenschaftliche
Ausgabe davon. Sie kostet weit über hundert Mark und war in
Holland bereits wenige Tage nach Erscheinen vergriffen. Die Holländer drücken sich nicht vor ihrer Geschichte, die nicht nur von
Widerstand, sondern auch von Verrat und Kollaboration erzählt.
Ich habe in Amsterdam, und nicht nur da, mit sehr vielen Holländern darüber gesprochen. Niemand hat mir gesagt, er habe nichts
gewußt und nichts gesehen. Die Leute sagen eher: Warum haben
wir nicht mehr dagegen getan? Das ist der Unterschied zu Deutschland. Nichts wird geleugnet. Nichts wird geschönt.

Eva Tass führt mich ins »Joods Historisch Museum«. Eine Ausstellung wird gerade aufgebaut, abends soll die Eröffnung sein. Sie
macht mich mit ehemaligen Widerstandskämpfern bekannt, die
Plakate und Stadtpläne aufhängen. Unter den Besuchern fallen mir

zwei attraktive Frauen auf, die leidenschaftlich miteinander disku-
tieren. In Deutsch. Ich spreche sie an:

Sind Sie Deutsche? Wann sind Sie nach Holland gegangen?
Das war im September 1938, wir waren aus Köln. Damals spielte
sich die Sache Böhmen/Mähren ab. Meine Großeltern, die in Hol-
land lebten, riefen uns an und sagten, wir sollten sofort nach
Holland kommen. Meine Mutter, meine Schwester und ich, mein
Vater war schon lange tot, sind noch in derselben Nacht nach
Holland gefahren.

Wann sind Sie verhaftet worden? Wie war das?
Wir sind gar nicht verhaftet worden. Wir sind ganz einfach dem
Aufruf, sich zu melden, gefolgt. Das war Mitte August 1942. Und
so sind wir mit dem Transport aus Den Haag nach Westerbork, in
das Durchgangslager, gekommen.

Warum sind Sie dem Aufruf gefolgt? Aus Angst?
Ja. Aber ich war damals sechzehn, hatte überhaupt nichts zu sagen.
Meine Familie meinte, und meine Großmutter spielte dabei die
entscheidende Rolle, man solle keine anderen Leute in Gefahr
bringen und sich einfach den Befehlen fügen.

Was heißt: andere Leute in Gefahr bringen?
Uns war angeboten worden, unterzutauchen.

Und?
Und meine Großmutter sagte: Nein, das können wir nicht machen,
wir müssen gehorchen.

Und Sie wußten 1942 nicht, was das bedeutete?
Nein, überhaupt keine Ahnung. Es hieß, wir würden zum Arbeitseinsatz geschickt, irgendwo in den Osten, mehr besagte der Aufruf
nicht. Es waren genaue Vorschriften, was man mitnehmen sollte:
Rucksack, Decke usw. Durch einen Zufall sind wir in Westerbork
nicht gleich weitertransportiert worden.

Ich wende mich der anderen Frau zu:

Und Sie?
Wir hatten versucht, nach England zu kommen. Aber auch meine Großmutter hatte einen starken Einfluß, hat geweint, wollte nicht ins Ausland. Dann, 1942, ist der Aufruf gekommen. Da ist mein Vater zum Amt gegangen und hat gesagt, ich hätte Scharlach. Die Deutschen hatten sehr viel Angst vor Ansteckung. Da haben wir es zwei Monate hinauszögern können. Danach sind wir untergetaucht in Holland. Das hat zwei Jahre gedauert, dann sind wir verraten worden. Wir hatten Pech. Meine Eltern hatten sich entschieden, wir wollten weg. Das war im Juni 1944. Der Mann, der damals zu uns kam, sagte, er würde uns in die Schweiz bringen. Das haben wir geglaubt. Wir haben dafür bezahlt. Aber statt dessen kam der SD (Sicherheitsdienst) und hat uns verhaftet. Acht Menschen. Es hat auch viele gute Holländer gegeben, aber wir hatten eben Pech. Wir sind dann ins Gefängnis gekommen, drei Tage lang, und dann nach Westerbork. Nach zwei Monaten hat man uns gefragt, ob wir nach Bergen-Belsen gehen wollten, das wäre nicht so schlimm. Aber mein Vater sagte, er würde nie freiwillig aus diesem Land gehen. Nur, wenn man ihn hinausschleudern würde. Also sind wir nicht gegangen. Drei Monate später mußten wir dann doch gehen, kamen nach Auschwitz. Das war am 3. September 1944.

Wußten Sie, was Auschwitz bedeutete, um diese Zeit?
Nein, nein. Immer noch nicht, nein.

Was haben Sie gedacht, was mit Ihnen geschehen würde?
Arbeiten. Arbeiten. Und kein Essen. Aber wir haben nie gedacht, daß so etwas möglich wäre. Wie kann man sich so etwas Unvorstellbares vorstellen.

Aber die anderen, die deportiert worden waren, die sind doch nicht zurückgekommen!
Nein. Aber wir haben auch nicht gedacht, als wir deportiert wurden, daß wir zurückkehren würden, bevor der Krieg beendet ist.

Und Sie? Sie haben auch nicht geahnt, was Auschwitz ist?
Nein, ich hatte keine Ahnung. Auch die Leute, die ich kannte, um mich herum, hatten keine Vorstellung davon. Während der ganzen Zeit, wo ich in Westerbork war, das war von August '42 bis Februar '44, also anderthalb Jahre, habe ich keine Ahnung davon gehabt. Ich habe zwar die Transporte abfahren sehen in Westerbork, habe auch manchmal gehört, daß Leute sich weigerten, zum Beispiel Decken mitzunehmen und sagten: Wo wir hinkommen, da brauchen wir das nicht mehr, aber...

Die wußten also...?
Die müssen das irgendwie gewußt haben.

Und Sie haben trotzdem...
Und ich habe das trotzdem nicht verstanden. Ich weiß noch, ich habe die Schultern gezuckt und mich gefragt, was ist denn...

Ich sehe sie an. Sie sieht nicht nur attraktiv, sondern auch intelligent und selbstbewußt aus: schwarze Haare mit grauen Strähnen, Brille mit knallrotem Gestell, Cashmeremantel, grünes Umhängetuch. Ich denke, ihr kann ich mehr zumuten, mit meinen Fragen härter rangehen. Ich sage, vielleicht auch etwas ungeduldig:

Aber BBC hat im Sommer '42 schon entsprechende Sendungen ausgestrahlt, Radio Oranje hat im Spätsommer '42, von Gaswagen, von Tötungen mit Gas und von Gaskammern berichtet. Es war die Rede von 700 000 Ermordeten.

Die Frau holt tief Luft und sagt kalt:

Aber wir haben das nicht gehört. Wenn Sie das sagen, von den Sendungen, dann muß ich das hinnehmen. Aber es befremdet mich. Denn warum hat dann die ganze Welt gesagt, man habe nichts gewußt? Alle Deutschen sagen immer: »Wir haben es nicht gewußt.« Auch im Ausland hat man 1942 nicht gesagt: »Es gibt Gaskammern, die Juden werden alle vergast, wir müssen etwas tun.« Viel später erst, nach dem Krieg, haben wir gehört, daß manche Leute in der Welt davon gewußt haben. Warum haben die denn nichts getan? Aber wir hätten sowieso nichts tun können. Gefangene, ohne Waffen.

Und fast wie zu sich selbst fügt sie noch einmal hinzu:

Aber wir haben es auch nicht gewußt.

Wir sehen uns an, etwas verzweifelt. Das war die Wahrheit. Die Welt hat es gewußt. Amerikaner, Engländer, Schweizer, der Papst – alle haben es gewußt. Sie haben nichts dagegen getan. Sie wußten auch, daß die Inhaftierten um Waffen gefleht hatten. Jüdische Bomberpiloten hatten versichert, sie seien imstande, die Gaskammern und Krematorien zu treffen und zu zerstören und den Gefangenen Waffen abzuwerfen. Die Häftlinge hatten in Kassibern mitgeteilt, sie würden lieber mit der Waffe in der Hand als wehrlos in den Gaskammern sterben. Aber die Alliierten haben in Auschwitz nur die Industrieanlagen der IG-Farben bombardieren lassen. Nicht das Lager, in dem die Gefangenen waren. Es ging ihnen um die Industrie, nicht um die Juden.

Ich frage noch einmal die Frau mit der roten Brille:

Wie haben Sie Auschwitz überlebt?
Ich kann nur sagen, ich habe überlebt, weil ich nicht draufgegangen bin.

Waren Sie so jung, so kräftig, oder hat Ihnen jemand geholfen oder war's Glück?
Auch. Mein Glück war, daß ich krank wurde. Vorher hatte ich zwei Monate schwer gearbeitet. Wir mußten Steine schleppen von a nach b und dann von b nach a. Warum? Es gab nie ein »Warum«. Dann bekam ich Scharlach. Da bin ich ins Krankenrevier gekommen. Da war Selektion gewesen. Mengele, der ging gerade weg, als ich kam. Wäre ich eher gekommen, wäre ich auch dran gewesen. Am folgenden Morgen habe ich gesehen, wie die Leute weggeführt wurden. Am selben Abend ist Mengele zurückgekommen und hat

den Kindern Schokolade gegeben. Am nächsten Morgen sind auch diese Kinder weggebracht worden. Was mich angeht, ich habe später Typhus bekommen. Aber ich sprach französisch und konnte mich mit einem jüdischen tschechischen Arzt verständigen. Der hat zu mir gesagt: Du mußt jetzt hier raus, denn wir dürfen niemanden länger als neun Tage hier behalten. Da bin ich in eine andere Baracke gekommen, für Leute, die Durchfall hatten. Da waren Frauen, polnische, nichtjüdische Frauen, die haben andere, die rumlagen, ermordet, weil die zuviel Dreck machten. Bei mir war der Dreck nicht so schlimm, also haben sie mich leben lassen. Nach vier Tagen, sie haben uns nichts zu essen und zu trinken gegeben, sind die Deutschen gekommen, es war der 18. Januar 1945, und haben gesagt, jeder muß weggehen. Wer zurückbleibt, wird erschossen. Da habe ich versucht, meine Mutter zu finden, und ich habe sie gefunden. Wir haben uns gesagt, wir müssen weggehen, sonst werden wir erschossen. Ich hatte damals schon seit Monaten gelegen, ich habe versucht, aufzustehen, aber ich bin in Ohnmacht gefallen. Da sind wir dageblieben, meine Mutter und ich. Meine Mutter hat von draußen Schnee geholt. Wir haben Schnee gegessen. Dann war der 27. Januar, da sind abends, es war schon dunkel, die Russen gekommen. Weiß bekleidet, mit Kästen in der Hand. Da ist ein Russe zu mir gekommen und hat gesagt:

»Du Kind«, ich war damals 19 Jahre alt, aber ich wog nur 30 Kilo, »du Kind, du wirst das erste Stück Schokolade bekommen, das ich auftreiben kann.«

Ich werde das nie vergessen. Er sprach deutsch. Es hat noch gedauert, bis zum 1. Mai, bis wir ein Stück Schokolade bekamen. Die Russen haben das sehr gut gemacht, die haben uns nicht sofort Essen gegeben. Die Russen jedenfalls haben uns dann von Birkenau nach Auschwitz gebracht, und wir haben gedacht: Wie schön ist das hier, wir haben schöne Betten, in einem richtigen Gebäude, aus Stein. Ab Ende Mai wurden alle Holländer zurückgebracht, nach Holland. Die Russen haben gesagt, sie wollten nicht, daß ich mitgehe, denn ich war krank, konnte noch nicht laufen. Da habe ich gesagt, ich gehe mit und wenn ich sterbe. Ich habe das unterzeichnet, es war meine eigene Verantwortung. Und dann sind wir mit der Gruppe zurückgekommen, nach Holland.

Und Ihre Mutter?
Auch. Sie lebt noch. Ist jetzt neunzig Jahre alt.

Der Mann von der Widerstandsgruppe war mit dem Aufhängen der Plakate fertig. Er zeigt mir voller Stolz die Flugblätter, auf denen zu dem berühmten Februarstreik aufgerufen worden war.

Dann erschienen auf einem Monitor Dias von Straßenbahnwagen, denn der Streik war damals, am 25. und 26. Februar 1941, von den Straßenbahnfahrern ausgegangen. Die Vorgeschichte dieses Streiks: Holländische Nazis hatten im Februar 1941 eine Schlägerei im Jüdischen Viertel provoziert. Jüdische Geschäfte wurden gestürmt, Schaufensterscheiben zerschlagen. Die Juden wehrten sich. Ein niederländischer Nazi wurde getötet. Zur Vergeltung wurden Juden gejagt und festgenommen. 400 Juden, Männer zwischen 20 und 35 Jahren, wurden in Amsterdam verhaftet und nach Mauthausen verschleppt. Keiner ist zurückgekommen. In Amsterdam wurde daraufhin zum Streik aufgerufen. Der wurde befolgt und breitete sich von Amsterdam bis nach Nordholland aus. In der Rüstungsindustrie waren fast 20 000 Arbeiter im Streik. Es war der erste Massenstreik in einem von der deutschen Wehrmacht besetzten Land.

Ich frage den Mann von der damaligen Widerstandsgruppe:

War der Februarstreik ein Streik, der sich gegen die Besatzung richtete, oder ging es dabei um die Juden?
Es ging um die Juden. Es war so, daß das Volk der Niederlande sich weigerte, Maßnahmen hinzunehmen, mit denen es nicht einverstanden war. Das war das Entscheidende. Es waren die Kommunisten, die die Initiative übernahmen. Es hat hier angefangen und hat sich dann auf die Außenbezirke bis hinauf in den Norden ausgedehnt.

Wie hat die Bevölkerung auf den Streik der Straßenbahner reagiert?
Begeistert. Die Leute hatten darauf gewartet. Die Frage war nur, wer fängt an, wer organisiert das. Die Kommunisten haben natürlich eine Reputation als Organisatoren, man weiß, daß sie inner-

halb von 24 Stunden irgend etwas realisieren können, wofür andere wochenlange Sitzungen abhalten und eigentlich nicht wissen, was sie tun sollen.

Der Streik ist dann sehr blutig niedergeschlagen worden.
Ja, man hat zwei Bataillone von der Waffen-SS anrücken lassen, und dort, wo sich Leute angesammelt hatten, ist man mit Handgranaten und Feuerwaffen gegen sie losgegangen.

Es wird immer wieder gesagt, daß dieselben Straßenbahner, die 1941 streikten, später die Züge nach Westerbork gefahren haben.
Das stimmt nicht. Die Eisenbahner waren nicht mit einbezogen. Ein Straßenbahner ist etwas anderes als ein Lokführer von der Eisenbahn. Der Februarstreik ist der Anfang von einem großen nationalen Widerstand. Die Bevölkerung hatte sich selber wiedergefunden. Da haben die Leute verstanden, daß wir, auch wenn es eine fremde Armee auf unserem Territorium gibt, uns widersetzen können. Es ging auch um unsere nationale Selbständigkeit. Der große Fehler der Deutschen war es, das zu unterschätzen. Den Antifaschismus gab es bei uns schon vor 1933, als die ersten politischen Flüchtlinge zu uns kamen. Von dem Moment an war es klar, daß die Holländer für den Faschismus oder Nazismus nicht das geringste übrig hatten.

Jahr für Jahr versammeln sich in Amsterdam am 25. Februar am Dockerdenkmal, das vor einer der großen Synagogen steht, Tausende von Holländern, um der verschleppten Juden zu gedenken. Meine Recherchenreise war im Hochsommer 1986 gewesen. Die Dreharbeiten hatte ich in den folgenden Februar gelegt, um diese Gedenkkundgebung filmen zu können. Es war bitter kalt im Februar 1987 in Amsterdam. Als wir mittags zu dem Denkmal fuhren, waren die ersten Vorbereitungen für die Gedenkkundgebung bereits getroffen. Absperrgitter waren aufgestellt worden und Eisenkörbe mit brennenden Steinkohlen. Die Kohlen glühten den ganzen Nachmittag, Organisatoren und Demonstranten konnten sich an dem Feuer wärmen. Die Demonstration begann gegen 15 Uhr. Angeführt von dem Bürgermeister von Amsterdam, der am

Dockerdenkmal einen riesigen Kranz niederlegte, folgten bis in die Nachtstunden Tausende von Holländern. Sie legten Blumen und Kränze nieder. Ich hatte eine so riesige, eindrucksvolle, stumme Demonstration zum Gedenken der verschleppten Juden noch nicht erlebt. Ganz ruhig zogen die Menschen an dem Denkmal vorbei, ungefähr 30 000.

Hat es in Deutschland je so eine Kundgebung gegeben?

Plötzlich schreit mich eine Frau an: Ich solle machen, daß ich fortkomme. Sie habe ihre ganze Familie durch die Deutschen verloren. Sie wolle und könne es nicht ertragen, diese Sprache zu hören. Ich wehrte mich nicht dagegen. Mit welcher Begründung auch.

Im Herbst 1941 wurden in Amsterdam drei Gettobezirke errichtet. Die christlichen Bewohner wurden evakuiert, die Judenviertel abgeriegelt. Bis Oktober 1941 waren hier an die 40 000 Juden zusammengepfercht worden. Eva Tass zeigt mir die Straßen, aber viele der alten Häuser gibt es nicht mehr, sie sind durch Neubauten ersetzt. Wie war die Haltung der holländischen Bevölkerung? Eva differenziert. Es gab beides: Kollaboration und Widerstand. Aber die Wahrheit ist eben, daß nach anfänglichem Widerstand die Bereitschaft wuchs, sich mit dem deutschen Sieger zu arrangieren. Je endgültiger und totaler der deutsche Sieg sich abzeichnete, etwa bis zur Kriegswende, der Niederlage bei Stalingrad, desto größer wurde die Bereitschaft, sich mit dieser Besatzungsmacht zu arrangieren.

Wir besuchen Lucie Pechmann. Sie wohnt noch immer da, wo sie schon damals mit ihrer Mutter wohnte, im ehemaligen jüdischen Viertel, in einem alten Haus, einem der wenigen. Die Wohnung ist klein und bescheiden möbliert. Frau Pechmann lebt von einer schmalen Rente. Sie bewirtet uns mit Kaffee und Kuchen. Freundlich stellt sie Fragen zu dem Filmprojekt. Aber sie zögert, mir ein Interview für das Fernsehen zu geben. Eigentlich will sie es nicht. Sie will es sich überlegen, sagt sie schließlich. Und willigt dann, nach mehreren Gesprächen, ein, auch, wie sie sagt, ihrer ermordeten Mutter wegen:

Als Ihre Mutter verhaftet wurde, wer hat sie da abgeholt? War das holländische oder deutsche Polizei?

Das waren Holländer von einem Institut in der Nähe von Arnheim. Die haben immer die Sachen für die Deutschen gemacht.

Wie haben sie sich benommen? Waren sie korrekt, freundlich oder scharf?
Kühl, würde ich sagen, kühl. Meine Mutter hatte einen Aufruf mit Namen und Datum, und die sind zu uns raufgekommen, wir wohnten im ersten Stock, und dann haben sie meine Mutter mitgenommen. In dieser Zeit hatten wir alle eine Tasche bereitstehen, für den Fall, daß man abgeholt würde. Meine Mutter und ich gingen runter bis an die Tür, und ich habe in meiner Unschuld zu den Leuten gesagt: »Wollen Sie bitte gut auf meine Mutter aufpassen!« Sie war erst 58 Jahre alt, aber krank und sah schlecht. Da sagten die Männer zu mir: »Ja, gehen Sie am besten mit.« Wir durften nach acht Uhr abends nicht mehr auf die Straße, und es war abends. Da habe ich noch einen Moment gedacht, ja, ich gehe mit, aber meine Mutter hat gesagt: »Nein, bleib zu Hause!« Das habe ich gemacht. So verdanke ich meiner Mutter, daß ich noch am Leben bin. Das war Februar 1943.

Wußten Sie, wo Ihre Mutter hinkommt und was das bedeutet?
Wir wußten nichts weiter als Westerbork. Das andere haben wir nur geraten. Wir haben so Gerüchte gehört, aber man wußte nichts Bestimmtes.

Wie haben sich die Hausbewohner verhalten?
Als ich meine Mutter an die Tür gebracht hatte und weinend die Treppe hochkam –

Sie bricht ab, weint.

Dann setzt sie noch einmal an:

– also, als ich weinend die Treppe hochkam, da kam der Nachbar aus dem zweiten Stock und sagte: »Ihre Mutter hat mir versprochen, daß ich ihre beiden Lehnstühle haben kann, wenn sie abgeführt werden sollte.« Da habe ich nur gesagt: »Vielleicht können

Sie bis morgen warten.« Ich will damit nur sagen, es gab unter den Deutschen die gleichen wie unter den Holländern. Es gab Gute und es gab Schlechte. Im dritten Stock wohnten holländische Nazis, das waren gute Leute, und die im zweiten Stock hatten den guten Namen, waren aber schlecht.

Sie sind dann untergetaucht und später verraten worden. Von wem wurden Sie verhaftet? War das auch holländische Polizei?
Ja, der Max, bei dem ich untergetaucht war, der hatte ein kleines Haus, das allein in einem Garten stand. Am 9. Mai 1944 war er den ganzen Tag weg, und ich war mit zwei Männern zum Rudern gegangen. Als wir zurückruderten zum Haus, lagen zwei Männer dort, und ich habe gleich zu den anderen gesagt, da stimmt was nicht. Wir konnten aber nicht mehr vor oder zurück und sind an Land gegangen, und da haben sie uns mitgenommen.

Wenn Sie den Versuch gemacht hätten zu fliehen, glauben Sie, die Holländer hätten Sie erschossen?
Ja, das kann ich Ihnen beweisen. Als ich im Gefängnis war, da wurden wir eines Tages rausgelassen, um ein großes Haus in der Nähe von Arnheim sauberzumachen. Das war noch nie meine Stärke, Saubermachen, aber gut, es war ein sehr schöner Tag, und wir wurden von holländischer Polizei begleitet. Wir lagen draußen auf der Wiese, und ich sah mich so um, ob ich nicht zu einem Bauernhof rennen könnte, und der Mann verstand das und sagte: »Wenn Sie was vorhaben, denken Sie daran, ich schieße. Ich habe eine Familie zu Hause.« Es war ein flaches Feld, also man konnte sich nicht irgendwo verstecken. Da habe ich nichts gemacht. Vielleicht war das feige, ich weiß nicht, aber man hat doch auch Angst gehabt. Merkwürdig, nicht?

Haben Sie den Holländern was vorzuwerfen?
Das ist eine schwierige Frage. Lauheit würde ich sagen. Die meisten haben nur an das Fressen gedacht. Das, glaube ich, ist die allgemeine Einstellung gewesen. Ich weiß nicht, ob ich das denen vorwerfen kann. Ich weiß nicht, wie ich selbst gehandelt hätte. Das weiß ich nicht.

Ich war mit dem Historiker Harry Paape verabredet, dem Direktor des berühmten »Rijksinstituut voor Oorlogsdocumentatie«, dem »Reichsinstitut für Kriegsdokumentation«. Das Forschungsinstitut ist in einem schönen alten Haus untergebracht. Feine Adresse: Herengracht. Schon von außen prächtig. Innen noch prächtiger: Marmortreppe, dicker Stuck, Kronleuchter. Harry Paape ist geduldig, antwortet auf alle Fragen ausführlich, gibt mir Fotos und Dokumente.

Herr Paape, war dieser Februarstreik ein Protest gegen die Deportation der Juden, oder war das auch ein Protest gegen die deutsche Besatzung?
Es war zu 95 Prozent ein Protest gegen die Deportation von Juden während der zwei Tage im Zentrum des Judenviertels von Amsterdam, aber dabei kamen dann natürlich auch die antideutschen Gefühle zum Vorschein. Es hat in der Geschichte meiner Meinung nach keine Stadt gegeben, auch kein Dorf, wo ein solcher Generalstreik gegen die Verhaftung von Juden stattfand. Das ist eine ziemlich lange Entwicklung gewesen. 1940 gab es wohl einige Demonstrationen gegen die Deutschen, aber im allgemeinen befürchtete man doch, daß dieser Krieg von den Alliierten niemals gewonnen werde könne, und so war man ziemlich vorsichtig in seiner Haltung und in seinen Äußerungen. Aber dann hat sich das doch weiterentwickelt bis 1943 zu einer, ja, vollen Widerstandshaltung in ziemlich großen Teilen der Bevölkerung.

Wie würden Sie die Haltung der Behörden und der Polizei erklären? Dort war doch ein großes Maß an Kollaboration vorhanden.
Holland ist während der letzten 150 Jahre eine sehr geordnete Gesellschaft gewesen mit einer Tradition des Gehorsams im Beamtentum, daneben mit einer sehr sorgfältigen Bevölkerungsbuchhaltung, wo jedermann in Holland registriert war, auch mit der Religionszugehörigkeit. Die Juden standen nicht nur mit ihrem Namen und der Adresse drin, sondern auch mit der Religion: Jude.

Das heißt, das war Vorarbeit für die Nazis, man konnte leichter zufassen?

Man konnte sie leichter ausfindig machen, und für die Beamten war es nun einmal Tradition, zu tun, was von ihnen verlangt wurde.

Die Deutschen haben Führungspositionen im Beamten- und Polizeiapparat mit willfährigen Holländern, also mit holländischen Nationalsozialisten besetzt. Hat das nicht auch geholfen?
Das wollten und konnten sie tun, und das haben sie dann auch im großen Ausmaß gemacht. Die Deutschen hatten eine zivile Verwaltung hier. Sie standen der holländischen Verwaltung viel näher als zum Beispiel die Militärbehörden in Frankreich und Belgien den Nationalbehörden gegenüber. Die Deutschen haben den holländischen Apparat unter Druck gesetzt, mit großem Erfolg, muß ich sagen, so daß an vielen Stellen doch viele Nazis ernannt worden sind.

Macht das heute den Holländern noch zu schaffen?
Ja, das ist heute noch ein Thema für die Holländer.

Es sind in Holland etwa 25 000 Juden versteckt gewesen, ein Drittel hat man entdeckt. Aber es gab auch 25 000 freiwillige Holländer bei der Waffen-SS, eine hohe Zahl. Wie ist das zu erklären?
Ich weiß es nicht. Man kann darüber spekulieren, mehr nicht.

Gab es in Holland einen Antisemitismus?
Kaum, es gab natürlich antisemitische Haltungen, aber ich kann nicht sagen, daß es antisemitische Aktivitäten gegeben hätte. Bis ins 19. Jahrhundert hat es berufsmäßige Beschränkungen gegeben, aber das ging in aller Ruhe. Einen starken Antisemitismus hat es bestimmt nicht gegeben.

Man sagt, jeder siebte in Amsterdam war ein Jude, das ist viel.
Das ist ziemlich viel, ja. Die Integrierung der Juden in der holländischen Gesellschaft war ziemlich groß. Sie hatten viele Funktionen, auch in ziemlich hohen Stufen der Gesellschaft, ganz im Gegensatz zu anderen Ländern.

Das heißt, Sie würden sagen, die Holländer wären von sich aus nie auf die Idee gekommen, die jüdischen Mitbürger zu verfolgen. Wenn sie es doch taten, dann nur, weil die Deutschen es von ihnen verlangten?
Ja, die Holländer hätten das niemals von sich aus getan. Aber was für sie noch viel schlimmer war, sie konnten sich überhaupt nicht vorstellen, daß diese Leute nicht zur Arbeit, sondern zum Tode deportiert wurden, obwohl schon ab 1942 in der Öffentlichkeit davon gesprochen wurde. Es war eine psychologische Unmöglichkeit, das zu glauben. Und bei den Juden war es eine Art Verdrängung.

Natürlich hatte ich mich auch um einen Termin bei Louis de Jong bemüht, dem Historikerpapst in Holland. Am Telefon war er kurz, aber freundlich gewesen, eben wie jemand, der viel zu tun hat. Als wir nun mit Kamera und Mikrofon vor der Tür standen, vor der Tür eines kleinen Hauses in einer Siedlung im Grünen, war er mehr als kurz angebunden. Eine Stunde Zeit hätte er, mehr nicht. Ich nahm seine Schroffheit hin. Ich wußte, daß er seine ganze Familie in Auschwitz verloren hatte.

Das Bücherzimmer, in dem das Interview stattfinden sollte, war eigentlich dafür zu klein. Kein Platz für zwei Kameras. Aber er wollte unbedingt vor seinen Büchern stehen. Schließlich hat er das vielbändige Standardwerk über die Niederlande im Zweiten Weltkrieg geschrieben. So stand er vor dem Regal, ungelenk, ernst, unversöhnlich. Eigentlich gefiel mir dieser ernste, konsequente Mann. Vielleicht gerade deswegen, weil er so unversöhnlich war. Für viele Menschen gibt es in dieser Sache nichts zu versöhnen. Und ich verstehe sie.

Herr de Jong, würden Sie sagen, daß die holländische Polizei und der Beamtenapparat mit den Nazis kollaboriert hatten?
Man muß sich vor Augen halten, daß die Besatzung sich über ungefähr fünf Jahre erstreckt hat. Viele Beamte, die in den ersten beiden Jahren noch getan haben, was ihnen vorgeschrieben wurde, haben sich später der Widerstandsbewegung angeschlossen und

den Besetzern entgegengearbeitet. Man kann sagen, die Verfolgungen gegen die Juden haben in einer Periode angefangen, als der Geist des Widerstandes unter den Behörden noch nicht stark war und die Widerstandsbewegungen noch nicht in der Lage waren, die Leute an geheime Orte zu bringen. Das ist die Tragödie. Ich muß aber auch unterstreichen, daß in Holland immerhin ungefähr 25 000 Juden bei nichtjüdischen Mitbürgern Hilfe gefunden haben, da sie sich dort verborgen halten konnten.

Aber ein Drittel ist verraten, ist entdeckt worden.
Ja, ein Drittel ist nachher entdeckt worden. Am Ende des Krieges gab es ungefähr 16 000 untergetauchte Juden, die befreit worden sind.

Ich würde von Ihnen gern etwas wissen zum Thema Täuschung, Selbsttäuschung der Juden und Täuschung durch die Nazis. Sie haben mal in einem Aufsatz gesagt: »Daß die Deportationen keinen massiven oder unorganisierten Widerstand hervorriefen, kann nur erklärt werden durch die Unkenntnis über die wahre Natur der Vernichtungslager.« Aber schon 1942 gab es Meldungen von Radio BBC über Massentötungen durch Gas.
Massenvernichtungen auf mechanische, fabrikmäßige Weise hat es in der Weltgeschichte nie gegeben. Das war einfach undenkbar. Also, auch wenn man etwas darüber hörte, war es für die meisten Leute nicht möglich, das für wahr zu halten.

Was haben denn die Juden geglaubt, was ihnen passieren würde? Nehmen wir zum Beispiel die ersten 400, die nach Mauthausen gekommen sind. Man hat doch gewußt, daß Mauthausen etwas Schreckliches war.
Damals nicht. Die Leute wußten nur, daß sie in ein unbekanntes Lager verschickt würden. Erst als sie in Mauthausen waren, wußten sie, in welcher Hölle sie angekommen waren. Später sind die Berichte über Mauthausen auch in Holland angelangt. Die Berichte über den Tod der 400 jungen Leute wurden an Holland weitergegeben. Man wußte, daß Verschickungen nach Mauthausen dem Tod gleichkamen.

Auschwitz, Birkenau, was bedeutete das für die Juden?
Das waren völlig unbekannte Begriffe. Wir wissen, daß, als der
Judenrat in Amsterdam zum ersten Mal den geographischen Begriff
Auschwitz las, man überhaupt nicht wußte, wo dieser Ort sich in
Europa befand. Und so ist das bis zum Ende geblieben. Ich kann
nicht genug unterstreichen, daß das Schicksal, das sie erwartete,
praktisch allen deportierten Juden unbekannt gewesen ist. Würde
man das nicht annehmen, dann wären sowohl ihre Reaktionen als
auch die der Holländer völlig unverständlich.

Sie würden also sagen, die Täuschung hat funktioniert?
Bestimmt. Auch die Briefe, die ein Teil der Deportierten nach Hause
schicken mußte, haben einen Täuschungseffekt gehabt. Sie haben ja
nur berichten dürfen, daß das Leben in den Lagern ziemlich gut sei.
Und das hat man geglaubt.

*Zum Unterschied zwischen Holland und Frankreich zum Beispiel:
Daß es hier eine Zivilverwaltung gab, hat sicher ganz andere Konsequenzen gehabt, als die Militärverwaltung in Frankreich.*
Ja, im allgemeinen war die Zivilverwaltung hier an sich schon
schärfer als die Militärverwaltung in Frankreich oder in Belgien.
Man muß auch bedenken, daß es hier eine typische SS-Verwaltung
gab. Die leitenden Funktionen im deutschen Behördenapparat
waren hier in den Händen der SS. Man könnte sagen, die SS hat
versucht, aus dem besetzten Holland so eine Art Modellstaat zu
machen, der später in Großdeutschland oder Großgermanien integriert werden sollte. Das 1648 aus dem Deutschen Reich ausgeglie-
derte Holland sollte wieder ein Teil Großgermaniens werden.

*Ist das auch eine Erklärung für das ungeheuer scharfe Vorgehen der
deutschen Verwaltung hier in Holland?*
Ja, das Vorgehen gegen die Juden ist in mancher Hinsicht noch
schärfer gewesen als in Deutschland. Man muß auch bedenken, daß
die Juden im Vergleich zu jüdischen Minderheiten in anderen Ländern, zum Beispiel in Polen, angepaßter an die holländische
Gesamtgesellschaft waren. Sie waren weniger militant, weniger
scharf und hatten weniger Voraussicht. Wenn zum Beispiel eine

polnische Behörde einem polnischen Juden vor dem Krieg etwas anordnete, dann sagte der: »Nein.« Das war nicht die Haltung der holländischen Juden. Die hatten sich hier immer zu Hause gefühlt und standen den Behörden nicht argwöhnisch gegenüber. Auch davon hat der Besetzer Gebrauch gemacht.

Würden Sie so weit gehen zu sagen, daß es eine Symbiose zwischen Nichtjuden und Juden gegeben hat?
Teilweise ja, nicht in allen Teilen des Landes. Es gab hier auch einen gewissen gesellschaftlichen Antisemitismus, aber, verglichen mit anderen Ländern, sehr wenig. Und Ausschreitungen gegen Juden hat es in diesem Lande, man könnte sagen seit Jahrhunderten nicht gegeben. Das war der Unterschied, warum Holland und insbesondere Amsterdam von den Juden in allen Ländern so geschätzt wurde.

Schneller, kühler Abschied. Nieselregen. Wir holen Trudel van Reemts ab, eine kleine, mollige, liebe Frau, die Westerbork und Auschwitz überlebt hat. Wir fahren mit ihr, in Begleitung von Eva Tass, nach Westerbork. Westerbork, Sammel- und Durchgangslager aller Juden aus ganz Holland, war 1939 von der niederländischen Regierung für die aus Deutschland geflüchteten Juden errichtet worden. Dieses Flüchtlingslager in der Nähe von Hooghalen, gute zwei Autostunden von Amsterdam entfernt, wurde 1942 von den Deutschen übernommen. Das war praktisch. Erst ein Lager für die Juden aus Deutschland, dann ein Lager für die Juden aus den Niederlanden. Vom Sommer 1942 bis zum Herbst 1944 fuhren von hier die Züge ab. Die meisten nach Auschwitz. Es gab einen direkten Zug Westerbork–Auschwitz. Dieser Zug fuhr jede Woche voll ab und kam jede Woche leer zurück.

Das Gelände ist riesengroß, eingezäunt. Keine einzige Baracke steht mehr. Wiesen. Bäume. Ein Wachtturm. Stacheldraht. Hochgerissene Bahngleise, die in die Luft staken. Am Ende der Bahngleise der Prellbock. Hier endete der Zug. Von hier fuhr er wieder ab.

Frau van Reemts, Züge haben immer eine Rolle in Ihrem Leben gespielt, haben Sie vorhin im Auto gesagt. Weshalb immer?
Nicht immer, aber seit Westerbork haben sie eine Rolle gespielt. Ich kann den Zug nicht vergessen. Ich kann auch keine Leute an die Bahn bringen, weil mir einfach schlecht wird und ich anfange zu weinen, wenn ich einen Zug wegfahren sehe.

Der Zug hier in Westerbork kam montags aus Auschwitz zurück?
Montags war er da, und in der Nacht von Montag auf Dienstag wurden die Namen der Leute, die mit dem Zug auf Transport gingen, aufgerufen. Man war immer sehr aufgeregt, ob der eigene Name dabei war.

Wußten Sie denn, was Auschwitz bedeutete?
Nein, das wußten wir nicht. Ich glaube, ehe es bekannt wurde, konnte sich kein normaler Mensch denken, daß Menschen da lebend ins Gas geschickt wurden. Wir wußten zwar, daß Auschwitz etwas Schreckliches war, aber ich weiß, daß ich gesagt habe, na ja, wenn ich auf Transport gehe, dann werde ich mich eben auch da durchkämpfen.

Sie haben die anderen an den Zug gebracht und haben gedacht, Sie sehen sich wieder?
Ja, ja, irgendwie. Es war natürlich so, daß man nie wieder etwas von den Leuten gehört hat. Aber trotzdem, ich glaube, daß das menschlich ist, daß man bis zuletzt eben ums Leben kämpft und nicht an den Tod glaubt. Die Leute mußten sich dienstags früh am Zug einfinden. Ich weiß noch, ich habe einer Freundin eine Decke von mir mitgegeben, weil ich glaubte, sie brauchte sie nötiger als ich. Die Leute haben zum Beispiel Gold und Juwelen, was sie versteckt hatten, denn man mußte das in Westerbork abgeben, sie haben das trotzdem mitgenommen, weil sie glaubten, daß sie damit etwas anfangen konnten.

Wie haben sich die Menschen voneinander verabschiedet?
Beim Abschied waren viele gefaßt, viele haben gebetet, viele haben geweint. Ich habe im Lager hier als Krankenschwester gearbeitet,

und eines Tages kam ein Transport mit einer Wöchnerin an. Sie hatte eine Frühgeburt gehabt in einem anderen Lager, und das Baby war in Decken und Kleider gewickelt. Es war ganz klein und wog nur dreieinhalb Pfund. Es wurde ins Krankenhaus gebracht, und der Lagerleiter Gemmecke hat sich persönlich darum bemüht, einen Brutkasten aus einem anderen Krankenhaus zu bekommen. Das Kind wurde in den Brutkasten gelegt, und ich wurde eigens dazu abgestellt, das Kind zu versorgen. Dann hat er einen Kinderarzt aus Amsterdam kommen lassen, damit man die Ernährung des Babys regelt. Das Baby war so schwach, daß der Arzt gesagt hat, es müsse bei jeder Nahrung einen Tropfen Cognac bekommen. Und was macht Gemmecke? Er läßt den besten Cognac Hennessy kommen für das Kind. Als es fünf Pfund wog, hat man es aus dem Brutkasten genommen, als es sechs Pfund wog, ist es auf Transport geschickt worden, zum »Arbeitseinsatz«.

Das war schrecklich für uns, denn das Kind war für uns eine Art Hoffnung, weil es so gut versorgt wurde. Es hieß Michael Prinz, ich werde das nie vergessen. Und dann war es aus, es ging auf Transport. Gemmecke hat auch immer vorgegeben, daß er Kinder liebt. Einmal ist ein Transport nur mit Kindern weggegangen, da hat er jedem Kind eine Tomate gegeben, weil er die Kinder so lieb hatte. Und Gemmecke wußte, was mit den Kindern geschah, wir nicht.

Wir sind durchgeregnet, durchgefroren, deprimiert. Auf dem Rückweg nach Amsterdam kehren wir in einem Gasthaus ein. Tee mit Rum. Es will so recht kein Gespräch aufkommen.

BELGIEN

Obwohl Belgien neutral war, wurde es am 10. Mai 1940 wie schon im Ersten Weltkrieg von Deutschland angegriffen, weil die deutsche Armee abermals ihren Hauptvorstoß gegen Frankreich durch belgisches Gebiet zu führen gedachte. Der Widerstand war kurz. Schon am 28. Mai kapitulierte die belgische Armee. Während die Regierung ins Exil nach London ging, entschied sich König Leopold III., im Land zu bleiben, was ihn nach dem Kriege seinen Thron kosten sollte. Die Deutschen annektierten die 1919 abgetrennten Gebiete von Eupen, Malmédy und Moresnet und unterstellten das übrige Land einer Militärverwaltung, zu der auch zwei nordfranzösische Départements geschlagen wurden. Militärbefehlshaber wurde der General Alexander von Falkenhausen, der sich seinerseits der belgischen Regierungs- und Verwaltungsbehörden bediente.

Was die Juden betrifft, so war Belgien ein ausgesprochenes Einwanderungsland. Von den 64 600 Juden, die vor dem Krieg im Land lebten und weniger als ein Prozent der Gesamtbevölkerung ausmachten, waren die weitaus meisten erst im 20. Jahrhundert zugewandert, viele aus Polen, nach 1933 auch Flüchtlinge aus Deutschland. Vor dem deutschen Einmarsch flüchteten über 8000 Juden nach Frankreich, von wo später übrigens die Hälfte in die Vernichtungslager deportiert wurde. So lebten am Anfang der Besatzungszeit noch 56 186 Juden in Belgien. Nur die wenigsten waren belgische Staatsangehörige. Antisemitismus gab es kaum.

Schon bald wurden Verfolgungsmaßnahmen eingeleitet. Im Oktober 1940 ordnete der Militärbefehlshaber die Registrierung der Juden an, die aber nur 42 000 Personen ergab, was bedeutet, daß sich viele der Anmeldung entzogen und in den

Untergrund gingen. Schritt für Schritt wurden die Juden aus dem öffentlichen und wirtschaftlichen Leben verdrängt. Seit dem Frühjahr 1942 mußten sie den Judenstern tragen und wurden zur Zwangsarbeit herangezogen.

Im übrigen hatte der Militärbefehlshaber andere Sorgen, als die Juden zu deportieren und sich damit Unruhe unter der Bevölkerung einzuhandeln. Aber er war auch nicht zuständig. Die Zuständigkeit für die Deportationen lag auch unter einer Militärverwaltung bei den Judenreferenten des Reichssicherheitshauptamtes, also Eichmanns. In Belgien war das der SS-Obersturmführer Kurt Asche. Am 11. Juni 1942 vereinbarte er mit Eichmann, zunächst 10 000 Juden aus Belgien zu deportieren. Am 27. Juli wurde in einer ehemaligen Kaserne in Mecheln (französisch Malines) zwischen Brüssel und Antwerpen ein Durchgangslager errichtet.

Von dort ging am 4. August der erste Transport mit 998 Juden, darunter 140 Kinder unter 16 Jahren, nach Auschwitz ab. Ihm folgten bis zum Jahresende in dichtem Abstand 16 weitere Transporte. Bis dahin waren 16 621 Juden deportiert. Dann wurde es immer schwieriger, die Züge zu füllen. 1943 konnten nur sechs Züge abgehen, 1944 nur noch vier. Der 26. und letzte Deportationszug verließ Mecheln am 31. Juli 1944 mit 563 Personen und kam am 2. August in Auschwitz an.

Insgesamt wurden 25 257 Juden von Mecheln nach Auschwitz deportiert. 1 205 überlebten. Damit sind über 42 Prozent der am Anfang der Besatzungszeit in Belgien lebenden Juden ermordet worden. Das war ein erheblich niedrigerer Anteil als in den Niederlanden (80 Prozent), aber ein höherer als in Frankreich (25 Prozent). Diese Unterschiede sind schwer zu erklären.

Brüssel ist eine schöne Stadt. Die herrlichen alten Häuser, das berühmte Rathaus, die schmalen Gassen und die vielen Restaurants, in denen man so gut essen kann. Brüssel steigerte mein Lebensgefühl. Es gab wenige Länder oder Städte, auf die ich mich bei dieser schwierigen Reise freute. Brüssel war so eine Stadt. Aber ich fühlte mich auch deshalb von vornherein so wohl in Belgien, weil ich wußte, daß hier die Hälfte aller Juden versteckt und gerettet worden war. In Belgien haben 25 000 von 50 000 Juden überlebt. Mit Hilfe der Belgier. Die verschleppten und ermordeten Juden sind auch nicht einfach, wie bei uns, zu Ziffern zusammengeschrumpft. Alle Namen sind auf einer Gedenkstätte mitten in Brüssel verzeichnet, eingemeißelt in dunkelgrauen Granit. 25 000 Namen.

Auch in Brüssel sind unsere Gesprächspartner, mit denen wir uns verabreden wollen, zunächst zögerlich, haben Angst, daß zurückkommt, was sie in langen Jahren verdrängt haben. Aber dann sind doch alle bereit: Maurice Goldstein, der Vorsitzende des Internationalen Auschwitz-Komitees, und seine Frau Rosa, die beide in Auschwitz waren; Andrée Herscowici, die jüdische Kinder entführte und versteckte; Paul Halter, Kommunist und Jude, der diese Kidnappings organisierte und leitete; zwei dieser entführten Kinder, die heute zwischen fünfzig und sechzig Jahre alt sind, und Frau und Herr Lachmann, die mit uns in ein belgisches Dorf fahren wollen, in dem acht jüdische Kinder versteckt gewesen waren, Frau Lachmann war eins davon.

David Lachmann, Jude, Widerstandskämpfer, Kommunist, leitet heute das Widerstandsmuseum. Er ist ein untersetzter rothaariger Mann mit Sommersprossen, und er ist klug und witzig. Er fährt mit uns stundenlang herum, führt uns durch die Gedenkstätte für die jüdischen Opfer und die kleinere gleich nebenan für die jüdischen

Widerstandskämpfer und zeigt uns das ehemalige Jüdische Viertel, das heute vor allem von türkischen Gastarbeitern bewohnt wird. Dieses Viertel war früher ein Konfektionszentrum. Wenig ist davon übriggeblieben. Ein paar Modekaufhäuser, das ist alles.

Im Widerstandsmuseum legt uns David Lachmann das »Judenregister« vor, Dezember 1940. Ein dickes Konvolut. Ein Mensch, eine Seite. Seite für Seite ein Schicksal. Die Nazis hatten die belgischen Behörden gezwungen, ihnen bei der Erfassung der Juden zu helfen: Name, Vorname, Geburtsdatum, Geburtsort, Beruf, Herkunft, vor allem Anschrift. Woher sollten sonst die Deutschen wissen, wer Christ und wer Jude war? Einige Behörden haben das Vorhaben einfach unterlaufen. Andere nicht, haben mitgemacht, »bei vorgehaltener Maschinenpistole«, wie Robert Kempner sagte. Mit Hilfe dieses Judenregisters war die Verhaftung der Juden in Belgien ein Kinderspiel. Wie das ablief, erzählt uns Hans Cohn, ein ehemaliger Berliner. Wir gehen mit ihm zu dem Haus, in dem er bis zu seiner Verhaftung gelebt hat. Ein schönes, großbürgerliches Mietshaus aus Sandstein. Er wohnte im ersten Stock, hatte eine ganze Etage.

Herr Cohn, wann sind Sie nach Belgien gekommen und warum?
Ich bin 1939 nach Belgien gekommen, weil ich ein Transitvisum nach Belgien erhalten hatte, also legal hierher ausreisen konnte. Vorher lebte ich in Berlin und hatte die Absicht, über London in die Vereinigten Staaten auszuwandern. Aber am 10. Mai bin ich vom Krieg überrascht worden und mußte leider in Europa bleiben. Ich hatte einen deutschen Paß mit der Inschrift »Jude«. Am 18. Mai bin ich hier von der Gestapo verhaftet worden. Das waren zwei Deutsche in Zivil mit einem belgischen Zivilbeamten, der als Übersetzer dienen sollte, falls ich kein Deutsch konnte.

Sind Sie denunziert worden, oder haben die belgischen Behörden Sie den Deutschen gemeldet?
Ich war nirgends eingeschrieben als Jude. Die belgischen Behörden haben gegen die Besatzung gearbeitet und haben geraten, sich nicht in Judenlisten einzutragen. In allen Kommunen waren Beamte, Funktionäre, die zu einer Widerstandsbewegung gehörten und die die Juden, die sich eintragen wollten, gewarnt haben.

Wie kam es zu Ihrer Verhaftung?
Die Deutschen hatten überall Spitzel, bezahlte Spitzel, und da war
es ja nicht schwierig, Adressen zu geben oder zu finden. Morgens
zwischen fünf und sechs Uhr sind sie gekommen, um mich zu
verhaften. Ich wurde erst in einen Keller der Gestapo in der Avenue
Louise gebracht. Dort wurden die Juden gesammelt und kamen
dann in einem Autotransport ins Lager Malines. Damals war der
Sturmscharführer Frank der Lagerleiter. Das führende Personal
waren Deutsche, der Rest war flämische SS. Und diese flämische SS
war vielleicht noch gemeiner als die deutsche, denn die hatten sich
verkauft, und wenn sich jemand verkauft, dann ist er noch schlimmer, als die, die ihn bezahlen. Ich bin bis zu meiner Befreiung in
Belgien geblieben. Ich verdanke das dem Lagerleiter Frank, der
mich bei einem Appell vor einem Abtransport aus der Reihe holte
und zu mir sagte: »Du bleibst hier als Gepäckträger.«

Sie sind dann in Belgien geblieben, warum?
Ich habe das Land und die Bevölkerung gern gehabt. Ich bin sehr
gut aufgenommen worden, als ich als Emigrant hierhergekommen
bin, und habe es bis zum heutigen Tag nie bereut.

Haben Sie Heimweh nach Deutschland?
Nein, ich habe ja keine Heimat mehr. Meine Heimat ist Polen. Der
Friedhof meiner Heimatstadt Stolp ist dem Erdboden gleichgemacht worden, und dort haben die Deutschen während des Krieges
Kartoffeln gepflanzt. Vor circa zehn Jahren bin ich dorthin gefahren und bin auch in Auschwitz gewesen, wohin meine Mutter
deportiert worden ist, und habe bei der Gelegenheit festgestellt, daß
nichts mehr daran erinnert, daß in meiner Heimatstadt jemals
Juden gewohnt haben.

Was für eine Rolle spielt Deutschland für Sie?
In meinem inneren Leben spielt Deutschland überhaupt keine
Rolle. Es ist ein Nachbarland, es ist ein demokratisches Land
geworden. Ich bin überzeugt, daß sich sehr viel geändert hat und
daß die Jugend absolut nicht mehr antisemitisch eingestellt ist. Das
ist nur noch Nostalgie, die von meiner Generation stammt.

Sie sind Jude in Belgien. Als was fühlen Sie sich? Als Jude, als Belgier, als Deutscher? Was sind Sie?
Na, als Deutscher ganz und gar nicht. Meine Sprache ist Französisch. Meine Mentalität ist dem Land vollkommen angepaßt. Ich bin ein eingebürgerter Belgier mit einer starken Sympathie für den Staat Israel.

Herr Cohn, im braunen Cashmeremantel, eine Art englischen Bowler auf dem Kopf, zeigt keinerlei Gefühle, keine sichtbare Trauer. Die Sache scheint für ihn erledigt. Damals lebte er in Berlin. Dann in Brüssel. Nach der Deportation wieder in Brüssel. Das ist jetzt seine Heimat.
»Also, auf Wiedersehen dann«, sagt er, »adieu, alles Gute. Schöne Grüße an Berlin.«
Wirklich?
Für ihn ist die Sache wirklich erledigt.

Wir sind mit Rosa und Maurice Goldstein verabredet, in seiner Arztpraxis. Beide möchten, daß wir ihre in den Unterarm eintätowierte Auschwitz-Nummer filmen. Ich war entsetzt. Warum, um Himmels willen? Gegen die Auschwitz-Lüge, sagen sie. Es müsse festgehalten werden, für die Nachwelt. Sonst sagen junge Menschen eines Tages, wenn die Zeugen nicht mehr leben, es sei nicht wahr gewesen. Damit erübrigte sich meine Frage, die ich mir oft gestellt hatte, weshalb sie sich die Nummer nicht einfach hatten entfernen lassen.
In Malines, zu deutsch Mecheln, befand sich das Durchgangslager für die Juden aus Belgien. Hier mußten alle durch, auch Maurice und Rosa Goldstein. Wir brauchen etwa zwei Stunden mit dem Auto. Inmitten öder Vorortstraßen ist die Kaserne Dossin. Ein großer grauer Kasten mit kleinen Fenstern, viele vergittert. Neben dem Tor eine Tafel mit der Zahl der Deportierten: 25 257. Sie sind nach Auschwitz gekommen. Nur 1 205 sind zurückgekehrt.
Maurice hat sich den Schlüssel besorgt, schließt auf, zögert, geht dann mit Rosa in den Hof. Sie waren seit damals nie wieder hier.

Der Innenhof ist riesig. Fast alle Fensterscheiben sind zerbrochen. Rosa faßt Maurice unter. Stumm durchqueren sie den Hof, laufen durch die zugigen Räume, mit den Glasscherben auf der Erde, den herumliegenden Eisenstangen, den zerschlitzten Matratzen. Sie zeigen einander, wo sie untergebracht waren, damals. Sie kannten sich ja noch nicht in dieser Zeit. Maurice schildert seine Verhaftung:

In der Nacht vom 3. zum 4. September 1943 wurden circa 900 Juden belgischer Staatsangehörigkeit verhaftet, auch ich, und dann sind wir mit Lastwagen von Brüssel hierhertransportiert worden. Die Lastwagen wurden von Belgiern und Deutschen begleitet, aber die Belgier waren freiwillig in die Waffen-SS gegangen, und das war das Schlimmste, durch eigene Staatsangehörige verhaftet, begleitet und hier bewacht zu werden. Ich war mit meiner damaligen Frau, meinem Bruder und meinen Eltern hier. Man hat die Leute hier nicht getrennt, die Familien haben zusammengelebt.
Rosa Goldstein: Diese körperlichen Untersuchungen hier, ich mußte mich nackt ausziehen, und ein Soldat, wahrscheinlich ein SS-Mann, hat mit einer Taschenlampe überall hineingeschaut, überall, man hat sich bücken müssen. Das war das Schlimmste für mich.

Sie meinen, die Erniedrigung?
Ja, diese Erniedrigung.

Herr Professor Goldstein, als Sie von hier in die Züge gepfercht wurden nach Auschwitz, haben Sie gewußt, was Auschwitz ist?
Nein, ich hatte das Wort Auschwitz damals nicht einmal gehört. Nach dem Krieg habe ich erfahren, daß Leute was gewußt haben. Wenn wir damals gewußt hätten, was Auschwitz war, glaube ich, hätten wir versucht zu flüchten, oder wir hätten eine Provokation gemacht, um erschossen zu werden.

Das heißt, die Täuschung hat funktioniert?
Ja, das hat funktioniert. Man hat uns gesagt, die jüdischen Belgier werden hier oder in Holland in ein Arbeitslager geschickt, und das war etwas, was man glauben konnte, denn 1941 hat man Juden nach Nordfrankreich geschickt, um die Atlantikmauer zu bauen,

und die sind drei oder vier Monate dort geblieben und dann zurückgekommen.

Rosa Goldstein, zu ihrem Mann: Als du mit dem Viehwaggon deportiert worden bist, hast du da nicht gefühlt, daß etwas nicht stimmen kann? Die hygienischen Zustände, mit nur zwei Kübeln per Waggon, fast keine Luft, kein Platz, sich hinzulegen oder zu setzen, Kinder, Kranke... Von diesem Moment an habe ich mir gedacht, da stimmt was nicht. Und es hat sich bewahrheitet in dem Augenblick, als wir in Auschwitz ankamen, da wußten wir, daß wir in der Hölle sind.

Wie lange dauerte der Transport, Frau Goldstein?
Drei Tage und drei Nächte.

Herr Professor Goldstein, Sie sind mit Ihrer Familie nach Auschwitz gekommen. Was ist mit Ihren Angehörigen geschehen?
Meine Frau war schwanger, und die Reise war nicht gerade angenehm. Nach drei Tagen und Nächten sind wir in Auschwitz angekommen. Dort hat man gleich verstanden, daß hier Unmenschliches vor sich geht. Es waren SS-Leute, es waren Hunde, es war Geschrei, und dann hat es angefangen. Die erste Selektion. Eine Stunde später haben wir alles gewußt. Frauen und Kinder mußten auf eine Seite, die Männer und Jugendlichen auf die andere Seite. Ein Arzt hat die Frauen in zwei Gruppen geteilt, eine größere und eine kleinere, und die große hat man gleich zu Lastwagen geführt. Ich habe gesehen, daß meine Frau und meine Mutter in dieser Gruppe waren. Mein Vater, mein Bruder und ich sind dann zu Fuß ins Lager gegangen. Wir waren 330 Männer und 170 Frauen, das sind ungefähr 32 Prozent von unserem Transport, alle anderen sind auf Lastwagen geladen worden. Wir haben das nicht verstanden, aber als wir in das Lager kamen, haben wir Häftlinge gefragt: »Wo sind eure Frauen und Kinder? Könnt ihr sie manchmal sehen?« Da haben sie geantwortet: »Ihr seid schon eine Stunde hier? Dann sind alle, die auf die Lastwagen gekommen sind, schon vergast und werden jetzt verbrannt.« Da haben wir verstanden, was Auschwitz ist. Nach ein paar Tagen haben wir geglaubt, daß dieser Tod vielleicht einfacher wäre als das Überleben in Auschwitz.

Mein Bruder und ich haben in einer Kohlengrube in dem Arbeitslager Fürstengrube gearbeitet. Die Arbeit war sehr schwer, und ich
war es nicht gewöhnt. Dann bin ich auf eine Bauarbeit gekommen,
wo man Eisen schmelzt. Dort habe ich gearbeitet, bis ich krank
wurde und mich zwei SS-Leute in einem Krankenwagen nach
Auschwitz zurückbrachten. Alle haben geglaubt, das wäre mein
letzter Transport, aber ich hatte viel Glück.

Meinen Vater habe ich nie wiedergesehen. Ich hatte einen Freund
in der Schreibstube, und dort war eine Kartei mit den Nummern,
die jeder Häftling eintätowiert bekam. Ich kannte die Nummer
meines Vaters und erfuhr, daß er in ein Lager in der Nähe von
Warschau geschickt worden war. Dort ist er im Februar 1944
gestorben. Mein Bruder kam mit einem Transport von Fürstengrube nach Auschwitz, weil er schwerkrank war. Ich war damals
Hilfspfleger und habe ihn besucht. Bei der Selektion kam er auf die
schlechte Seite. Aber da er so krank war, hat er überhaupt nichts
verstanden, und ich wollte ihm nicht die Wahrheit sagen. Ich habe
ein Stück Papier und einen Bleistift besorgt, was damals ein Wunder
war, und habe ihm gesagt: »Du fährst nach Warschau in ein Lager,
wo unser Vater ist. Schreib mir bitte.« Ich habe seinen Arm unterge-
faßt und ihm auf den Lastwagen geholfen. So ist er in der Gaskammer gestorben.

Mein zweiter Bruder, der einzige unserer Familie, der nicht ver-
haftet worden ist, kam bei einem Bombenangriff in Brüssel ums
Leben. Diese Nachricht hat mir jemand in Auschwitz überbracht.
Das war für mich das Ende meiner Familie, nun war ich ganz allein.

Maurice Goldstein sieht mich an. Er hat die traurigsten Augen, die
ich je gesehen habe.

Seine Frau Rosa zittert vor Kälte. Oder wegen der Erinnerung?
Sie will mir die Schlafsäle zeigen. Wir gehen in den Seitentrakt,
steigen drei Stockwerke hoch, die Geländer an den Treppen sind
herausgerissen. Die Wände waren einmal gekachelt. Kalte, grüne
Kacheln. Die großen Säle sind leer. Auf dem Fußboden Schutt,
Dachpappe, ein paar Schultaschen, Kinderschuhe.

Frau Goldstein, bitte beschreiben Sie mir, wie das hier aussah. Sie
haben alle in diesen Räumen geschlafen, Männer und Frauen?
Ja, Männer, Frauen und Kinder. Es war sehr eng. Die Toiletten und
Waschräume waren unten, zwei Stock tiefer. Ich bin hier den
ganzen Winter geblieben, wir haben auf dem Fußboden geschlafen,
es war nicht geheizt. Nachts waren Kontrollen durch die SS. Die
Waschräume waren nicht beheizt, es gab auch kein warmes Wasser. Wir mußten uns nackt waschen, und auch dabei waren oft SS-
Kontrollen. Die haben darauf geachtet, daß wir uns nackt waschen,
und wehe, wenn jemand etwas anbehalten hatte. Alten Leuten war
kalt, oder sie schämten sich, dann gab es Geschrei. Das war alles
schlimm, aber kein Vergleich zu Auschwitz, nur das wußten wir
damals noch nicht.

Abends sind wir bei Goldsteins eingeladen. Essen mit wunderba-
rem Rotwein. Er ist ernst und traurig, aber ohne Haß. Während sie
von Auschwitz erzählen, hören wir die »Zauberflöte«. Nach einer
Weile verstehe ich, warum sie dabei Mozart hören müssen. »Auschwitz darf uns nicht im nachhinein noch überwältigen«, sagt Maurice. »Umgekehrt muß es sein: Wir müssen Auschwitz ›überwältigen‹. Leben, Essen, Musik.«

Am nächsten Tag Besuch bei Madame Herscowici. Ich kannte sie
schon von meinen ersten Vorgesprächen. Wir halten vor einem
hochherrschaftlichen Mietshaus in einem der besten Viertel von
Brüssel. Eingang mit Marmortreppe, dickem Teppich, hohen Spie-
geln. Fahrstuhl mit Scherengitter, verziert mit vergoldeten, schmie-
deeisernen Blumen. Wir fahren in den vierten Stock. Türschild: M.
Herscowici, Avocat. Großbürgerliche Wohnung: antike Möbel,
schöner Nippes, alles fein und gepflegt. Ein Dienstmädchen nimmt
die Mäntel ab. Dann Frau Herscowici: um die sechzig, warmher-
zige Ausstrahlung, sehr freundlich. Sie spricht ziemlich gut deutsch,
aber mit dem berühmten, uns Deutsche so entzückenden französischen Akzent. Wir rücken die Möbel hin und her. Ein Glas Sherry?
Danke, etwas später. Jetzt lieber Kaffee? Auch Tee? Ja, auch Tee.

Frau Herscowici, wie kam es, daß Sie in die Widerstandsorganisation hineingerieten? Warum hat man gerade Sie ausgesucht, Kinder zu verstecken?

Ich war eine ganz junge Lehrerin, und jeden Tag kamen einige Kinder nicht mehr in die Schule, und ich habe gefragt, warum ist David oder Sammy heute nicht in der Schule? Man hat gesagt: »Die Gestapo hat die ganze Familie weggenommen.« Ich habe gesagt: »Wir müssen doch etwas machen. Wir können diese Kinder doch nicht so in eine Razzia lassen.« Man hat einen Kontakt für mich hergestellt zum Widerstand, der schon ein Jahr existierte. Praktisch war das dann so: Man hat mir die Adressen von jüdischen Familien gegeben, die noch eine offizielle Adresse hatten. Das waren arme Leute, die sich keine andere Wohnung nehmen konnten, und die Deutschen wußten, daß sie da waren. Ich bin dort hingegangen, wir haben einen falschen Namen gefunden, und ich habe den Eltern gesagt: »Nun machen Sie ein Paket mit Wäsche für die Kinder, und ich komme morgen oder übermorgen und hole die Kinder ab.« Und die Eltern haben mich gefragt: »Wo gehen Sie mit dem Kind hin?« Aber das durfte ich nicht sagen.

Warum nicht?

Weil das zu gefährlich war. Sie hätten die Kinder besuchen wollen, und das war unmöglich. Wenn Eltern, die nicht gut französisch sprachen und vielleicht noch anders aussahen, zu den Verstecken gekommen wären, hätte das eine große Gefahr für alle bedeutet. Also hat man den Eltern nicht gesagt, wo die Kinder versteckt waren, und das war sehr schwer für sie. Kinder, die schon schreiben konnten, haben geschrieben. Aber Babys oder kleine Kinder, die noch nicht schreiben konnten! Das war schlimm für die Eltern. Sie haben mich geküßt und gebettelt: »Sagen Sie mir, wohin mein Kind geht«, und ich habe gesagt: »Nein.« Ich war so streng. Ich war jung und hatte keine Erfahrung, was eine Mutter fühlt, weil ich keine Kinder hatte. Und manchmal haben Eltern ihre Kinder nie mehr gesehen, weil sie deportiert wurden. Wissen Sie, an einem Nachmittag habe ich fünf Kinder von einer Familie mitgenommen, und in der Nacht wurden die Eltern von der Gestapo abgeholt.

Sie haben dann die Kinder zu Familien gegeben. Was waren das für Leute?

Im allgemeinen waren das sehr einfache Leute. Die einfachen Leute waren sehr hilfsbereit, sehr menschlich. Es waren auch reiche Familien oder Familien ohne Kinder, aber im allgemeinen waren die Kinder in Kinderheimen, wo nur die Heimleiter Bescheid wußten. Wir hatten eine Gruppe, die hat nur Adressen in Heimen oder Familien gesucht, und diese Adressen hatten sie in einem Buch. Und ich hatte ein Buch mit den Namen der Kinder, die versteckt werden mußten. Da standen die Geburtsdaten drin, die Adressen, ob die Eltern noch lebten, ob sie deportiert waren usw. Und das Buch war immer bei mir zu Hause, versteckt unter den Dielen. Ich hatte alle Adressen im Kopf.

Hatten Sie nicht Angst?

Nicht so viel, nein. Wissen Sie, ich empfand es als eine so große Ungerechtigkeit. Ich habe mal in einem Heim übernachtet, und in diesem Heim waren zwölf Kinder versteckt. In der Nacht ist die Gestapo gekommen, und dann haben sie gesagt, die jüdischen Kinder nach rechts und die anderen nach links. Und dann haben sie alle jüdischen Kinder mitgenommen. Ich war wütend und habe einem Deutschen gesagt: »Es ist vielleicht normal, daß Sie Krieg machen. Aber man macht doch keinen Krieg gegen Kinder. Fühlen Sie sich nicht schuldig, wenn Sie so etwas mit Kindern machen?« Der Deutsche hat gesagt: »Wenn die Läuse klein sind, muß man sie zertreten. Dann sind sie nicht gefährlich, weil sie nicht groß werden.«

Sie erzählten mir vor einem halben Jahr eine Geschichte, wie Kinder von Mitgliedern einer Widerstandsgruppe gerettet wurden. Ich erinnere mich nicht mehr genau. Wie war das?

Das war im Mai 1943 in einem Kloster in Anderlecht. Dort waren die Kinder versteckt. Es gab eine Denunziation, die Gestapo war gekommen und wollte die Kinder mitnehmen. Die Oberschwester hat ihnen gesagt, die Kinder schlafen schon, sie sollten am nächsten Morgen wiederkommen, dann hätte sie die Kinder vorbereitet. Danach hat die Schwester sofort die Widerstandsorganisation informiert, und in derselben Nacht ist eine Gruppe von Partisanen mit Paul Halter als Chef gekommen und hat die Kinder mitgenommen. Natürlich mit Genehmigung der Schwestern. Man hat die Telefonleitungen durchgeschnitten und die Schwestern eingeschlossen. Als die Gestapo kam, waren die Kinder weg, und die Schwestern haben gesagt: »Schreckliche Leute sind gekommen und haben die Kinder mitgenommen.« Sie sind stundenlang verhört worden.

Würden Sie sagen, daß das eine typische Haltung hier in Belgien den Juden gegenüber war? Zu helfen, zu verstecken?
Ich weiß nicht, was man in anderen Ländern gemacht hat. Aber in Belgien hat man den Juden sehr viel geholfen. Ich glaube, unsere Leute konnten nicht hinnehmen, daß man einen Krieg führt gegen Kinder.

Sie hatte geweint, als sie davon erzählte, wie sie den Müttern die Kinder wegnahm. Dann sagte sie, nun könne sie nachts wieder nicht schlafen. So sei das nun mal.
  Kaffeepause. Wir warten auf »die Kinder«. Zwei der Geretteten leben in Brüssel und haben sich zum Interview von ihrer Lebensretterin überreden lassen, wenn auch, wie alle Betroffenen, zögernd. Als die beiden »Kinder« kommen, muß ich doch lachen. Was hatte ich denn erwartet? Kinder? Der Mann, Gerard, ist stattlich, Mitte Fünfzig, sieht aus wie ein erfolgreicher Geschäftsmann. Suzanne, etwa gleichaltrig, wirkt zurückhaltender. An der Art, wie sich diese drei Menschen umarmen und miteinander lachen, spüre ich, daß sie sich sehr nah und vertraut sind.

Erinnern Sie sich eigentlich noch genau an die Situation, als Sie abgeholt wurden, als Sie von den Eltern wegmußten?
Gerard: Ja, ich erinnere mich gut. Ich war elf oder zwölf.

Was haben Sie gedacht, als diese fremde blonde Frau kam und Sie holte? Haben Sie sich gewehrt? Sie haben einen anderen Namen annehmen müssen? Wie war das für ein Kind?
Gerard: Sie hat versucht, mich zu beruhigen, und hat gesagt, leider

125

müssen wir dir einen anderen Namen geben. Wir haben zusammen einen Namen gefunden, und sehr einfühlsam hat sie mir zu verstehen gegeben, daß alles gar nicht so schlimm werden würde.

Meine Mutter hat es sehr schwer genommen. Wir waren drei Söhne zu Hause. Der älteste war in der Schweiz, ich war der zweite, und der jüngste war erst 1 1/2 Jahre alt. Meine Mutter hatte das Gefühl, die Kinder gehen weg, und sie weiß nicht, wohin. Andrée hatte gesagt, alles würde gut sein, aber sie konnte nicht sagen, wo ich hingehen würde. Meine Mutter hat viel geweint, und sie hat mich gebeten zu schreiben, wenn es mir möglich sei.

Suzanne: Bei mir war es etwas anders. Ich war erst sechs Jahre alt. Ich hatte keine Geschwister, und das Weggehen von den Eltern war schrecklich. Ich glaube, daß mir bewußt war, daß ich in Lebensgefahr war.

Das haben Sie begriffen, als Kind?

Suzanne: Ja, ganz genau. Meine Eltern haben Andrée nicht gefragt, wo ich hinkomme und was geschehen würde, sie haben mich mitgegeben, damit ich überlebe. Ich wußte, daß sie auch meinen Eltern geholfen hat, den Krieg zu überleben, aber dadurch war mir bewußt, wie gefährlich das Ganze war.

Hatten Sie Sehnsucht nach Ihren Eltern? Wie lange waren Sie versteckt?

Gerard: Ich war fast drei Jahre versteckt, und das war sehr schwer, weil wir keine Nachrichten von zu Hause bekamen, von niemandem. Ich hatte das Gefühl, ganz allein zu sein. Allein, in einer fremden Welt. Und zusammen mit anderen Kindern, die dieses Gefühl nicht kannten, denn diese Kinder konnten jeden Monat oder jeden zweiten Monat nach Hause gehen. Wir waren ja in einem Heim.

Suzanne: Andrée ist von Zeit zu Zeit gekommen, um uns zu besuchen, und sie hatte wenig Zeit. Sie hat gesagt: »Geht es dir gut?« Und man hat gesagt: »Ganz gut, Mademoiselle Andrée.« – »Fehlt dir nichts?« – »Nein, Mademoiselle Andrée.« Und wenn ich gefragt habe, wie geht es meinen Eltern, dann hat sie gesagt: »Alles ist gut.« Aber ich war nicht ruhiger, ich habe es nicht recht geglaubt.

Können Sie beschreiben, wie es war, als Sie Ihre Eltern wiedersahen?

Gerard: Ich konnte es kaum glauben. Ich konnte nicht selbst nach Hause gehen, und so ist mein Vater gekommen. Ich konnte nicht glauben, daß er am Leben war. Meine Mutter habe ich in Brüssel wiedergesehen. Ich war sehr glücklich.

Ich wüßte gern, was für psychische Folgen es für ein Kind hat, so etwas zu erleben. Bleibt eine Lebensangst zurück? Es kann doch nicht ohne Folgen bleiben, zwei, drei Jahre versteckt und von den Eltern getrennt zu sein.

Gerard: Es waren drei Jahre der Angst. Zwei- oder dreimal waren die Deutschen bei mir im Heim. Angst, nichts zu sagen. Angst, sich nicht anmerken zu lassen, daß man Jude ist. Es ist nicht nur, daß man mit den Eltern nicht zusammensein kann, sondern das ganze Klima, in dem man lebt. Daß man keinen Kontakt zu den anderen Kindern hat. Ich habe nicht dasselbe erlebt wie ein belgischer Junge, der kein Jude war. Es war eine schwere Zeit.

Suzanne: Ich möchte sagen, wir waren alte Kinder. Jung geworden sind wir erst sehr viel später.

Andrée Herscowici: Damals habe ich Kinder im Alter von fünf Monaten oder gar sechs Wochen den Müttern weggenommen, das war schrecklich. Und die Kinder verstanden es doch auch nicht. Die Älteren haben mich gefragt: »Was habe ich falsch gemacht, ich bin immer lieb gewesen, warum muß ich von meiner Mutter weg?« Einmal habe ich ein 15 Monate altes Baby mitgenommen, es war ein polnisches jüdisches Kind. Gegen Ende des Krieges kam die Mutter zu mir: »Ich möchte mein Kind so gerne sehen.« Ich habe das Kind geholt, es war inzwischen vielleicht drei Jahre alt, und bin mit ihm zu seiner Mutter gegangen. Aber das Kind hat gesagt: »Laß mich nicht zu dieser Frau, ich will bei dir bleiben.« Das ist schrecklich, wenn ein Kind seine Mutter nicht erkennt und nicht zu ihr gehen will.

Inzwischen ist Herr Herscowici nach Hause gekommen. Er sieht aus wie ein englischer Lord. Groß und schmal, fast dünn, Bowler,

Burberry, Regenschirm. Er ist aber kein Engländer, sondern Rumäne. Rumänischer Jude. Wir trinken Sherry und Rotwein und werden mit Kanapees bewirtet. Wir rücken die Möbel wieder zurecht. Madame Herscowici amüsiert sich darüber. Die Deutschen, sagt sie lächelnd, ohne jeden bösen Unterton, seien so furchtbar ordentlich. So sind wir wohl, furchtbar ordentlich.

Zwei Tage später treffen wir Paul Halter, den Widerstandskämpfer, der die Kinder aus dem Kloster in Anderlecht abgeholt hat. Wir treffen ihn in der Stadt, in Anderlecht. Er zeigt uns das unscheinbare Haus, heute ist es eine Klosterschule. Paul Halter ist ein eindrucksvoller, nüchterner Mann. Und er freut sich noch heute darüber, wie er die Deutschen reingelegt hat:

Es waren ungefähr 28 Kinder, genau weiß ich das nicht mehr. Wir haben von einem Partisanen erfahren, daß die Gestapo in dem Kloster war, wo die Kinder versteckt waren, und daß die Oberschwester die Gestapo hatte überreden können, am nächsten Tag wiederzukommen. Wir haben mit der Oberschwester und dem Priester diskutiert, was man machen kann. Die Schwestern waren sehr erschreckt, die konnten doch nicht zulassen, daß man die Kinder wegnimmt, das war zu schrecklich für sie.

Vor der Ausgangssperre sind wir dann mit unseren Waffen reingegangen und haben die Schwestern in ein Büro gesteckt und die Telefonleitungen durchgeschnitten. Wir haben gesagt, wenn wir weg sind, sollten sie das Fenster aufmachen und schreien, daß man sie befreien soll. Eine junge Schwester hat dann die Kinder geholt. Die Eltern von zehn Kindern haben in einer Seitenstraße gewartet. Die anderen achtzehn Kinder haben wir mitgenommen und zu einem von unseren Leuten gebracht.

Diese achtzehn Kinder haben alle überlebt?
Alle sind am Leben geblieben, ja.

Wie groß war diese Partisanengruppe, zu der Sie gehörten?
Zu meiner Gruppe gehörten zwölf. Wir haben Sabotage gemacht, Überfälle, Kollaborateure erschossen. Und eine Aktion hat mir besonderes Vergnügen bereitet. Wir haben die ganzen Lebensmit-

telkarten von Brüssel gestohlen und sie an die Bevölkerung verteilt. Man mußte neue machen, und es war zu spät, die alten für ungültig zu erklären. In diesem Monat hatten die Menschen viel zu essen, das war eine Doppelration für alle.

Das hört sich jetzt so friedlich an. Aber als Partisan in dieser Zeit gegen die Deutschen zu kämpfen, war ja nicht ungefährlich.
Das war sehr gefährlich, weil man nie wußte, was kommt. Wir haben uns jeden Tag getroffen, aber außerhalb einer Aktion durfte niemand eine Waffe mitnehmen, weil immer Razzien waren. Wir haben viele Partisanen verloren, und am 16. Juni 1943 bin ich auch verhaftet und nach Auschwitz gebracht worden.

Sie sind als Jude nach Auschwitz gekommen, nicht als Partisan?
Ja, das hat mir das Leben gerettet. Ich hatte falsche Lebensmittelkarten und Papiere bei mir, als ich verhaftet wurde. Und die wußten nicht, warum. Da habe ich ihnen gesagt: »Weil ich Jude bin und mich verstecken muß.« Zwei Jahre war ich in Auschwitz, sechs Wochen in Auschwitz selbst, und dann habe ich in einer Kohlengrube gearbeitet.

Haben Sie in Auschwitz auch politischen Widerstand gemacht?
Ja, das hat uns moralisch sehr geholfen. Wir haben anderen Menschen geholfen, sich zu retten. Die politische Schulung als Partisan hat mir geholfen, Auschwitz zu überleben. Ich wußte, warum ich dort war, die anderen wußten es nicht. Wenn ich vorher gewußt hätte, was in Auschwitz wirklich geschieht, hätte ich noch viel mehr getan. Wir haben erst 1942 durch London erfahren, was Auschwitz bedeutet, und dann haben wir als Partisanen auch Aktionen auf den Bahnhöfen gemacht. Wir haben versucht, die Leute nicht nach Malines fahren zu lassen. Aber die meisten haben uns nicht geglaubt. Sie dachten, sie fahren zur Arbeit, und sie sagten, wir haben kein Essen, also keine Überlebenschance. Wir konnten nur ein paar Leuten helfen. Wir gaben ihnen falsche Papiere, eine Wohnung und auch Geld. Das hat alles unsere Freundin Andrée gemacht.

Mit David Lachmann und seiner Frau fahren wir in das Dorf, in dem sie als achtjähriges Mädchen überlebt hat, nach Cornemont. Frau Lachmann ist scheu, schmächtig, schüchtern, das Gegenteil von ihrem Mann.

Die Sandwege sind matschig. Auf dem Anger streckt eine alte dicke Linde ihre Äste aus. Die kleine Kirche ist, wie die Häuser ringsherum, aus Sandstein. Gegenüber ein kleiner Kiesplatz mit einer Bank und einem großen Granitstein. Hebräische Zeichen, ein Davidstern. Der Stein ist den jüdischen Kindern, die nicht gerettet wurden, gewidmet, aber auch dem Widerstandskampf dieses Dorfes. Es hatte damals mehr als achtzig Einwohner und acht versteckte jüdische Kinder. Keiner hat sie verraten. Keiner.

Wir werden in das Haus eingeladen, in dem Frau Lachmann so lange versteckt war. In der guten Stube ein Eßtisch mit Stühlen drumherum. An der Wand ein Vertiko, unter der Kristallschale und der Kristallvase gehäkelte Deckchen. An der anderen Wand eine Wäschetruhe, auf der Bauern aus dem Dorf sitzen, die auf uns gewartet haben. Wir bekommen heiße Suppe zum Aufwärmen und danach Kaffee. Die Frau des Hauses war damals so alt wie Frau Lachmann. Frau Lachmann wurde zu ihrer Kousine gemacht, obwohl sie dunkelhaarig ist und die Bauersfamilie rotblond. Der Betrug war offensichtlich.

Ob die Deutschen das nicht gemerkt hätten, bei ihren Stippvisiten im Haus? Die Frau zuckt die Schultern. Es ging jedenfalls gut.

Ob sie keine Angst hatten im Dorf, will ich von den anderen wissen.

Bescheidenes, verlegenes Lachen. Dann befreiendes Lachen, als Herr Lachmann ihnen hilft: »Warum soll es in einer belgischen Familie nicht auch mal einen ›Ausrutscher‹ gegeben haben, he?«

Frau Lachmann fühlt sich sichtlich wohl und lacht auch. Ob er sie als »Ausrutscher« bezeichnen wolle? »Ja«, lacht er zärtlich zurück, »und ob! Und was für einer!«

Frau Lachmann, Sie waren hier versteckt. Wie alt waren Sie? Und wie lange waren Sie hier versteckt?
Ich war acht Jahre alt und vier Jahre hier versteckt, zusammen mit meiner Schwester.

Wie war die Zeit? War es schlimm für Sie?
Schwierig war es nicht, aber wir waren getrennt von unserer Mutter. Wir hatten eine neue Familie gefunden. Mein Vater war nach Auschwitz deportiert worden, und meine Mutter hat sich auch lange verstecken müssen, aber sie hat es überlebt.

Und Sie, Sie waren die Tochter des Hauses. Ihre Eltern haben Frau Lachmann versteckt. Sie haben hier zusammengelebt. Warum haben Ihre Eltern das gemacht?
Aus Sympathie für die Juden und um Menschenleben zu retten.

Hatten Sie denn keine Angst, das war doch nicht ungefährlich?
Wir hatten sehr große Angst, weil meine zwei Brüder Papiere bekommen hatten, um in Deutschland zu arbeiten, im Arbeitsdienst. Und wir haben manchmal Besuch von Deutschen hier gehabt. Man hatte Angst.
Die beiden jüdischen Kinder waren Mitglieder der Familie, und die Deutschen wußten überhaupt nicht, daß hier Juden versteckt waren.

Wußte man im Dorf davon?
Ja, ja, das ganze Dorf wußte, daß hier jüdische Kinder versteckt waren. Die Kleinen hatten einen anderen Namen und gingen mit den anderen Kindern in die Schule, nicht weit von hier.

Das heißt, es gab keine Denunziationen?
Nein, niemals. Es lebten zwischen 80 und 90 Leute hier im Dorf, und alle wußten Bescheid, auch die Kinder, denn es waren acht jüdische Kinder hier, und die spielten mit den anderen Kindern. Alle acht haben es überlebt.

Frau Lachmann, kommen Sie noch öfter hierher? Sind Sie noch befreundet miteinander?
Ich bin wie eine Tochter. Ich komme regelmäßig hierher, so, als wäre es meine eigene Familie.

Schritte auf dem Kies. Musik. Draußen haben sich Widerstandskämpfer an dem Gedenkstein mit dem Davidstern versammelt. Sie tragen Uniformen, Militäruniformen des letzten Krieges. Auf dem Kopf Mützen mit Kokarden und Bommeln, jeder trägt eine belgische Fahne. Die Musik scheppert aus einem Kassettenrecorder, es ist ein Freiheitslied. Die Männer senken die Fahnen. Einer hält eine kleine Ansprache. Erinnerung an die jüdischen Kinder, die hier versteckt wurden, aber auch an die anderen, die nicht überlebt haben. Dann geloben sie alle, etwa zehn Männer und zwei Frauen, stets jeder Tyrannei Widerstand zu leisten. Zwei Blumenkränze werden niedergelegt, der Redner zupft die breiten Schärpen zurecht. Eine Schweigeminute. Dann ist die Zeremonie beendet. Die Männer werden ins Haus gebeten, Suppe, Kaffee und Sandwiches herumgereicht.

Diese kleine Feier findet jedes Jahr statt, erfahren wir, immer das gleiche Szenarium. Nur ist es diesmal unseretwegen vorverlegt worden. Ich frage einen der Widerstandskämpfer, der einen satten rheinischen Dialekt spricht:

Sagen Sie mir bitte, das sind alles Widerstandskämpfer hier?
Alle, die hier um Sie herumstehen, sind Widerstandskämpfer aus dieser Gegend. Einige von ihnen wurden von den Deutschen geschnappt und ins Konzentrationslager oder in Gefängnisse gebracht.

Das war kein politischer Widerstand, der Widerstand in Belgien war bloß ein Widerstand gegen den Feind. Ich war selber sieben Wochen in einem Gefängnis in Aachen. Da fragte mich ein Gestapomann, warum es in Belgien Widerstandskämpfer gäbe. Ich sagte ihm: »Sie sind unser Erbfeind. In 25 Jahren sind Sie uns zweimal besuchen gekommen, ohne daß Sie eingeladen waren.« Und da habe ich eine ins Gesicht gekriegt und dann gedacht, jetzt mußt du ein bißchen aufpassen und nicht immer sagen, was du denkst.

Sie haben hier einen Stein gesetzt zum Gedenken an die Juden. Das war ein Teil Ihres Widerstands. Das war nicht nur gegen die deutschen Besatzer, gegen den deutschen Feind, sondern Sie haben sich ja offenbar auch gewehrt gegen die Verfolgung der Juden.

Wenn man den Deutschen einen Juden entreißen konnte, das war natürlich auch Widerstand. Wir haben diese Ortschaft für das Denkmal ausgesucht, weil hier die meisten Juden versteckt waren. Aber das soll ein Stein für die Juden von ganz Belgien sein, denn es sind überall Judenkinder und Juden in Belgien versteckt worden. Bei uns sind bloß 50 Prozent der Juden von den Deutschen geschnappt worden. In anderen Ländern waren es 80 bis 90 Prozent.

Zum Abschied erzählt Frau Lachmann uns die Geschichte, wie der Vater der Bäuerin dreimal »Besuch« von den Deutschen bekam. Sie habe große Angst gehabt, sagt sie. Aber er, ein Patriarch, wie man auf einem vergilbten Hochzeitsfoto deutlich sehen kann, habe zu ihr und ihrer Schwester gesagt: »Ich stehe für euch ein. Mit meinem Leben.« Und das haben sie ihm auch geglaubt und sich sicher gefühlt.

Die Bauern hatten die Geschichte sicher schon öfter gehört. Und doch war es in der Runde still geworden.

Mein Leben lang werde ich gern nach Belgien zurückkommen.

FRANKREICH

Nach dem deutschen Angriff auf Polen hatte Frankreich zusammen mit Britannien am 3. September 1939 Deutschland den Krieg erklärt. Doch war es zunächst kaum zu Kampfhandlungen gekommen. Erst am 10. Mai 1940 eröffnete Deutschland den Westfeldzug, der binnen sechs Wochen zum Zusammenbruch Frankreichs führte. Am 22. Juni wurde im Wald von Compiègne ein Waffenstillstandsabkommen unterzeichnet, das die Grundlage der deutschen Herrschaft in Frankreich bildete.

Das Land wurde in nicht weniger als fünf verschiedene Gebiete geteilt. Der größte Teil, etwa drei Fünftel des französischen Mutterlandes, war von deutschen Truppen besetzt und unterstand einem Militärbefehlshaber in Paris. Ein anderer Teil war unbesetzt und unterstand einer französischen Regierung unter Marschall Pétain in Vichy. Dann gab es drittens eine kleine italienische Besatzungszone. Viertens waren das Elsaß und Lothringen abgetrennt und unterstanden zwei deutschen Gauleitern. Schließlich waren im Norden zwei Départements der Militärverwaltung in Belgien unterstellt worden.

Zu dieser Zeit lebten in Frankreich etwa 330 000 Juden, was einem Anteil von weniger als einem Prozent an der Gesamtbevölkerung entsprach. Nur etwa 200 000 von ihnen waren jedoch Franzosen. Von den übrigen waren sehr viele Flüchtlinge, darunter etwa 25 000 aus Deutschland und Österreich. 6 504 waren sogar im Oktober 1940 aus Baden und der Pfalz nach Vichy-Frankreich abgeschoben worden. Sie waren zusammen mit einem Teil der Flüchtlinge in mehreren Lagern in Südfrankreich interniert.

In Frankreich gab es, wie besonders die Dreyfus-Affäre

(1894–1906) gezeigt hatte, sowohl auf der Rechten einen starken Antisemitismus als auch auf der Linken eine starke Tradition der Menschenrechte. Nach dem Zusammenbruch erfuhr der Antisemitismus eine Steigerung, und die rechtsgerichtete Vichy-Regierung verfügte alsbald verschiedene antijüdische Maßnahmen, darunter am 3. Oktober 1940 ein Judenstatut. Das geschah freiwillig und ohne deutschen Druck, aber auch aus dem Wunsch, sich dem rassistischen Deutschland anzupassen und so Erleichterungen für Frankreich zu erhalten. Nun wurden viele ausländische Juden interniert. Im März 1941 wurde in Vichy ein eigenes Generalkommissariat für Judenfragen errichtet.

Zu dieser Zeit verschärften auch die deutschen Behörden im besetzten Gebiet ihre antijüdischen Maßnahmen. In Paris ließ der Frankreichreferent des Reichssicherheitshauptamtes, Dannecker, eine umfassende Judenkartei anlegen. Seit Mai 1941 wurden Juden verhaftet und, zumal nach dem Beginn des Rußlandkrieges am 22. Juni, als die französische Widerstandsbewegung aktiv wurde, als Geiseln genommen. Die ersten Deportationen, die am 27. März 1942 begannen, konnten daher als Repressalien hingestellt werden und waren doch zugleich der Anfang der sogenannten Endlösung.

Es war klar, daß die deutschen Behörden ohne französische Mitwirkung die vorgesehenen Transportzüge nicht füllen konnten, da sich die meisten Juden im unbesetzten Gebiet aufhielten. Daher begannen nun deutsch-französische Verhandlungen, die dazu führten, daß die Vichy-Regierung sich im Juli 1942 bereit erklärte, 10 000 ausländische Juden aus dem unbesetzten Gebiet auszuliefern. Tatsächlich traf am 7. August ein erster Transport mit 1 003 deutschen Juden aus dem südfranzösischen Lager Gurs in dem Lager Drancy am Stadtrand von Paris ein und wurde am 10. August von dort nach Auschwitz weitergeleitet. Insgesamt lieferte Vichy-Frankreich bis zum 15. September 10 522 Juden aus. Dann wurde diese Aktion wegen zahlreicher Proteste, zumal der Kirchen, beendet, und bald darauf endete auch die Selbständigkeit der Vichy-Regierung, als nämlich am 11. November nach der alliierten Landung in Nordafrika auch das unbesetzte Gebiet von deutschen Truppen besetzt wurde.

Zugleich mit der Auslieferung hatte sich Vichy auch mit einer Mitwirkung der französischen Polizei bei Verhaftungen im besetzten Gebiet einverstanden erklärt. So kam es im Juli 1942 zu einer ersten größeren Razzia in Paris, bei der 12 884 Juden festgenommen wurden, und im Oktober zu einer weiteren in der Provinz, die zu 1 965 Festnahmen führte. Danach ließ auch hier die Bereitschaft zur Zusammenarbeit sehr nach, so daß die Deutschen mehr und mehr auf ihre eigenen Polizeikräfte angewiesen waren.

Insgesamt wurden von März bis November 1942 in 43 Eisenbahnzügen 41 951 Juden, darunter 6 000 Kinder, aus Frankreich deportiert. Alle diese Züge gingen nach Auschwitz. In den anderthalb Jahren der übrigen deutschen Besatzungszeit wurden noch einmal 31 902 Juden deportiert. Die Gesamtzahl der Deportierten, zu der noch die aus den Norddépartements und einige andere gezählt werden müssen, beläuft sich auf 75 721. Das war etwa ein Viertel der Juden, die 1940 in Frankreich gelebt hatten. Nach dem Krieg kehrten 1 668 zurück. Es war eine Folge der französischen Politik, daß von den Deportierten nur etwa 24 000 Franzosen waren, also nur 12 Prozent der französischen Juden. Die meisten Opfer waren Ausländer, darunter etwa 26 000 Polen und etwa 7 000 Deutsche.

Man kann das Ergebnis des deutschen Mordanschlags auch so ausdrücken, daß drei Viertel aller Juden in Frankreich gerettet wurden. Das verdankten sie der mutigen Hilfe von zahllosen nichtjüdischen Franzosen und teils auch den Italienern, die aus ihrer Besatzungszone keinen einzigen Juden auslieferten.

Paris, im Oktober 1987, abends. Im Hotel Telefonat mit Serge Klarsfeld. Er sagt, er habe alle Interviewpartner informiert. Es scheint alles gutzugehen. Ich wußte von meinen vorbereitenden Besuchen, wie beschäftigt dieser Mann ist. Er ist ja mehr als ein Anwalt. Er sammelt Beweismaterial für NS-Prozesse, spürt untergetauchte NS-Täter auf, ist häufig Nebenkläger bei den Prozessen, schreibt Bücher und Dokumentationen. Meine Spannung löst sich. Wir verabreden uns für den nächsten Morgen, zehn Uhr, in seinem Büro.

Wir sind zu früh. Das Haus, in dem Serge Klarsfeld seine Anwaltskanzlei hat, ist ein typisches Pariser Wohnhaus von der Jahrhundertwende. Großzügiger Eingang, breite, geschwungene Marmortreppe, Stuckdecken, bemalt, enger Fahrstuhl mit Klapptüren. Die schmalen Sitze mit dunkelrotem Samt. Wir müssen in den 5. Stock. Der Fahrstuhl fährt langsam, aber er fährt. Gott sei Dank, wegen der vielen Kamerakoffer. Warten vor der Tür. Punkt zehn kommt er. Entschuldigt sich. Dabei waren wir ja zu früh. Langer Flur, Teppich, Sofa, Grünpflanzen. Schiebetüren mit schönen Jugendstilscheiben. In den Zimmern Regale mit Akten, nicht vollgestopft, sondern sparsam und übersichtlich geordnet. In jedem Raum ein schwerer alter Schreibtisch und bequeme Ledersessel.

Beate Klarsfeld ist gerade aus New York zurückgekommen. Sie setzt sich sofort an ihren Schreibtisch, schreibt Adressen, mit der Hand, klebt mit Spucke Briefmarken auf die Kuverts. Ein Computer steht in der Ecke, zugedeckt. Warum sie die Sachen im Handbetrieb erledigt? Weil das schneller geht. Sie lächelt. Ich frage sie nach dem Time-lag. »Keine Zeit«, sagt sie, ohne jede Hektik, und klebt weiter Briefmarken auf die Kuverts.

Klarsfeld sitzt in einem anderen Zimmer. Er ist freundlich,

schnell, hilfsbereit. Holt Bücher, Broschüren, Dokumente und Fotos aus den Regalen. Gibt mir, was ich brauche. Er weiß alles, hat alles, findet alles. Ein gut organisierter Mensch. Er hängt sich ans Telefon, macht Gesprächstermine fest: Tag, Uhrzeit und Treffpunkt. Zum Schluß verabrede ich mit ihm ein Interview in Vichy, wo er zu meinem großen Erstaunen noch nie gewesen ist. Er macht alles mit. Unser Thema ist sein Lebensthema. Seine Motivation ist klar: Als Junge hat er, mit seiner Mutter und Schwester in einem Kleiderschrank versteckt, mit anhören müssen, wie sein Vater verhaftet wurde. Das war in Nizza, am 30. September 1943. Der Vater ist mitgegangen, um die Polizei von der Familie abzulenken. Das ist ihm gelungen. Seine Frau und seine beiden Kinder wurden nicht entdeckt. Aber er hat das mit seinem Leben bezahlt. Er kam nach Auschwitz. Serge hat, was er im Kleiderschrank mit anhören mußte, die Verhaftung des Vaters, nie vergessen. Er verfolgt, seit er Anwalt ist, nichtbestrafte NS-Mörder, die ihre Taten in Frankreich begingen. Er verfolgt nicht aus Rache. Er will Gerechtigkeit.

Am Nachmittag suche ich im »Centre de Documentation Juive Contemporaine« nach weiterem Fotomaterial für die Dreharbeiten am nächsten Tag. Der nette rothaarige, etwas fahrige Herr Jacobsen breitet einen Stapel vor mir aus, Fotos von den Internierungslagern, auch von Drancy, dem Durchgangslager für die Juden aus Frankreich.

Das Centre liegt mitten im jüdischen Viertel. Geschäfte, Restaurants, viele Leute, viel Betrieb. An einer der belebtesten Ecken entdecke ich ein weltberühmtes jüdisches Restaurant mit einer Einkaufsabteilung. Oder umgekehrt: ein Geschäft mit einem Restaurant. Koscher, natürlich. Sogar an den Pizzerias steht das Wort »kosher«. So viele Juden habe ich in Westeuropa nirgends auf einmal gesehen. Paris ist noch immer, neben London und Budapest, eins der drei großen jüdischen Zentren in Europa. Vor dem Krieg hatte Frankreich die größte jüdische Gemeinde in Westeuropa. Ende 1939 lebten hier 270 000 Juden. 200 000 allein in Paris. Das sieht man eben heute noch.

Im Viertel viele schöne Motive. Aber leider sind die Straßen vollgestopft mit Autos. Immer nur Blech im Bild. Schließlich entdecken wir eine winzige Synagoge. Wissen nicht mal, ob es wirklich eine Synagoge ist. Sieht eher nach Wohnzimmer aus. Jedenfalls sitzen Männer mit Kappele und Betbuch bei Kerzenlicht hinter einer Schaufensterscheibe. Sie beten und singen. Es ist ein schönes Bild. Einer der Männer kommt raus, schimpft, droht. Deutsches Fernsehen und dann Fragen nach Kollaboration? Ich lächle ihn einfach an. Er schimpft. Wir gehen lieber.

Nachts lese ich in einem Buch über das Internierungslager »Les Milles« in Südfrankreich. Hier waren Golo Mann, Lion Feuchtwanger, Max Ernst, Eugen Roth, Robert Liebknecht (Sohn von Karl Liebknecht) und viele andere interniert. Dann lese ich in dem Bericht »J'étais le numéro 20832 à Auschwitz« von Ilse Tichauer, einer ehemaligen Berlinerin, mit der wir am nächsten Morgen verabredet sind, vor dem Haus, in dem sie mit ihren Eltern nach ihrer Flucht aus Deutschland lebte. 1935 ist die Familie vor den Nazis geflüchtet. Aber nur bis Frankreich, bis Paris. Das war nicht weit genug. Den Vater holen sie im Dezember 1941 ab, sie und ihre Mutter ein halbes Jahr später. Am 16. Juli 1942 sind in Paris 12 884 staatenlose Juden verhaftet worden. »Aushebung« nannten das die Nazis. Ilse Tichauer und ihre Mutter waren dabei. Juden aus Deutschland, Juden aus Berlin.

Es ist ein verregneter Morgen. Ilse Tichauer begrüßt uns freundlich, gar nicht so beklommen, wie ich befürchtet hatte. Sie freut sich sogar, sagt sie, eine Berlinerin zu treffen. Sagt auch, das müsse man wohl machen, so eine Geschichte erzählen, für die, die das nicht mehr können. Die jetzigen Mieter der Wohnung, in der sie damals mit ihrer Familie lebte, lassen uns nicht einmal einen Blick hineinwerfen. Drei Ecken weiter finden wir schließlich das Bistro, in dem Ilse Tichauer mit ihrer Mutter manchmal gesessen hat. Der Besitzer ist neugierig, läßt uns rein und Kameras, Mikrofone und Licht aufbauen. Die übrigen Gäste halten wir uns mit einer kleinen Absperrung aus Strippe vom Leibe.

Frau Tichauer, Sie sind in Berlin geboren, Ihre Eltern lebten mit Ihnen in Berlin. Wann sind Sie hier in Frankreich Franzosen geworden?
Wir sind kurz nach der Machtübernahme des Hitlerregimes ausgewandert, das heißt im Juli 1933. Mein Vater blieb seiner Juristerei

treu und wurde Rechtsberater der deutschen Emigranten in Frankreich.

Wie haben die Franzosen, die Nichtjuden, die deutschen Juden behandelt? Wie sind sie ihnen entgegengekommen?
Ich kann nur sagen, daß wir gute Freunde hier hatten, Nichtjuden.

Sie haben keinen Antisemitismus hier zu spüren bekommen?
Offen gesagt, nein.

Schildern Sie mir bitte die Verhaftung. Ihr Vater ist vor Ihnen verhaftet worden?
Mein Vater ist schon am 12. Dezember 1941 verhaftet worden, mit ungefähr tausend jüdischen Persönlichkeiten, wie man das damals nannte. Die kamen nach Compiègne, und mein Vater blieb dort von Dezember bis Ende März. Dann hieß es, alle Juden müssen fort, und er gehörte zum ersten Transport, der von Compiègne nach Auschwitz ging. Ich habe ihn nie wiedergesehen, kenne aber seinen Todestag, denn die SS hatte im Lager Auschwitz eine Schreibstube, dort waren Deportierte. Sein Todestag ist der 6. April, knapp zehn Tage nach seiner Ankunft. Diese Papiere habe ich 1947 erhalten, die wurden in Polen gefunden.

Schildern Sie mir bitte die Verhaftung von Ihnen und Ihrer Mutter.
Wir hatten gehört, daß etwas ganz Großes geplant wäre am 16. Juli 1942. Wir wurden von jüdischen Freunden angerufen, die uns sagten: »Versteckt euch, wenn es klingelt, macht die Tür nicht auf.« Wir haben Koffer gepackt, sind ins Bett gegangen und haben fast die ganze Nacht überlegt: Was machen wir? Wir waren darauf eingestellt, daß man uns abholen würde. Um sieben Uhr klingelte es an der Tür. Da habe ich meine Mutter zum letzten Mal gefragt: »Was machen wir?«
Und ich habe meiner Mutter gehorcht, als sie mir sagte: »Mach auf«.

Wie alt waren Sie?
24. Vor der Tür stand französische Polizei, einer in Uniform und ein

Zivilist. Beide waren Franzosen. Sie sagten uns: »Ziehen Sie sich an, Sie kommen mit.« Sie gaben uns etwas Zeit, uns fertig zu machen. Meine Mutter fragte, ob ich eine Aktentasche zum Hausmeister herunterbringen könnte. Wir wohnten ja in der ersten Etage in diesem Haus, und das haben sie erlaubt. Ich weiß bis heute nicht, ob meine Mutter gehofft hat, daß ich fliehen würde, denn die Metrostation ist sehr nahe bei unserem Haus. Aber ich hatte den Wink nicht verstanden. Und ich konnte doch meine Mutter in dieser Lage auch nicht allein lassen. Ich habe also tatsächlich die Aktentasche der Madame Ramé runtergebracht, und sie hat versprochen, sie bis zu unserer Rückkehr aufzuheben. Und dann bin ich wieder hinaufgegangen.

Frau Tichauer, wie waren diese französischen Polizisten zu Ihnen: freundlich oder unfreundlich? Glauben Sie, es wäre eine Chance gewesen, auf menschliches Verständnis zu hoffen, falls Sie geflohen wären?
Sie sahen wie Menschen aus, aber sie handelten nicht mehr wie Menschen. Sie waren dazu bereit, wofür sie gekommen waren. Die zwei, die bei uns waren, von denen kann ich nicht behaupten, daß sie uns irgendwie geholfen hätten oder mir persönlich geholfen hätten. Sie hätten ja sagen können: Gehen Sie runter mit der Aktentasche, und kommen Sie nicht wieder rauf.

Wie haben sich die nichtjüdischen Franzosen Ihnen gegenüber verhalten bei der Deportierung?
Da hat keiner Interesse gezeigt. Die Türen um uns herum wurden nicht geöffnet, als man uns abholte. Sie hatten sicher das Gefühl, das geht sie nichts an. Aber es war wahrscheinlich auch Angst. Es fing ja mit der großen Angst schon sehr früh an. Also, ich muß sagen, daß ich nie das Gefühl gehabt habe, daß man bereit war, uns Juden zu helfen, uns zu schützen, uns zu verteidigen.

Warum saßen Sie mit gepackten Koffern da? Warum war Ihre Mutter so bereit, sich verschleppen zu lassen?
Ich weiß nicht, ob meine Mutter nicht irgendwie lebensmüde war. Den Sohn zu verlieren ist schwer. Mein Bruder war 1935 im Juli

gestorben. Den Mann, den man sein ganzes Leben geliebt hat, von dem nicht zu wissen, was aus ihm geworden ist, ist auch schwer. Und dann: sich nicht mehr als Französin zu fühlen! Das ist etwas, was ich bei meiner Mutter bemerkte, als wir im Zug nach Auschwitz saßen. Wir sind am Geburtstag meiner Mutter in Auschwitz angekommen. Sie wurde fünfzig Jahre alt an dem Tag, und sie ist nicht ins Lager gekommen. Sie ist gleich in die Gaskammer gekommen. In unserem Transport waren tausend Männer, Frauen und Kinder. Davon sind nur 126 Frauen ins Lager gekommen. Als wir fragten, wann denn endlich die anderen mit den Lastwagen nachkommen würden, da hat man uns gesagt, die kommen nie an. Deshalb sage ich mir auch immer, daß für mich meine Eltern immer noch lebendig sind. Und solange ich lebe, werden auch meine Eltern leben.

Sie sind in Berlin geboren und da auch ein paar Jahre aufgewachsen. Ist das sehr weit weg von Ihnen?
Nein, das ist nicht sehr weit weg, denn ich denke sehr oft daran, daß ich eine glückliche Kindheit gehabt habe. Wir waren eine sehr, wie soll ich sagen, miteinander verwachsene Familie und hatten keine Geldsorgen.

Tut Ihnen das weh, wegen der Erinnerung, wenn das Wort Berlin fällt?
Es tut noch immer weh, Berlin ist für mich immer noch eine Stadt, die in meinem Herzen lebt. Deshalb freue ich mich immer noch, wenn ich die Gelegenheit habe, nach Berlin zu kommen.

Ilse Tichauer wohnt in einem Vorort von Paris, Hochhausviertel, kleine Wohnung. Sie zeigt mir alte Familienfotos: die Mutter, den Vater, den Bruder. Dann Fotos von Berlin: Charlottenburg, Wannsee, Grunewald. Spaziergänge, Rudern auf dem Wannsee, märkische Waldlandschaft. Im Bistro hatte sie mir gesagt, die einzig glückliche Zeit in ihrem Leben sei die Kindheit in Berlin gewesen. Danach kam also nichts mehr. Sie ist um die Siebzig. Lebt allein. Allein in einer Zweizimmerwohnung, im Vorort von Paris. Keine

Familie, keine Verwandten, Erinnerungen an Berlin, an Auschwitz. Das Ende eines Lebens.

Wir fahren zu Professor Alfred Grosser. Grosser, in Frankfurt am Main geboren, als Kind mit seinen jüdischen Eltern nach Frankreich ausgewandert, hat dort, versteckt, überlebt. Er wohnt in einem modernen Mietshaus. In seinem Arbeitszimmer eine Bücherwand, ein Schreibtisch, ein Sessel, eine Lampe, sonst nichts. Es geht alles sehr schnell: Er zeigt uns, wo die Steckdosen sind, wir bauen Licht und Kameras auf, er holt sich ein dickes Buch für den Sessel, denn er findet, daß er fürs Fernsehen etwas erhöht sitzen muß, er fragt, wie viele Minuten für ihn vorgesehen sind, und dann geht es los:

Wie erklären Sie sich, daß die Vichy-Regierung, als einzige neben Bulgarien, unaufgefordert, ohne Druck und ohne Zwang Juden aus dem unbesetzten Gebiet ausgeliefert hat?
Es gab zwei Stufen. Zuerst hat man unaufgefordert begonnen, antijüdische Maßnahmen zu ergreifen, ohne Auslieferungen. Das kommt aus der soliden Tradition eines französischen Antisemitismus. Die antijüdischen Säuberungen in der französischen Verwaltung usw. haben im Oktober 1940 begonnen, ohne daß die Deutschen danach gefragt hätten. Aber dann begannen die Auslieferungen, und das war ein teuflisches System. Lieber Ausländer als Franzosen, lieber ausländische Juden als Ausländer, lieber französische Juden als französische Nichtjuden. So ging das Stufe für Stufe, fast so wie in Deutschland im Frühling 1933, wo jeder den Nachbarn im Stich ließ, um sich selber zu retten.

Das heißt, es gab auch Fremdenhaß?
Nein, Fremdenhaß gab es nicht. Aber man zog es vor, die Fremden zu opfern, bevor man sich selbst opferte. Ich glaube, das war der Grundgedanke. Dazu kam natürlich ein gewisser Gehorsam. Man sagt, das gab es nur in Deutschland, aber Serge Klarsfeld hat in seinem ergreifenden Buch »Vichy – Auschwitz« nicht nur beschrieben, wie gut die Italiener gewesen sind, sondern auch, wie gehorsam die französische Polizei gewesen ist. Ich bilde seit zwanzig

Jahren hohe Polizisten in Frankreich aus, und jedesmal weise ich darauf hin, wie unverdient die französische Polizei bei der Befreiung 1944 geehrt worden ist, nachdem sie ohne weiteres die Judenverhaftungen durchgeführt hatte.

Wie erklären Sie sich diesen vorauseilenden Gehorsam? Serge Klarsfeld sagt ja auch, ohne diese tätige Hilfe der französischen Polizei hätten es die Deutschen, rein personell vor allem, auch nicht schaffen können.
Nicht nur aus Mangel an Personal. Bei den Verhaftungen sind die Leute den normalen Polizisten gefolgt. Diese Polizisten sahen sie jeden Tag. Das waren freundliche und vernünftige Leute. Wenn die einen vorluden, dann konnte das doch gar nicht so tragisch sein. Daß die einen dann aber den Deutschen ausliefern würden, daran hat natürlich niemand gedacht. Ich vermute, daß sie sich noch nicht mal etwas dabei gedacht haben. Wahrscheinlich haben sie später nicht mal gesagt: »Ich habe nur meine Pflicht getan«, so wie ein Filbinger in der Bundesrepublik, sondern sie haben einfach weitergemacht, ihr Privatleben geführt und ihren Dienst getan. Im allgemeinen sagt man, das sei eine rein deutsche Geschichte, aber das ist es nicht.

Aber es gab auch Widerstand bei einigen. Doch da muß gleich hinzugefügt werden: Man muß Hochachtung haben für alle, die Widerstand geleistet haben. Leute wie ich haben überhaupt kein Verdienst, denn ich war ja nicht Hitlers Gegner, Hitler war meiner. Er hat mich als Opfer ausgewählt, und es war kein Verdienst, gegen ihn zu sein. Der französische Kleinbürger, der in den Widerstand gegangen ist, oder der deutsche Arbeitslose, der 1933 nein gesagt hat, das waren verdienstvolle Leute.

Wie groß war der französische Widerstand?
Groß genug war er nie. Aber man muß verschiedene Stufen sehen. Versteckte Juden hat es in Frankreich verhältnismäßig viele gegeben. Allerdings muß man hinzufügen, daß es weniger riskant war als in Deutschland. Heute weiß man, daß in Berlin bis 1945 viel mehr Juden versteckt waren, als man geglaubt hatte. In Frankreich gab es zwar eine gewisse Mitwisserschaft durch andere Franzosen,

aber die Chance, an Spitzel zu geraten, war viel geringer als in dem von der Gestapo durchorganisierten Deutschland. Deswegen sage ich immer in Frankreich: Deutscher Widerstandskämpfer gewesen zu sein, ist viel verdienstvoller als französischer Widerstandskämpfer gewesen zu sein. Der Deutsche mußte zugleich die nationale Katastrophe wollen, um Deutschland moralisch zu retten; der Franzose mußte den Sieg und den Antinazismus wollen.

Ich kenne Charles Baron seit vielen Jahren, seit 1980. Damals fand in Köln ein Prozeß gegen drei der für die Deportierung der Juden aus Frankreich Verantwortlichen statt. Einer der Angeklagten war der ehemalige SS-Mann Heinrichsohn, die beiden anderen Angeklagten waren Lischka und Hagen. Heinrichsohn hatte sich durch besonderen Sadismus hervorgetan, vor allem den Kindern gegenüber, die in Drancy auf den Abtransport nach Auschwitz warten mußten. Sie waren ohne ihre Eltern dort, denn die waren schon nach Auschwitz abtransportiert worden. Ein Elendsbild, berichtete eine Augenzeugin. Die Kinder: allein, hungrig, frierend, weinend. Aber Heinrichsohn kannte kein Erbarmen. Er schlug mit seiner Reitpeitsche auf die weinenden Kinder ein. Bis sie ruhig waren, irgendwie. Nach dem Krieg wurde er Bürgermeister in Bürgstadt/ Bayern. Ein tüchtiger Bürgermeister, wie seine Gemeinde immer wieder betonte.

Bis ihn seine Vergangenheit einholte. Serge Klarsfeld holte ihn ein und lieferte als Nebenkläger in diesem Prozeß das Beweismaterial. Aber die Bürger von Bürgstadt hielten, auch nach Kenntnis seiner Verbrechen, unbeirrt zu ihm.

Eine junge Kindergärtnerin, die mir in Bürgstadt mit einer Kindergruppe über den Weg lief, sagte ganz ungerührt: Man müsse trotzdem zu ihm halten, er sei ein so guter Bürgermeister. Und während sie das sagte, strich sie ihren blonden deutschen Kindern aufgeregt und zärtlich über das Haar.

Heinrichsohn bekam sechs Jahre. Nur sechs. Aber nicht einmal die hat er, wie fast alle in der Bundesrepublik bestraften NS-Täter, abgesessen. Nach weniger als drei Jahren war er wieder ein freier Mann.

Ich drehte damals, zusammen mit einem Kollegen, über diesen Prozeß für das ZDF einen Film. Charles Baron war, wie viele andere Franzosen, zur Urteilsverkündung aus Frankreich nach Köln gekommen. Ich saß im Gerichtssaal neben ihm. Bei der Urteilsverkündung, Gefängnishaftstrafen für alle drei Angeklagten, ging ein Stöhnen durch den Saal. Bei den einen war es Erleichterung, bei anderen Schmerz der Erinnerung. Weinend fielen sich die Leute um den Hals. Charles Baron sagte immer wieder: »Justice, justice!« – Gerechtigkeit. Auch seine Eltern sind in Auschwitz umgekommen. Vor der Urteilsverkündung war er mit uns in Bürgstadt gewesen. Damals hatte er in einer erregten Diskussion den Leuten von Bürgstadt, die unerschütterlich Heinrichsohn verteidigten, zugerufen: »Geben Sie mir meinen Vater wieder, geben Sie mir meine Mutter wieder, meine Eltern, die Sie ermordet haben, in Auschwitz.« Aber die Bürger von Bürgstadt waren ungerührt geblieben. Kein Mitleid mit den Überlebenden? Kein Mitleid.

An all das erinnerte ich mich, als ich Charles Baron jetzt wiedertraf. Wir waren am Place Pigalle verabredet, wollten zusammen nach Drancy fahren, das weit außerhalb von Paris liegt. Überall waren die Auffang- und Durchgangslager außerhalb einer Stadt. Aber immer an einer Bahnstation. Charles Baron stand an der Bushaltestelle, ich erkannte ihn sofort, grauer Bart, graue Haare, er hatte sich in diesen knapp zehn Jahren kaum verändert. Auch sein Deutsch war nicht besser geworden in diesen vielen Jahren. Er sprach nie deutsch, nie, nur jetzt mit uns.

Er hatte eine Freundin, Ida Grynspan, mitgebracht, eine kleine, schicke Person in einem leuchtend roten Wollmantel mit passendem Umhängetuch, auch eine Überlebende, auch über Drancy nach Auschwitz deportiert.

An einer ziemlich breiten, befahrenen Straße steht ein etwa drei Meter hohes Denkmal aus Stein. Wenig Text, aber die Zahl aller Toten: 75 721 aus Frankreich deportierte Juden. Schienen symbolisieren die Eisenbahngleise, auf denen die Züge von Paris nach Auschwitz fuhren. Dahinter ein großer Platz, mit Bäumen bestanden. Herbstlich gefärbte Baumwipfel. Am Ende die langgestreckten Wohnhäuser, in denen damals die Juden auf ihren Abtransport warteten. Ich frage ein paar Leute, die in die Häuser gehen, ob sie wüßten, was sich hier abgespielt habe, welche Geschichte und was für Geschichten. Sie schütteln den Kopf, gehen weiter, wundern sich höchstens ein bißchen über die Kameras, vor denen Ida Grynspan und Charles Baron stehen:

Charles, was ist das für ein Gefühl, hier in Drancy zu sein?
Was soll ich sagen, es ist sehr schwer für mich, heute hier in Drancy zu sein. Sehr schwer zu stehen, wo wir gelitten haben, die Häuser zu sehen, in denen jetzt Menschen wohnen, die keine Ahnung haben, daß hier Menschen in den Tod gegangen sind. Wissen Sie, wenn ich mit meinem Auto nach Drancy muß, fahre ich nie durch diese Straße, es ist einfach zu schwer für mich.

Damals war das alles hier mit Stacheldraht umzäunt. Wir hatten keine hygienische Einrichtung, und zum Schlafen hatten wir keine Betten, sondern nur Stroh auf dem Boden. An das Essen kann ich mich nicht mehr genau erinnern, aber es war das erste Mal, daß ich Hunger hatte.

Ida, wie waren die hygienischen Verhältnisse für Sie?
Sehr schlimm. Ich war im Februar in Drancy. Es war kalt, und wir mußten nach draußen auf die Toiletten gehen. Das Essen bestand aus einer leichten, schlechten Suppe. Aber mein Kindermädchen hat mir immer gute Sachen gegeben. Da man uns aber gesagt hatte, daß wir unsere Eltern wiedersehen würden – meine Mutter war schon zwei Jahre vorher verhaftet worden –, habe ich alles für meine Mutter aufgehoben.

Charles, wie sind Sie verhaftet worden?
Im September 1942 bin ich verhaftet worden. Meine Eltern sind schon im Juli 1942 verhaftet worden. Meine Großeltern lebten auf dem Land, und alle zwei Wochen fuhr ich hin, um sie zu sehen und Lebensmittel mitzunehmen. An einem Sonntag kam die französische Polizei, nahm meine Papiere, in denen »Jude« stand, und verhaftete mich. Am selben Tag wurde ich nach Drancy gebracht. Die Polizisten waren nicht unfreundlich, aber gleichgültig. Sie taten ihren Job. Sie hatten Juden zu verhaften, und das taten sie.

Haben Ihre Eltern sich nicht versteckt?
Doch, sie waren auch auf dem Land, denn ein französischer Polizist
hatte sie vor einer großen Razzia gewarnt, die ungefähr zwischen
dem 12. und 14. Juli gemacht werden sollte. Da aber bis zum 15.
Juli nichts passierte, kamen sie am 16. zurück, genau an dem Tag
der Razzia.

Ida, wo sind Sie verhaftet worden?
Auf dem Land, ungefähr 30 Kilometer entfernt von Lyon. Nachts
um zwölf Uhr kamen zwei französische Gendarmen. Sie haben die
Papiere kontrolliert und mich mitgenommen. Zwei Tage war ich in
Lyon und dann in Drancy.

*Wie hat die Bevölkerung hier in Drancy reagiert, als sie mit den
Bussen ankamen?*
Wir hatten keinen Kontakt zu der französischen Bevölkerung. Es
war ja alles mit Stacheldraht umgeben.

Charles, haben Sie sich von den Mitbürgern verlassen gefühlt?
Schon von Anfang an. Ich war Franzose wie die anderen Franzosen.
Aber als ich den Stempel »Jude« bekam, da war ich nicht mehr wie
die anderen. Ich war Franzose zweiter oder dritter Klasse, vielleicht
noch niedriger. Das war schrecklich für mich.

In Drancy fahren die grünen Pariser Omnibusse vor, die jeder
kennt. Doppeldecker, hinten offen. Treppe nach oben. Mit diesen
Bussen wurden die Juden zum nahe gelegenen Bahnhof Bobigny
gefahren. Dort warteten die Viehwaggons. Am Bahnhof: Gedenktafeln auch hier. Auf den Bahngleisen stehen Viehwaggons. Wie
ehedem. »Sind das die gleichen?« frage ich Ida und Charles. Es sind
die gleichen.

Charles, wie sind Sie hierhergekommen?
Ich bin am 1. September vom Lager in Drancy mit dem normalen
Autobus der Pariser Transportgesellschaft hierhergekommen. Man
hat uns gesagt, daß wir nach Deutschland fahren, um dort zu
arbeiten. In jedem Bus waren ungefähr fünfzig Personen.

Die Leute in Drancy haben das doch beobachtet. Haben sie Ihnen geholfen, hatten sie Mitleid?
Der Weg zwischen Lager und Bahnhof war zu kurz, um Mitleid zu zeigen oder mit Eßwaren zu helfen, aber wir haben den Leuten Briefe zugeworfen, die sie unseren Familien und Freunden gegeben haben. Das war die einzige Sache.

Ida, wann sind Sie von Drancy hierhergekommen?
Ich bin am 10. Februar 1944 zwischen sechs und sieben Uhr hierhergekommen. Auch uns hat man gesagt, daß wir nach Deutschland fahren, um zu arbeiten. Da ich aber noch sehr jung war, hat man mir gesagt, ich würde zu meiner Familie fahren. Meine Mutter war ja schon lange vor mir deportiert worden, und ich hoffte, sie wiederzusehen.

Charles, als Sie in dem Autobus von Drancy hierherfuhren, warum sind Sie nicht runtergesprungen? Warum haben Sie nicht versucht zu fliehen?
Wir haben nicht verstanden. Und in jedem Autobus war ein Polizist, und als wir hier zum Bahnhof kamen, haben wir die SS mit Hunden gesehen. Hier war es zu spät. Wir hatten Kinder und ältere Menschen dabei. Ich selbst war ja erst sechzehn. Wir konnten nicht glauben, daß etwas passieren würde. Wir waren zivilisiert, die Franzosen waren zivilisiert, also dachten wir, die Deutschen sind auch zivilisiert. Ich war ganz sicher, ich würde in ein Arbeitslager kommen.

Ida, Sie wurden dann in Viehwaggons verladen?
Ja, wir waren ungefähr 1 200 Leute, und in jedem Waggon waren sechzig von uns. Die Fahrt war schrecklich. Wir waren drei Tage und drei Nächte unterwegs. Am Anfang hatten wir noch ein kleines Faß mit Wasser, aber es war nicht genug für alle. Als es leer war, haben wir es als Toilette benutzt.

Charles, ahnten Sie, wohin die Fahrt gehen würde?
Während der ganzen Fahrt wußten wir nicht, wohin es gehen würde. Keiner hat uns etwas gesagt.

Charles, haben Sie Ihre Eltern in Auschwitz wiedergesehen?
Nein, sie waren schon vergast.

Ida, als Sie nach Auschwitz kamen, haben Sie da Ihre Mutter wiedergesehen?
Ich habe sie in Auschwitz gesucht, aber niemand hat sie gesehen. Auch von meinem Vater habe ich nie wieder etwas gehört.

Es ist ein milder, schöner Herbsttag. Die Sonne scheint auf die beiden Menschen. Sie stehen zwischen den Gleisen, auf Schotter, warten, was nun kommt. Nichts kommt. Da nehmen sie sich an die Hände. Wie Kinder. So gehen wir zu den Autos, fahren zu Charles Baron nach Hause, seine Frau hat für uns ein Essen vorbereitet. Ich hatte Blumen für sie gekauft. Eine davon nimmt Charles und steckt sie an das Foto seiner Eltern. Sie müssen damals so alt gewesen sein wie Ida und Charles heute.

Am nächsten Morgen fahren wir nach Vichy. Es ist inzwischen ein Rentnerparadies, mit Gesundbrunnen und weiß lackierten Hotels, damals Schauplatz eines Kampfes auf Leben und Tod. Ein Drittel der Ende 1941 in Frankreich lebenden Juden, an die 76 000 Menschen, hat ihn verloren.

Beate und Serge Klarsfeld erwarten uns schon vor dem Hôtel du Parc, dem ehemaligen Sitz der Vichy-Regierung. Es ist Mittag. Sie sitzen in der Sonne auf weißen Eisenstühlen vor einem Glaspavillon, in dem es Vichy-Pastillen zu kaufen gibt. Eine lilablaue Neonreklame zeigt das alle zehn Sekunden an. Wir sind mitten im Zentrum der Stadt, im Kurpark. Um den Park herum lauter weiße Häuser aus der Belle Epoque, meist Hotels, sechs, sieben Stockwerke hoch. Im Park lange Alleen, Ahornbäume, am Ende der mittleren Allee ein kleines Schlößchen, das Spielkasino. Dann natürlich auch das Kurhaus mit der Trinkhalle. Vichy ist ein Kurort mit natürlichen Quellwassern. Ein paar alte Leute trinken davon. Herbstlaub liegt auf den Wegen. Überall Eisenstühle mit älteren Leuten, Zeitung lesend. Eine Idylle. Aber ich weiß, was für Dramen sich hier abgespielt haben.

Vichy, heute so ruhig und beschaulich, war vier Jahre lang, von Juli 1940 bis Juli 1944, die Hauptstadt des unbesetzten Frankreich. Im Hôtel du Parc, diesem mehrgeschossigen prächtigen Hotelpalast, war der Sitz der Vichy-Regierung, Residenz von Pétain und Laval. In diesem Hotel wurden, nach dem Vorbild der Nürnberger Gesetze, antijüdische Verordnungen beschlossen, Arisierungen, Verhaftungen, Auslieferungen.

Herr Klarsfeld, Bulgarien hat ohne große Not die thrakischen und makedonischen Juden freiwillig ausgeliefert. Bulgarien hat die sogenannten eigenen Juden gerettet, aber die anderen ausgeliefert. Frankreich ist neben Bulgarien das einzige Land in Europa, das aus der freien Zone Juden freiwillig ausgeliefert hat. Glauben Sie, es wäre eine Chance gewesen, sich dem Druck der Deutschen zu verweigern, »nein« zu sagen?
Selbstverständlich, die Vichy-Regierung hätte sehr gut »nein« sagen können. Man muß aber auch sagen, daß unglücklicherweise der Druck der Deutschen, die Juden zu bekommen, in der Woche zunahm, als es die meisten deutschen Siege gab, das heißt Ende Juni '42. Die Deutschen sind in Nordafrika durchgekommen, haben Ägypten bedroht, und in Rußland gab es auch eine große Offensive. Vichy hatte damit gerechnet, daß es einen deutschen Sieg geben würde, und hat dadurch seine Polizei und seine Verwaltung kollaborieren lassen, um die Juden festzunehmen. Die Regierung von Vichy hatte natürlich genug Karten in der Hand, sich zu weigern, aber Laval verhandelte gerade mit den Deutschen über die Souveränität der Vichy-Regierung auch in der besetzten Zone. Sein Polizeiminister verhandelte mit den Deutschen über die Bewaffnung und die Aufsicht der französischen Polizei durch die Vichy-Regierung.

Das heißt, es kamen drei Dinge zusammen: einmal eben doch Fremdenhaß, dann Opportunismus, aber eben auch Opportunismus, um die eigene Position den Deutschen gegenüber zu festigen?
Das ist richtig, ja. Es gab eine neue französische Regierung unter Laval. Es gab eine neue deutsche Gruppe unter Oberg und Knochen. Die wollten der Vichy-Regierung die Souveränität über das ganze Gebiet geben. Aber als Gegenleistung wollten sie einen härte-

ren Kampf gegen die Feinde des Reiches, das heißt: Kommunisten, Gaullisten und Juden. Hätte Vichy abgelehnt, wäre es zu einer Krise mit Deutschland gekommen.

Wie ernst kann man den Vorsatz nehmen, die sogenannten eigenen, die französischen Juden, also französische Staatsbürger, zu retten? War das ein ernstes Anliegen?
Ja, es war ernst gemeint, auf jeden Fall, nicht sie zu retten, aber sie wenigstens nicht den Deutschen auszuliefern. Man betrachtete sie gewissermaßen als französische Staatsbürger, die durch die französischen Gesetze geschützt waren, weil sie seit langem in Frankreich lebten. Die Position von Vichy war, sie erst ganz zuletzt den Deutschen auszuliefern. Wenn man eine Rechnung aufstellt, kann man sagen, von den 76 000 deportierten Juden waren 54 000 ausländische Juden. 11 000 waren die Kinder dieser ausländischen Juden. Französische Juden, die in Frankreich geboren waren, gab es ungefähr 7 000 bis 8 000. Von 320 000 Juden sind 160 000 gerettet worden. Man kann immer noch sagen, daß Vichy die eigenen Juden geschützt hat. Aber Vichy hätte alle Juden schützen sollen. Denn es hatte die Möglichkeit dazu. Statt dessen hat es Zehntausende von Juden an die Deutschen ausgeliefert. Man muß Vichy dafür verurteilen. Man kann doch nicht sagen, daß man, wenn Gangster in eine Bank einbrechen und drei Personen töten, sie dann noch beglückwünschen muß, daß sie nicht fünf Personen getötet haben.

Es ist doch eine Tatsache, daß die Deutschen mit den ihnen zur Verfügung stehenden Polizeikräften die Juden in Frankreich nicht hätten einsammeln können?
Die Antwort meinerseits ist ganz klar: Hätte Vichy »nein« gesagt, hätten die Deutschen nachgegeben. Sie wollten es nicht selbst machen, und als sie es selbst machen wollten, waren die Resultate niederschmetternd. Sie haben 1944 einige Razzien in den Provinzen selbst durchgeführt, aber die Resultate waren zahlenmäßig nicht das, was sie erwartet hatten. Also, Vichy hatte wirklich die Möglichkeit, die Juden zu retten, hat es aber nicht getan. Wenn drei Viertel der Juden nach Kriegsende in Frankreich überlebt hatten, so verdanken sie das hauptsächlich der französischen Bevölkerung.

Beate und Serge Klarsfeld fahren mit dem Zug nach Paris zurück. Beim Abschied frage ich ihn, was er jetzt vorhat. Weitere Prozesse? Ja, gegen Brunner. Alois Brunner war ab 1943 mit der Ausrottung der Juden von Saloniki (80 000) befaßt. Von Juli 1943 bis August 1944 war er Leiter des Sonderjudenkommandos der Gestapo in Frankreich, befehligte das Judensammellager Drancy. Wegen besonderer Brutalität berüchtigt. Läßt noch wenige Wochen vor der Befreiung von Paris alle Kinder aus jüdischen Heimen festnehmen und nach Auschwitz deportieren. Seit 1945 verschwunden. Im Mai 1954 in Abwesenheit in Paris zum Tode verurteilt. Klarsfeld erzählt leidenschaftslos. Wer das bezahlt? Keiner. Wie sich die »Klarsfeld-Stiftung« finanziert? Freunde. Spenden.

Ich erinnere mich. Einen der berüchtigsten Mörder haben die Klarsfelds nach jahrelangem Suchen entlarvt und hinter Gitter gebracht: Klaus Barbie. Er war einer der Grausamsten, der berüchtigte Folterer von Lyon. Auf sein Konto geht auch der Befehl zur Festnahme und Deportierung von 44 jüdischen Kindern aus dem jüdischen Kinderheim in Izieu im Departement Ain. Sie wurden von der Lyoner Gestapo verhaftet. Am 6. April 1944, also noch kurz vor Toresschluß, schickte deren Chef, Barbie, ein Telegramm an das Judenreferat in Paris, daß »das jüdische Kinderheim ›Colonie Enfant‹ (sic) in Izieu ausgehoben« worden sei und der Abtransport am nächsten Tag erfolgen solle. Er erfolgte.

Ich verlasse Frankreich dieses Mal gern. Im Flugzeug sitzt ein Kind neben mir. Der Junge ist lebhaft, plappert drauflos, der Vater ist amüsiert, wohl auch ein bißchen stolz auf sein aufgewecktes Kind, erklärt ihm alles: Flugzeug, Cockpit, Essen, Trinken, Spielzeug. Ich muß einfach zuhören, denn die beiden reden ganz laut miteinander. Warum auch nicht. Sie können ja nicht wissen, was ich weiß. Daß nämlich auch dieses reizende, lebhafte Kind, wäre es ein jüdisches Kind vor 45 Jahren im Departement Ain gewesen, nach Auschwitz geschafft, dort vergast und verbrannt worden wäre.

RUMÄNIEN

Rumänien stand im Ersten Weltkrieg auf der Seite der Siegermächte und konnte daher beträchtliche territoriale Gewinne auf Kosten seiner Nachbarn machen. Es nahm den Russen Bessarabien ab, erhielt aus dem zusammengebrochenen Habsburgerreich von Österreich die Bukowina, von Ungarn Siebenbürgen und von Bulgarien die Dobrudscha. Damit war Rumänien etwa doppelt so groß wie 1914 und am Ziel seiner nationalen Ansprüche.

Auf den Triumph folgte im Jahre 1940 die Tragödie. Am 26. Juni, kurz nach dem deutschen Sieg im Westfeldzug, verlangte die Sowjetunion in einem Ultimatum die Rückgabe von Bessarabien und die Abtretung der Nordbukowina, die niemals russisch gewesen war. Rumänien mußte die Gebiete sofort räumen, und daraufhin verlangten auch Ungarn und Bulgarien die Rückgabe ihrer Gebiete. Wieder mußte Rumänien nachgeben. Im August überließ es Bulgarien die Süddobrudscha und Ungarn Nordsiebenbürgen. Damit hatte es binnen weniger Monate fast alles verloren, was es nach dem Ersten Weltkrieg gewonnen hatte.

Das verdankte Rumänien vor allem Deutschland. Im Geheimen Zusatzprotokoll zum Hitler-Stalin-Pakt vom 23. August 1939 hatte Stalin das Interesse an Bessarabien betont, Hitler hatte es gewährt, und darum empfahl er den Rumänen im Juni 1940, das sowjetische Ultimatum zu erfüllen. Hitler und Mussolini unterstützten dann im Zweiten Wiener Schiedsspruch vom 30. August 1940 auch Ungarn. Auf die Katastrophe folgte eine Staatskrise. Nun wurde der General Ion Antonescu Staatsführer, und er führte Rumänien an die Seite Deutschlands, das die stärkste Macht in Europa zu sein schien.

Diese Wechselfälle wirkten sich auf das Schicksal der Juden aus. Vor den Gebietsabtretungen hatten in Rumänien etwa 750 000 Juden gelebt. Das war die nach Rußland und Polen größte jüdische Gruppe, die etwa vier Prozent der Gesamtbevölkerung entsprach. Von diesen Juden hatten etwa 275 000 in Bessarabien und der Nordbukowina und fast 150 000 in Nordsiebenbürgen gelebt, so daß es nach den Gebietsabtretungen noch etwa 300 000 Juden in Rumänien gab.

Zweifellos gab es einen alten rumänischen Antisemitismus, der sich nun verstärkte, weil man die Juden für die nationale Katastrophe verantwortlich machte. Nicht zufällig kam es am 1. Juli 1940 beim Rückzug der rumänischen Truppen aus der Nordbukowina zu dem Pogrom von Dorohoi. Seit August 1940 wurden nach deutschem Vorbild antijüdische Gesetze erlassen. Als es im Zusammenhang mit der Staatskrise im Januar 1941 in Bukarest zu einem innenpolitischen Machtkampf kam, war er erneut von einem Pogrom begleitet.

Am 22. Juni 1941 schloß sich Rumänien dem deutschen Angriff auf die Sowjetunion an, um die verlorenen Gebiete zurückzugewinnen, und dabei erreichten die antijüdischen Ausschreitungen einen besonders furchtbaren Höhepunkt. Noch im Juni kam es in der altrumänischen Stadt Jassy zu einem Blutbad, als man die Juden verdächtigte, auf der Seite der Sowjets zu stehen. Neuere Forschungen machen sogar wahrscheinlich, daß Antonescu mit Hitler bei einer Besprechung in München am 12. Juni 1941, als die gemeinsame Kriegführung gegen die Sowjetunion vereinbart wurde, auch eine Absprache in der Judenfrage traf. Rumänien stellte wie Deutschland eine Art von Einsatzgruppen auf. Die deutsche Einsatzgruppe D war in Jassy beteiligt, und das alles sieht nach enger Koordination aus. Insofern war das Blutbad von Jassy eigentlich kein Pogrom, keine Ausschreitung, sondern eine geplante Mordaktion, und es war nur ein Auftakt.

Zusammen mit den deutschen eroberten die rumänischen Truppen danach nicht nur Bessarabien und die Nordbukowina zurück, sondern drangen auch über den Dnjestr weit in die Ukraine vor. Im August 1941 erhielten die Rumänen das Gebiet zwischen Dnjestr und Bug und nannten es ihre neue Provinz Transnistrien mit der Hauptstadt Odessa. Während die an Ungarn und Bulgarien verlorenen Gebiete nicht zurückgewonnen werden konnten, weil beide Staaten auch mit Deutschland verbündet waren, erhielt Rumänien eine Entschädigung auf Kosten der Sowjetunion.

Der rumänische Vormarsch war allenthalben von brutalen antijüdischen Maßnahmen begleitet. An vielen Orten kam es zu Massakern. Die Juden der Bukowina und Bessarabiens wurden nach Transnistrien deportiert. Auch die dort lebenden Juden wurden blutig verfolgt. Man schätzt, daß die Rumänen dabei etwa 150000 Juden töteten. Ein Höhepunkt war das Massaker von Odessa im Oktober 1941. Die Rumänen benutzten einen Sprengstoffanschlag auf ihr Hauptquartier als Vorwand, um die Juden aus der Stadt herauszuführen und sie bei der Kolchose Dalnik in Panzergräben zu Zehntausenden zu erschießen. Der Vorgang weist eine erstaunliche Ähnlichkeit mit dem Massaker auf, das die Deutschen vier Wochen zuvor in Kiew in der Schlucht von Babi Jar veranstaltet hatten, so daß sich erneut der Gedanke an eine Koordination aufdrängt oder doch die Vermutung, die Rumänen hätten sich das deutsche Massaker zum Vorbild genommen.

Währenddessen waren die Juden in Altrumänien zwar entrechtet, auf vielerlei Weise bedrängt, zur Zwangsarbeit verpflichtet, aber sie wurden weder deportiert noch getötet. Erst im Sommer 1942, als die Deportationen überall im deutschen Herrschaftsbereich in Europa einsetzten, verlangten die Deutschen die Auslieferung auch dieser Juden. Die Rumänen stimmten zuerst zu, daß die Abschiebung in den Distrikt Lublin, also in die dortigen Vernichtungslager, etwa am 10. September 1942 beginnen sollte. Doch Ende August, als nur noch über die Einzelheiten der Eisenbahntransporte verhandelt wurde, begann Antonescu zu zögern und verweigerte schließlich im Dezember seine Zustimmung. So wurden die Juden in Altrumänien gerettet, und 1943 gestattete Antonescu die Rückkehr der überlebenden Deportierten aus Transnistrien.

Der Widerspruch zwischen den Verfolgungen im Jahre 1941

und der Verweigerung zu Ende 1942 ist schwer zu erklären. Maßgeblich war wohl neben dem geschickten Widerstand der jüdischen Führer in Bukarest vor allem der Umstand, daß sich die Kriegslage im Herbst 1942 zu wenden schien. Antonescu mußte nun mit einem Sieg der Alliierten rechnen, und da mag es ihm ratsam erschienen sein, sich nicht weiter zu kompromittieren.

Ich hatte nicht damit gerechnet, in Rumänien überhaupt filmen zu dürfen. Zu meiner Überraschung versprach der rumänische Vertreter in West-Berlin, uns zu helfen. Und ein paar Wochen später, im Herbst 1986, wurden wir zu einem Vorgespräch nach Bukarest eingeladen.

Unser Hotel im Zentrum der Stadt war ein alter Kasten, gegenüber dem ehemaligen königlichen Schloß. Der Marmoreingang und der Goldstuck an der Decke trügen. Alles vergangene Pracht. Der Fahrstuhl: klapprig. Der lange Flur dunkel, es wird Strom gespart. Die Zimmernummer muß man ertasten oder mit dem Feuerzeug anleuchten. Im Zimmer wenigstens Air-condition, allerdings so laut, daß man dabei nicht schlafen kann. Die Wahl hieß: Schlaflosigkeit wegen Hitze oder Schlaflosigkeit wegen Lärm. Ich entschied mich für Lärm. Denn Lärm kam ohnehin auch von draußen. Ganz Bukarest war eine riesige Baustelle. Alte Häuser und Kirchen waren eingerissen, mußten primitiven Neubauprojekten weichen, alles Plattenbauweise, Betonfertigteile.

Das geschwungene, langgestreckte Schloß, in müdem Graugrün, sah aus wie ein schöner Fremdkörper in einer staubigen, aufgewühlten Baulandschaft: Krater in den Straßen, offene, halbfertige U-Bahn-Schächte, Baubuden, Bretterhaufen. Wir stolpern neben dem Historiker Ion Calafeteanu zum »Institut für historische und gesellschaftspolitische Studien beim ZK der Kommunistischen Partei Rumäniens«. Auch dieses Haus ist mehr als erbärmlich. In der Eingangshalle ein Pförtner, an dem man nur mit Sondergenehmigung vorbeikommt, eine Sesselgruppe aus den vierziger Jahren, der unvermeidliche Gummibaum und ein uralter Teppich. Der Fahrstuhl ächzt so furchterregend, daß wir freiwillig die vier Stockwerke zu Fuß gehen.

Im Büro sitzen ein paar Männer mit ernsten Mienen und eine Dolmetscherin um einen langen Tisch. Wir bekommen chinesischen Tee. Tee in Beuteln. Und wir bekommen vom Direktor des Instituts, der in der Mitte thront, einen Vortrag. Trocken schildert er die Gebietsverluste Rumäniens im Jahr 1940. Die Dolmetscherin übersetzt, Satz für Satz. Er manipuliert die Zahlen, spielt die Verluste der Juden herunter, schiebt den Ungarn, den »Horthysten«, die Schuld in die Schuhe, verkündet stolz, daß die Rumänen die Juden in Altrumänien nicht ausgeliefert, sondern gerettet hätten. Ich beherrsche mich. Eberhard Jäckel stellt eine provokante Frage, um anzuzeigen, daß wir keinen Geschichtsunterricht benötigten. Aber der Herr Direktor bittet, ihn nicht zu unterbrechen. Ich versuche einzulenken: Drehorte?

Am liebsten hätten sie es, wir würden nur in Nordsiebenbürgen drehen und über die Deportationen der Ungarn berichten. Stimmt schon, daß von den 150 000 Juden dort nur schätzungsweise 30 000 überlebt haben. Das haben die Ungarn zu verantworten. Stimmt auch, daß über 300 000 Juden im sogenannten Altrumänien überlebt haben. Aber was war mit den 70 000 Juden aus der Bukowina? Und mit den 210 000 aus Bessarabien? Die wurden über Transnistrien noch weiter nach Osten getrieben, wenn sie nicht schon vorher umgebracht wurden. Die Rumänen waren die grausamsten Verbündeten der Deutschen. Außer Deutschland war kein anderes Land in Judenmassaker solchen Ausmaßes verstrickt. Hier spielten sich Mordszenen ab, die in Hitlers Europa nicht ihresgleichen hatten. Aber davon wollten unsere Rumänen nichts wissen. Ich bestand auf Filmaufnahmen in Bukarest, denn dort hatte es im Januar 1941 ein Pogrom gegeben. Und ich bestand auf Filmaufnahmen in Jassy, denn dort hatte es im Juni 1941 ein Pogrom gegeben. Dafür dann aber auch Nordsiebenbürgen, auf rumänisch: Transsilvanien, das ohnehin in unser Kapitel über die ungarischen Deportationen gehörte.

Eiserne Mienen. Auch bei uns. Steife Verabschiedung. Ich würde Bescheid bekommen.

Der kam im Winter. Es war bitterkalt. Ich packte eine halbe Flasche Whisky ein und flog wieder nach Bukarest.

Am Flughafen alles wie gehabt. Ion Calafeteanu lotst mich

unkontrolliert durch die Kontrolle, Fahrt ins selbe Hotel, die Baustellen in der Stadt sehen völlig unverändert aus. Im Flur brennt nun gar kein Licht mehr. Ich rauche nicht, habe also kein Feuerzeug. Wie eine Blinde ertaste ich die Zimmernummer.

Zu meiner Verblüffung rennt Calafeteanu mit mir anstatt zu der Besprechung im Historischen Institut in ein Museum. Alles düster: Eingangshalle, Schauräume, Vitrinen, Bilder. Das Museum besitzt einen Rembrandt, es ist der einzige. Als ich mich davorstelle, macht eine dick vermummte Frau ein darauf gerichtetes Licht an. Als ich mich abwende, macht sie das Licht sofort wieder aus. Dann setzt sie sich wieder auf ihr Stühlchen, in ihrem dicken Mantel, der Mütze, dem Schal, den Handschuhen, den dicken Stiefeln. So sitzt sie den ganzen Tag. Acht Stunden. Wir sind die einzigen Besucher.

Am nächsten Vormittag erscheinen wir im Historischen Institut. Wieder der mufflige Direktor. Wieder Teebeutel aus China. Die Räume sind ungeheizt. Und das im »Institut für historische und gesellschaftspolitische Studien beim Zentralkomitee der Kommunistischen Partei Rumäniens«! Alle sitzen, wie die Frau im Museum, in Mänteln, mit Mützen, mit Handschuhen. Handschuhe mit abgeschnittenen Fingern. Damit sie trotzdem schreiben können.

Ich will nicht lange verhandeln, mir ist kalt. Ich bleibe hart: erst Dreh in Bukarest, dann Dreh in Jassy, dann erst die Reise nach Siebenbürgen.

Nach zwei Stunden habe ich sie soweit.

Leider vergaß ich in dem Gerangel, den Dreh in Dorohoi, wo ebenfalls ein Judenpogrom gewesen war, ausdrücklich in die Abmachung mit einzubeziehen. Ein Fehler, den wir später teuer bezahlten, mit Ärger, Zeit und Geld.

Wir würden mit einem eigenen Wagen kommen. Vorsichtshalber.

Wir kamen im Frühsommer und begannen die Dreharbeiten in Bukarest. Calafeteanu wurde unser Schatten. Uns konnte nichts passieren, das ZK war immer dabei. Er hatte eine genaue Reiseroute ausgearbeitet, alle Hotels vorbestellt und Interviewpartner vorbereitet. Unser wichtigster Gesprächspartner in Bukarest war der Oberrabbiner Dr. Moses Rosen, der, wie ich wußte, gut deutsch sprach. Er hatte in Wien studiert.

Das ehemalige Jüdische Viertel ist genauso heruntergekommen wie die übrige Stadt auch. Abgeblätterte Hausfassaden, aufgerissenes Pflaster. Auf den Straßen und in den Höfen des ehemaligen Judenviertels spielen nun Zigeunerkinder. Es gibt ja auch kaum noch Juden in Rumänien.

Mitten im Viertel eine Oase, die Synagoge. Renoviert, goldgelb strahlend, neu gedecktes Dach. Neben der Synagoge das Gemeindehaus, ebenfalls renoviert. Zwischen beiden Gebäuden ein schmaler, langgestreckter Hof, Kopfsteinpflaster, Bänke, kleine Trinkbrunnen. Ziemlich viel Betrieb. Aber nur alte Leute. Niemand unter fünfzig. Einige stehen in Gruppen, ein paar alte Männer sitzen auf den Bänken, starren mit leeren Blicken vor sich hin. Es wird Geld gesammelt, auf einem Tisch steht eine Sammelbüchse, daneben liegt eine Unterschriftenliste aus. So werden die Monatsbeiträge eingesammelt, aber auch Geld für bedürftige Gemeindemitglieder. Morgen ist ein jüdischer Feiertag. Der Raum der Synagoge wird mit weißen Blumen und viel Grün geschmückt. Das sieht schön aus zu dem dunklen Holzgestühl und den prächtigen Goldmalereien an den Wänden und der Decke. Man bekommt eine Vorstellung, wie wohlhabend diese Gemeinde einmal gewesen sein muß. Diese Synagoge ist die einzige in Bukarest, die den Krieg überstanden hat. Dabei lebten in Großrumänien im Januar 1940 über eine Dreiviertelmillion Juden. Rumänien war eins der Zentren ostjüdischen Lebens. Davon ist wenig geblieben, wie mir ein deutschsprechender Jude sagt:

Die Jüdische Gemeinde hier in Rumänien ist heute sehr klein. Es gibt etwa 20 000 Juden im ganzen Land, früher waren es 800 000. 350 000 sind nach Israel ausgewandert, und die paar, die nach dem Krieg hiergeblieben sind, das sind alte Leute. Die haben ihre Pension, es sind auch kranke Leute. Jedes Jahr verlassen Tausende Rumänien, um zu ihren Familien zu gehen. Jeder hat jemanden draußen.

Macht Sie das traurig? Fühlen Sie sich einsam hier?
Es gibt niemanden mehr, der mir die Tür öffnen könnte. Meine
Freunde sind weg, meine Schulkollegen sind weg, meine Lager-
freunde sind weg, alle sind weg. Von morgens bis mittags bin ich
hier in der Kultusgemeinde, und abends treffen wir uns zum Beten.

Er sieht sich um, als ob er jemanden suche. Aber da ist niemand.
Nur wir. Und so geht er über den Hof der Gemeinde. Denn zum
Beten ist es noch zu früh.
  Dr. Rosen ist ein beeindruckender Mann. Füllig, weißer Voll-
bart, schwarzes, langes Gewand, so sitzt er in seinem hohen Stuhl
hinter einem riesigen dunklen Schreibtisch. Sein Zimmer, durch
mindestens drei ineinandergehende Vorzimmer zu erreichen, ist
vollgestopft mit Büchern und einem Gemisch aus allerhand Krimskrams und Kostbarkeiten. Er ist nur jeweils sechs Monate im Jahr
hier. Das genügt offenbar. Die Gemeinde ist klein genug. Die
andere Zeit verbringt er in Israel.
  Ich will von ihm etwas über den Antisemitismus in Rumänien
erfahren. Ich habe nie verstanden, weshalb es in Rumänien einen so
ausgeprägten, aggressiven Antisemitismus gab und im Nachbarland Bulgarien nicht. Beide Länder waren bald 500 Jahre unter
türkischer Herrschaft. In beiden Ländern haben sich die Juden an
dem Kampf gegen die türkischen Unterdrücker beteiligt. Die Bulgaren haben es ihnen gelohnt. Haben sich auch bei der Verteidigung
der Juden nach 1938 ausdrücklich auf diesen Tatbestand berufen.
Die Rumänen nicht.

*Herr Dr. Rosen, gab es in Rumänien einen Antisemitismus, oder ist
der von Deutschland sozusagen eingeführt worden?*
Antisemitismus gab es, ja, aber man kann das nicht vom ganzen
Volk behaupten. Es gab Antisemitismus in Rumänien, lange bevor
Hitler kam. Ich bin in Rumänien geboren, mein Vater war fünfzig
Jahre Rabbiner hier. In allen möglichen Instanzen wurde gegen die
Juden gehetzt, in den Schulen, an der Universität und in der Armee.
Die Juden waren immer die Sündenböcke. Es hieß auch einmal, die
Juden hätten die Brunnen vergiftet. Trinkt kein Wasser. Aber das

bedeutet nicht, daß das Volk als solches antisemitisch war. Allerdings, es stimmt: Man brauchte den Antisemitismus nicht zu importieren, das stimmt.

Der Antisemitismus war hier schärfer als in fast allen anderen Ländern.
Das kann man nicht sagen. Nein, das ist unrichtig. In Polen war er scharf, in Ungarn auch. Es hing davon ab, wer die Regierenden waren und wie weit die barbarische Hetze geführt worden war.

Trotzdem waren die Rumänen den Juden gegenüber grausamer als viele andere.
In der Nazizeit hat jeder seinen Teil gehabt, die Ungarn, die Rumänen und die Deutschen. Wenn es nicht so tragisch wäre, wäre es komisch, dieser »Wettbewerb«, wer mehr Juden umgebracht hat und wer ein größerer Mörder war.

Aber in Bulgarien gab es keinen Antisemitismus. Die Bulgaren haben ihre Juden gerettet.
Ja, in Bulgarien war es anders, das ist richtig. Bulgarien ist eine Ausnahme. So, wie Dänemark eine Ausnahme ist. Bulgarien ist ein Wunderbeispiel für Humanismus. Das hatten wir nicht. Aber man muß differenzieren. Ich kann keine Anklage machen gegen das rumänische Volk. Wir sind Gott sei Dank nicht bei der Endlösung angelangt. So wie in Polen oder in Ungarn.

Darauf komme ich gleich noch einmal zurück. Zunächst einmal eine Nachfrage zum Antisemitismus. Der war doch in Rumänien uralt. Eingesessen, sage ich mal. Warum?
Aber er hatte nicht solche seelischen Wurzeln wie in Polen oder in Ungarn. Es hing hier davon ab, wer die Macht hatte. Als dann der Umsturz war, August '44, wurden die Leute bestraft, die den Antisemitismus aus Opportunismus mitgemacht haben.

Aber nehmen wir die Italiener. Italien war auch, wie Rumänien, mit Hitlerdeutschland verbündet. Und dennoch haben sich die italienischen Soldaten den Juden gegenüber ganz anders verhalten.

Ja, Italien ist auch eine Ausnahme. Die Italiener haben sich besser benommen als andere. Sie hatten nicht diese tierischen Instinkte, die sich in der Tiefe des Menschen befinden. Es war eine Entfachung von allem, was wild und tierisch ist. Auch bei den Deutschen. Die Deutschen waren doch auch ein zivilisiertes Volk...

Bitte erzählen Sie mir, was Sie persönlich an Antisemitismus erfahren haben. Was ist Ihnen geschehen?
Mir persönlich?

Ja. Ihnen persönlich.
Als Kind habe ich es bereits erfahren. Ich sagte schon, mein Vater war Rabbiner, in einem kleinen Städtchen, an der Moldau. Ich kam einmal aus der Schule, ich war sechs oder sieben Jahre alt. Am Straßenrand stand ein Bursche, von neun oder zehn Jahren. Er hat mir zwei Ohrfeigen gegeben, mich hin- und hergeschubst. Weil ich Jude war, wie er sagte. Ich konnte nichts machen, er war stärker als ich. Oder später, ich war Soldat, wir waren im Manöver, es war Herbst, großer Wind, kalt. Ich habe einen Anfall bekommen, blieb liegen auf dem Feld, meine Kompanie marschierte weiter. Ich war bewußtlos. Nachts, es war drei oder vier Uhr in der Nacht, bin ich aufgewacht. Ich spürte die Kälte, es waren 40 Grad. Aber ich konnte nicht aufstehen, es war unmöglich. Es war finster. Ich habe gewußt, das ist das Ende.

Da öffnete sich plötzlich eine Tür, ein Bauer kam heraus, mit einem Licht. Er beugte sich über mich, ich war in Uniform. Er wollte mir aufhelfen, ich spürte die menschlichen Gefühle. Und was geschieht? Ich war schon halb aufgerichtet, da stöhnte ich, wie ein Jud so stöhnt: »Joi, joi.« Da sagte er zu mir: »Du bist ja ein Jude!« und läßt mich fallen.

Ich denke, er will nicht rausrücken mit der Sprache, obwohl er schon mehr gesagt hat, als ich erwartet habe. Ich setze also noch einmal bei der »Endlösung« an:

Sie sagten vorhin, die »Endlösung« sei den Juden hier in Rumänien erspart geblieben, im Gegensatz zu den Juden in Polen und Ungarn. Es ist ihnen erspart geblieben, weil die Russen sie davor bewahrt haben. Wie jemand sagte, weil die Russen an die Tür klopften, nach Stalingrad.

Ja, ja. Das war unsere Chance, deshalb leben wir. Im April '44, als Eichmann in Budapest war, kamen die Russen schon hierher nach Rumänien, und im August waren sie schon in Bukarest. Bis Ende '44 sollte auch Rumänien »judenrein« sein. Wir wurden über Nacht gerettet, wir wurden hier in Bukarest gerettet, durch den Staatsstreich im August '44. Aber es war logisch, daß wir alle beim Rückzug der Deutschen hätten ermordet werden sollen. Über Nacht wurden sie überrumpelt und hatten keine Zeit mehr, das zu tun, was sie vorhatten. Darum leben wir.

Warum hatte Antonescu die Juden im sogenannten Altrumänien geschont? Hat er an deren Auslieferung gedacht oder nicht?

Was er gedacht hat, weiß ich nicht. Was er getan hat, weiß ich. Es ist einfacher, die Juden von den annektierten Gebieten zu opfern. Was Bulgarien übrigens auch getan hat.

Mit den Juden aus Thrakien und Makedonien.

Es ist also leichter, der öffentlichen Meinung zu sagen: Es sind die fremden Juden. Zu Antonescu: Es gab drei Pogrome in Rumänien. Eins, das Pogrom in Jassy, war der rumänischen Armee bekannt und wurde nicht unterbrochen von der rumänischen Armee. Es dauerte eine Woche! Die Lage dieses Mannes beschreibe ich Ihnen mit folgendem Gleichnis: Es kommt eine Bande mit Räubern, die mich und meinen Bruder im Wald überfallen. Sie ermorden meinen Bruder. Und in dem Moment, als sie mich ermorden wollen, kommt die Polizei und rettet mich. Ihr verdanke ich mein Leben. Aber deshalb ist doch mein Bruder ermordet worden.

Sie verdanken Ihr Leben also den Russen, der Kriegswende.

Ich verdanke es Gott. Gott hat seine verschiedenen Methoden. Und wir verdanken es den Amerikanern und Russen zusammen. Die Russen waren die effektiveren Retter.

Dr. Rosen geht mit uns in die Synagoge. Im Flur hängt eine riesige Marmortafel, die an das Pogrom vom Januar 1941 erinnert und an den dabei ermordeten Rabbiner Gutmann. Dr. Rosen zeigt uns Fotos: Leichen auf den Straßen, Leichen im Wald vor Bukarest. Am 24. Januar 1941 entdeckten Reisende in der Nähe von Baneasa, an der Straße Bukarest–Ploesti, über 100 nackte jüdische Leichen. Aus den Gebissen der Toten waren die Goldzähne herausgebrochen worden. Auf der Straße nach Girgiu stießen Passanten auf weitere 80 erschlagene Juden. Er zeigt uns Bilder der Verwüstung: geplünderte Geschäfte, brennende Synagogen, zertrümmerte Wohnungen. Angehörige der rechtsfaschistischen »Eisernen Garde«, vergleichbar den ungarischen Pfeilkreuzlern, waren in das jüdische Viertel eingedrungen und hatten Jagd auf die Juden gemacht. Dr. Rosen erzählt weiter:

Also ich war damals hier. Ich bin Augenzeuge von dem, was sich in den drei Tagen vom 21. bis 23. Januar abgespielt hat. Die Leute haben das jüdische Viertel einfach in Brand gesetzt und sind in die Häuser eingedrungen. Zum Beispiel haben sie hier in Bukarest den Rabbiner Gutmann mit seinen beiden Söhnen rausgeholt, haben sie in den Wald geführt und alle drei einfach erschossen, die zwei Söhne in den Armen ihres Vaters. Oder hier im Tempel, da sind sie zur Zeit des Gebetes rein, haben die Leute rausgeholt und in ein Schlachthaus geführt. Man hat sie wie das Vieh geschlachtet und an Haken aufgehängt mit der Aufschrift: »Koscher Fleisch«.

War das nun die »Eiserne Garde«? Wie hat sich die Bevölkerung verhalten?
Das war die »Eiserne Garde«, eine Bande von Gangstern und Mördern. Es gab auch Fälle, wo die Magd oder der Portier die Gelegenheit nutzte für Raub und Mord. Aber man kann nicht sagen, daß das Volk teilgenommen hat.

Vor der Stadt ist ein jüdischer Friedhof mit weißen Grabsteinen in dichten Reihen. Es sind die Gräber der bei dieser Aktion ermordeten Juden. Auf den Steinen die Fotos der Opfer, manche in Emaille eingelassen, manche einfach unter Glas. Die Toten sehen einen an. Man beginnt mit ihnen einen Dialog. Sie fangen an zu leben.

Jassy liegt nordöstlich von Bukarest. Es ist eine alte Stadt, wurde 1475 von Juden gegründet. Hier gab es das erste jüdische Theater der Welt. Um die Jahrhundertwende waren von etwa 100 000 Einwohnern 55 000 Juden. Heute sind es noch 1 300. Einst gab es 58 Synagogen, heute nur noch eine. Kein Rabbiner. Überhaupt ist nicht mehr viel zu besichtigen. Die alte Stadt ist zerstört, die neue Stadt lohnt die Beschreibung nicht.

Dr. Caufmann ist Vorsteher der kleinen jüdischen Gemeinde. Er wartet schon auf uns, ein kleiner alter Mann. In dem Büro seines klitzekleinen Häuschens stehen ein Tisch mit Plastiktischtuch und ein Stuhl, ein zweiter und dritter wird von nebenan geholt. Wir setzen uns. Auch seine Familie ist bei dem Pogrom von Jassy im Juni 1941 ermordet worden. Er weint, als er von seinen Eltern erzählt. Ja, beide sind umgekommen dabei.

Wie?

Erschossen, im Hof des Polizeipräsidenten.

Er war nicht dabei. Aber zwei Juden sind dem Massaker entkommen. Ich könnte sie treffen, abends in der Synagoge.

Wir verabreden uns, es ist eine Art Gottesdienst, das geht auch ohne Rabbiner. Was sollen sie auch machen in Jassy? Manchmal kommt Dr. Rosen aus Bukarest, dann ist es ein richtiger Gottesdienst. Sonst wird nur gesungen und gebetet.

Die Hauptsache, man trifft sich regelmäßig. Der Zusammenhalt ist wichtig.

Rund um die Synagoge Baustellen, Sandhaufen, Straßenschächte, Bretterzäune. Einige Kirchtürme ragen in den Himmel, ich zähle zehn. Die Synagoge ist klein und anheimelnd. Eine Art Chorgestühl schon im Vorraum, zum Sitzen und Reden, im Hauptraum viel roter Samt, eingestickte goldene Davidsterne, strahlendes Licht. Es kommen ein paar alte Männer herein. Neugierig sind sie und sehr freundlich. Nachdem sie gesehen haben, was wir machen, ist ihre Neugier befriedigt, und sie setzen sich draußen neben den Eingang auf die beiden Bänke.

Sie warten. Worauf? Daß es Abend wird, daß die Zeit vergeht, daß irgend etwas geschieht.

Es geschieht aber nichts. Vielleicht ist unsere Anwesenheit schon genug. Wir unterbrechen jedenfalls das Einerlei ihres Alltags. Sie haben sich nichts mitzuteilen, diese zwölf alten Männer. Was denn auch? Seit Jahren treffen sie sich, Freitag für Freitag, sie kennen sich genau, neue oder jüngere Leute kommen nicht dazu. Religionsausübung ist nicht verboten in Rumänien, wird aber auch nicht gefördert. So ist es mehr oder weniger überall: Man braucht die Treffen nicht zu verbieten und die Gemeinden nicht aufzulösen. Sie sterben einfach aus.

Mit den beiden Überlebenden der »Todeszüge von Jassy« verabreden wir uns für den nächsten Tag im Hof der Polizeipräfektur, dort, wo das Massaker begann.

Das Pogrom von Jassy begann am 28. Juni 1941, also eine Woche nach dem Überfall der deutschen Wehrmacht auf die Sowjetunion. Jassy liegt an der Grenze zu Bessarabien, das 1940 an die Sowjetunion abgetreten worden war. Jassy war also rumänische Grenzstadt. Mehr als die Hälfte der Einwohner waren Juden.

Die Rote Armee, die sich in Bessarabien gegen die deutschen Angreifer heftig wehrte, bombardierte die Grenzstadt Jassy aus der Luft. In der Stadt wurde das Gerücht verbreitet, die Juden hätten den sowjetischen Flugzeugen Zeichen gegeben. Daraufhin mußten die Juden zunächst ihre Ferngläser abliefern. Dann sollten sie evakuiert werden. Schließlich entschied man sich, sie lieber gleich zu ermorden. Denn die Schuld an den kriegerischen Auseinandersetzungen hatten weder die Deutschen, die die Sowjetunion überfallen hatten, noch die mit den Deutschen verbündeten Rumänen, deren Führer, General Antonescu, selbst »vom ersten Tage an mitkämpfen« wollte (denn »Rumänien würde es dem General Antonescu nie verzeihen, wenn er die rumänische Armee Gewehr bei Fuß stehenließe, während die deutschen Truppen in Rumänien gegen die Russen marschierten«, zitiert aus den Aufzeichnungen des Gesandten Schmidt, Fuschl, 13. Juni 1941).

Schuld also hatten die Juden. Was hier ablief, war die Uraltgeschichte der Sündenböcke. In Wahrheit hatten sich die beiden Massenmörder Hitler und Antonescu zu einer Probe aufs Exempel verständigt. Die Frage war: Machen die Leute die »Endlösung« mit oder nicht. Und sie machten sie mit. Nicht überall, aber fast überall und ziemlich reibungslos in Rumänien. Moses Rosen hatte uns darüber folgendes erzählt:

»Am 29. Juni, in der Nacht von Samstag zu Sonntag, wurde der Bevölkerung mitgeteilt, daß sich alle Juden bei der Polizei zu melden hätten, um neue Ausweise zu bekommen.

Sonntagfrüh kamen Tausende zur Polizei. Im Hof der Polizei waren Polizisten und Soldaten in Uniform. Dann begann das Gemetzel. Tausende von Juden wurden in diesem Hof ermordet. Viele von ihnen wurden nicht erschossen, sondern einfach zerhackt.

Es gab Berge von Leichen.

Das Blut rann in den Straßen.

Das ist keine literarische Formel, die ich erfinde, sondern nehmen Sie das Dossier des Prozesses, der '48 war, da finden Sie die Erklärung eines Mannes von der Stadtreinigung – ein Nichtjude –, der am dritten Tag kam, um die Straßen zu putzen, dieser Mann sagt, daß seine Schuhe tief im Blut standen.«

Das Gebäude der Polizeipräfektur und der Hof sind umzäunt, und das war, wie die beiden Überlebenden sagten, damals auch so. Es habe sich nichts verändert. Aber rundherum sind Wohnhäuser. Die Leute mußten damals also mit angesehen und mit angehört haben, was hier geschah. Und haben doch nichts getan.

Wir stellen uns im Hof auf. Die beiden Männer, die sehr scheu sind, schildern folgendes:

Ich bin von zu Hause abgeholt worden, zusammen mit meinem Vater, meinem Bruder und noch zwei Nachbarn, die auf demselben Hof wohnten. Auf der Straße wurde eine Kolonne gebildet und dann von Militärs und Polizei hierhergebracht. In dieser Kolonne waren ungefähr 100 bis 200 Personen, alles Juden.

Wer war die Polizei oder das Militär? Waren das Rumänen oder Deutsche?

Rumänen. Aber wir wurden zu einer deutschen Wohnung gebracht, einem Hof, auf dem die Deutschen wohnten, und dort den Deutschen übergeben. Aus diesem Hof sind dann zwei Panzerwagen herausgerollt und über die Kolonne gefahren, ohne Rücksicht auf die Menschen.

Die haben die Menschen einfach überfahren?
Ja, die Menschen wurden einfach überfahren.

Waren das deutsche Panzer?
Ja, deutsche Panzer. Manche Menschen haben versucht zu fliehen, aber es ist natürlich nicht allen gelungen. Die meisten sind dabei umgekommen. Die Überlebenden wurden dann zu einer Schule gebracht. Dort wurden sie entkleidet, und alles, was sie bei sich hatten, wurde ihnen weggenommen. Das haben wieder Rumänen gemacht. Von dieser Schule wurden wir dann hierher auf diesen Hof gebracht. Hier am Eingang, zu beiden Seiten des Tores, standen Schläger mit Schlagstöcken in den Händen.

Zivil oder Militär?
Zivil. Jeder, der reinkam, wurde geschlagen. Viele haben natürlich versucht, möglichst schnell durch das Tor zu kommen, aber es gab auch manche, die so schwere Schläge bekommen hatten, daß sie gleich tot liegenblieben. Hier im Hof wurden wir sowohl von deutschen als auch von rumänischen Offizieren in Empfang genommen.

Es gab doch auch Erschießungen hier im Hof?
Nachher haben sie auch eine große Zahl von Personen hier hinten an einer Mauer erschossen. Es waren mehrere hundert. Das ging den ganzen Tag so, bis nachmittags halb fünf. Dann kam ein deutscher Offizier und befahl, mit den Erschießungen aufzuhören. Ich weiß nicht, wieviel Tausende hier erschossen wurden, aber ich kann sagen, daß es viele waren. Auch auf dem Weg zum Bahnhof lagen überall Leichen. Damals war dieser Zaun aus Holz, und man hatte Leute geköpft und die Köpfe auf diesen Zaun aufgespießt.

Die abgeschlagenen Köpfe...
Ja, die abgeschlagenen Köpfe.

Ich habe auf dieser an Schrecknissen gewiß nicht armen Reise viel zu hören bekommen. Aber jetzt brauche ich eine Pause. Brauche einfach eine Pause. Dann:

Sie sind dann zum Bahnhof gebracht worden?
Wir waren sehr hungrig, durstig und kraftlos. Die Waggons standen schon bereit, und es wurden zwischen 110 und 130 Personen in einen Waggon reingepreßt. Es waren ganz kleine Löcher in der Wand, so daß etwas Luft hereinkam, aber nicht genug. Der Zug fuhr eine Woche lang durch mehrere Bahnhöfe. Wir wußten niemals, wo wir uns befanden. Er fuhr einfach immer nur hin und her.

Sie waren in dem Zug. Beschreiben Sie mir bitte, wie das war.
Schrecklich. Es war sehr heiß in diesem Monat, und die Leute lagen einer über dem anderen, ohne Wasser und ohne Essen. Deshalb sind auch so viele gestorben. In dem Waggon haben Leute den Urin des anderen getrunken, weil sie es nicht mehr aushalten konnten.

Ihr Vater und Ihr Bruder waren auch in dem Waggon?
Nach drei Tagen Hin- und Herfahrt sind sie gestorben. Soldaten kamen und haben jeden mit den Füßen getreten. Wer sich nicht mehr bewegte, der wurde aus dem Waggon rausgeschmissen. So passierte es mit meinem Vater und einen Tag später mit meinem Bruder. Ich hatte vielleicht Glück, aber vor allen Dingen mehr Widerstandskraft. In meinem Waggon sind von hundert Personen nur elf am Leben geblieben. Dort, wo wir aus dem Zug rausgeholt wurden, waren deutsche Soldaten. Die Überlebenden mußten die Toten begraben, und das wurde von den Deutschen fotografiert.

Hat die Bevölkerung versucht, den Menschen zu helfen, als die Züge geöffnet wurden?
Es gab Leute, die versuchten, sich den Zügen zu nähern, aber die Soldaten haben das verhindert. Trotzdem ist es manchen gelungen, den Menschen im Zug Wasser und sogar Konfitüre zu geben.

Wir hatten in dem kleinen jüdischen Museum in Bukarest Fotos gesehen, die genau das zeigten, was die beiden Überlebenden geschildert haben: deutsche und rumänische Soldaten zwischen Leichen auf den Bahngleisen, Leichen vor den Zügen, Leichen in den Zügen. Nackte und halbnackte Leichen. Ein Foto zeigt einen geöffneten Zug, in der Öffnung Menschen, dicht aneinandergepreßt, halbnackt. Bis zu diesem Moment hatte ich gehofft, diese Geschichte hätte sich doch nicht so ereignet oder vielleicht gar nicht. Aber es ist alles so gewesen. Genau so.

Von Jassy fuhren wir nach Suceava in der Nähe von Dorohoi. Ion Calafeteanu hatte ein Tourismusprogramm vorbereitet. Besichtigung alter Klöster, Geschichtsdenkmäler der Feudalkunst aus der Bukowina. Seit 500 Jahren stehen sie nun da, mitten in der Nordmoldau, und die Farben der Malereien, auch an den Außenwänden, Blau und Gold und Rot, haben Regen und Wind und Wetter überdauert. Wir staunten und genossen die Ablenkung. Plötzlich wußte ich: Genau das war beabsichtigt. Deshalb bestand ich auf Abbruch des Sightseeing und Fahrt nach Dorohoi, wo es auch ein Judenpogrom gegeben hatte. Calafeteanu wollte nicht. Wir hatten keine Genehmigung. Schließlich gab er nach.

Dorohoi war 60 bis 70 Kilometer von Suceava entfernt. Was wir sahen, war mehr, als wir erwartet hatten. Ein Stetl wie aus dem Bilderbuch. Jüdisch, osteuropäisch, sonst längst vergangen. Auch hier sieht man am Stadtrand die neue Zeit heraufziehen, Betonburgen sich drohend erheben. Aber das Städtchen selbst ist noch verschont: alte Häuserzeilen mit umlaufenden Balkons, kleine Häuschen, eingeschossig, in verblichenen Pastellfarben, im Stadtkern Geschäfte, der Markt, Pferdefuhrwerke.

Natürlich waren die Häuser alt und nicht besonders gut instand. Aber es schlug einem Leben entgegen, jüdisches Leben.

Jüdisches Leben? Was ist das?

Das ist zum Beispiel der Rabbi Wassermann.

Wir fragten uns nach ihm durch. Ja, dort, in der langen Häuserzeile mit den kleinen Häuschen, da wohnt er, Nummer 5.

Klingeln.

Nichts.

Noch einmal klingeln.

Jemand zieht die Gardine hinter der Glasscheibe zur Seite.

Was? Deutsches Fernsehen?

Die Gardine ist wieder geschlossen.

Klingeln. Die Gardine öffnet sich erneut.

»Ja«?

»Schönen Gruß von Moses Rosen, aus Bukarest.«

Die Tür geht einen Spalt breit auf. Rabbiner Wassermann sieht aus, wie man sich einen osteuropäischen Rabbiner vorstellt: wache Augen, eisgrauer Bart, schwarzer Mantel.

Ich erkläre unser Anliegen, möchte von ihm, dem Rabbi, wissen, wie Juden und Christen hier zusammengelebt haben. 12 000 Juden und 3 000 Christen, das gab es doch nicht oft.

Nein, heute nicht, wegen Shabbat. Morgen auch nicht. Immer noch Shabbat.

Wann?

Man wird sehen.

Gardine runter, Tür zu.

In Dorohoi leben heute nur noch 219 Juden. Das jüdische Gemeindehaus ist eine Art Altersheim mit Kantine. Hier essen täglich die Ärmsten von ihnen. Sie sitzen an den Tischen, starren vor sich hin, warten stumm, bis ihnen eine Suppe vorgesetzt wird, die sie gierig auslöffeln.

Auf der Straße spreche ich eine Frau an, ob sie uns den jüdischen Friedhof zeigen könne.

Wieso? Wer sind Sie?

Ich erkläre. Da taut sie auf und erzählt von dem Pogrom, dem ersten in Rumänien, das im Juli 1940 war. Ja, die Juden seien plötzlich Freiwild gewesen. Sie könne sich noch genau daran erinnern, wie die über die Straßen gejagt wurden. Schrecklich sei es gewesen. Und mehr als hundert Tote habe es gegeben.

Ich wußte durch Moses Rosen, was sich abgespielt hatte:

»Es hat in Dorohoi begonnen. In den ersten Tagen im Juli '40, als die Russen die Bukowina besetzt hatten und sich das rumänische Militär von dort zurückgezogen hatte, fand ein Pogrom statt. Wenn man die Ermordung von achtzig Personen als Pogrom bezeichnen kann, dann war das erste Pogrom in Dorohoi.

Ein jüdischer Soldat war im Laufe des Rückzuges erschossen worden, und die Juden kamen zur Beerdigung. In dieser Zeit hat man Maschinengewehre auf dem Friedhof aufgestellt, und durch ein Massengemetzel wurden achtzig Juden am hellen Tag in Dorohoi ermordet.«

Dieses Stetl war etwas ganz Seltenes. Die jüdischen Kleinstädtchen sind fast alle kaputt, in Polen, in Bulgarien, in der Sowjetunion, in Rumänien. Darum mußte ich unbedingt nach Dorohoi zurück. Menschen, die in einem solchen Stetl leben, haben ihre ganz eigenen Geschichten. Aber Calafeteanu fand das gar nicht. Er stellte sich bockig. Das sei nicht angemeldet und insofern völlig unmöglich. Ich sagte ihm, er möge das nachträglich anmelden. Wir würden erst mal weiterreisen, aber nicht lockerlassen. Tagelang spielten wir die Nervensägen, tagelang schickten wir ihn zum Telefon. Schließlich hatten wir gesiegt. Aber der Preis war hoch. Ein Umweg von 2 000 Kilometern quer durch Rumänien am Ende der Reise.

Unsere nächsten Zwischenstationen: Sighetul Marmatiei und Oradea. Beide Städte liegen in Siebenbürgen (Transsilvanien), das durch den Wiener Schiedsspruch vom 30. August 1940 an Ungarn gefallen war. Die jüdischen Verluste dort, 120 000 von 150 000 Juden, gehen auf das Konto der Ungarn. Uns war klar, von Anfang an, daß die Rumänen unsere Reiseroute durch dieses Gebiet besonders gut geplant hatten. Wir sollten möglichst viel von den Untaten der Ungarn und möglichst wenig von denen der Rumänen zu sehen bekommen. Deshalb auch der verbissene Kampf um Dorohoi. Aber da wir wußten, was gespielt wurde, war es einfach, sich darauf einzustellen. Und natürlich lag uns auch sehr daran, Siebenbürgen, heute rumänisch, damals ungarisch, zu bereisen.

Sighetul Marmatiei, übrigens der Geburtsort von Elie Wiesel, hatte vor den Deportationen 45 000 Einwohner, davon 13 000 bis 14 000 Juden. Sie wurden nahezu alle deportiert. Die Deportationen begannen, wie überall in Ungarn, im Mai 1944. Von den Deportierten, die fast alle nach Auschwitz kamen, kehrten 736 Juden zurück. Heute gibt es in Sighetul 60 bis 70 jüdische Familien.

In der hellen Mittagssonne, die das Städtchen fast einschläferte,

Straßenstilleben: kugelrund geschnittene Baumkuppen vor windschiefen Häuschen mit großen Holztoren, alte Leute in langen schwarzen Kleidern, die Frauen mit Kopftuch, die Männer mit schwarzem Hut. Natürlich mußten wir das Geburtshaus von Elie Wiesel sehen, ein ärmliches kleines Haus an einer Straßenkreuzung, Bretterzaun drumherum. Gegenüber der unscheinbaren Synagoge das kleine jüdische Gemeindehaus. Fotos an der Wand, Elie Wiesel bei seinem Besuch in Sighetul. Er umarmt Kinder, läßt sich, der berühmte Sohn, der Friedensnobelpreisträger des Jahres 1986, gebührend feiern. Zur Belohnung liest er aus einem Buch, offenbar aus einem seiner Bücher. Man ist stolz hier auf ihn.

Die beiden Frauen, die in der Gemeinde ehrenamtlich arbeiten, sprechen etwas deutsch. Sie erzählen von den Judengesetzen, die in Ungarn, wie überall, ab 1938 erlassen wurden. Sie zählen auf:
— Einschränkung der Bewegungsfreiheit, der Wahl des Wohnortes
— Verbot der Berufsausübung, vor allem für Intellektuelle
— Verbot der Benutzung von Verkehrsmitteln
— Konzession für jüdische Apotheker annulliert
— Beschlagnahme von jüdischem Vermögen
— Schließung jüdischer Geschäfte, Beschlagnahme ihrer Vorräte

Frau Vogel, Sie sind hier in Rumänien aufgewachsen. Sagen Sie mir bitte, gab es einen Antisemitismus bis zum Krieg, also bis 1939/40?
Es gab keinen Antisemitismus. Es gab wahrscheinlich Leute, die antisemitisch waren, aber die Regierung war es nicht.

Und was sagen Sie, Frau Klein?
Bevor die Ungarn gekommen sind, haben die Juden und die Rumänen gut zusammengelebt. Aber als die Ungarn kamen, da war es dann sehr schwer, da gab es dann Hitlerismus und Faschismus.

Frau Vogel, was haben die Juden hier gemacht, wovon haben sie gelebt?
Das war verschieden, es gab Schuster oder Schneider, es waren Geschäftsleute. Es gab ein paar reiche Juden und viele arme Leute. Als die Ungarn kamen, gab es die Judengesetze. Das erste und das zweite. Und beim dritten Judengesetz hat man uns weggeführt.

Haben die Juden hier Angst haben müssen, Frau Klein?
Ja, sie haben in Angst gelebt.

Frau Vogel, wie haben Sie gelebt? Hatten Sie genug zu essen, oder war das auch schwierig?
Es gab doch Lebensmittelkarten. Wir haben nur auf Karten das Essen bekommen, und das war sehr wenig.

Wurden die Juden schlechter behandelt als die Rumänen?
Ja, natürlich. Es gab schließlich ein Judengesetz, aber kein Rumänengesetz oder Ungarngesetz. Die Juden sollten nicht die Rechte haben wie die übrigen Leute.

Würden Sie das auch sagen, Frau Klein?
Sie haben schlechter gelebt als die anderen. Es gab z. B. Geschäfte, an denen stand: »Für Juden und Hunde verboten!«

Wann war die Deportation, Frau Vogel?
Ich wurde am 20. Mai 1944 deportiert. Man bekam einen Tag vorher Bescheid, daß man auf Transport geht, und dann sollte man bereit sein.

Sie wußten natürlich nicht, daß Sie nach Auschwitz gebracht werden?
Nein, man hat uns gesagt, daß wir nach Ungarn fahren, um dort zu arbeiten, Feldarbeit. Mit mir waren meine Eltern und drei kleine Brüder. Ich bin die einzige, die überlebt hat.

Statt zur Feldarbeit ging es also nach Auschwitz. Von ihren Familien ist sonst niemand zurückgekommen.

Das zweite Judengesetz von 1939 bedeutete dann: Enteignung. Geschäfte, Höfe, Vermögen, Vorräte, alles weg. Bei der Durchführung dieser Gesetze half die Bevölkerung nach besten Kräften mit. Sowohl die ungarische als auch die rumänische. Beide waren antisemitisch. Insofern war es für die Juden so gut wie egal, ob sie unter rumänischem oder ungarischem Antisemitismus lebten. Die nicht-jüdische Bevölkerung profitierte von den Judengesetzen und später auch von der Gettoisierung. Wohnungen wurden frei. Geschäfte wurden frei. Positionen wurden frei. Da war schon eine Menge Solidarität, Mut und menschliche Anständigkeit nötig, um zu widerstehen. Die Belgier zum Beispiel sollen »Abneigung« gezeigt haben, jüdischen Grund und Boden zu erwerben. Die Norweger zeigten eine solche Abneigung auch. Die Dänen und die Italiener ebenfalls. Von den Ungarn und den Rumänen ist das Gegenteil bekannt. Von den Deutschen auch.

In Oradea gab es damals 83 000 Einwohner. Von den 35 000 deportierten Juden kamen 5 000 zurück. Heute sind in der Jüdischen Gemeinde 800 Mitglieder registriert.

Wir fahren zum jüdischen Friedhof. Im eisernen Eingangstor der Davidstern.

Wir läuten. Hundegebell. Wir sehen Katzen im Hof, sonst niemanden.

Wir läuten wieder und wieder.

Schließlich geht die Tür des Leichenhauses knarrend auf, ein alter Mann schlurft über den Hof. Er geht in gebückter Haltung, sieht kaum hoch, als er uns das Tor öffnet. Wir dürfen auf den hinter dem Leichenhaus gelegenen Friedhof. Er zeigt uns alle Grabsteine, die einen Davidstern haben. Viele verzeichnen das Todesjahr 1944. Es ist das Todesjahr der ungarischen Juden. Mehr als 400 000 Juden sind noch 1944, zwischen dem 15. Mai und dem 10. Juli, nach Auschwitz deportiert und dort ermordet worden. Die Juden aus Oradea sind da hineingeraten. Die Grabsteine, die den Hinweis auf Auschwitz haben, sind also Gedenksteine. Denn die Toten sind nicht hierher zurückgekehrt.

Der Friedhof ist wild. Gräser und Pflanzen überwuchern Gräber und Grabsteine. Die Eisengitter um die größeren Familiengräber sind verrostet.

Das Hundegebell begleitet uns hinaus auf die Straße. Nicht weit vom Friedhof entfernt ist das ehemalige jüdische Getto. Wie überall sind auch hier die Häuschen schmal und niedrig. Wir treffen uns mit zwei Juden, ehemals Deportierte, die beide Auschwitz überlebt haben. Sie zeigen uns die Häuser der Juden, und im Nu sind wir umringt von kleinen Jungs, die neugierig auf Kamera und Tongerät starren. Solche Gerätschaften sind in Rumänien eine Rarität. Sie fragen uns natürlich auch, weshalb wir hier sind.

Judendeportation?

Noch nie gehört, kein Thema hier.

Die beiden Überlebenden wundert das gar nicht. Sie sprechen deutsch. Dr. Popper, ein Arzt, hat einige Semester in Deutschland studiert. Deutschland, sagt er, war sein Traumland.

Wie haben sich die Judengesetze auf Ihr Leben ausgewirkt? Was bedeutete das für Sie?

Wir Juden durften kein Geschäft führen, Kinder konnten nicht weiter zur Schule gehen, die Juden waren ganz ausgeschlossen von allen Dingen des Lebens. Einige sind von einem Tag zum anderen ganz arm geworden, vor allem die reichen Juden. In die Häuser sind ungarische Leute eingezogen.

Und die Männer mußten Zwangsarbeit machen?

Ja, Arbeitsdienst. Auch an der Front. Da mußten wir, mit der ungarischen Armee mitziehend, Gräben bauen. Wir sind zu Fuß gegangen.

Zu Fuß?

Natürlich. Mehr als 50 Prozent waren Intellektuelle, die konnten nicht so schwere Arbeit leisten, die haben nicht überlebt, die hat man alle erschossen.

Ungarisches Militär?

Ja, ungarisches Militär.

Erzählen Sie mir noch etwas über das Getto. Die Gettoordnung hatte zehn Punkte. Zuerst einmal: Wie viele Personen mußten in diesen kleinen Häusern, vor denen wir hier stehen, und wie viele Personen mußten in einem Zimmer leben?

Wo wir gewohnt haben, da waren zwei Zimmer und ein kleines Vorzimmer. Wir waren zusammen 32 Leute.

Zweiunddreißig?
Ja. Zur Gettoordnung: Wir durften beispielsweise nicht auf die Straße gehen. Ich als Arzt durfte auf die Straße gehen, zu Krankenbesuchen und ins Spital. Aber die anderen nicht.

Was gab es noch für Gettobestimmungen?
Wir hatten hier die schlimmste Gettoverordnung, einzigartig in der Welt, durch die Härte der Vorschriften. Man mußte sich auch ganz ruhig verhalten, durfte nicht singen, nicht streiten, mußte Stille bewahren.

Stille, bei so vielen Menschen.

Das Getto ist bereits im Mai 1944 aufgelöst worden. Können Sie sagen, wie das geschehen ist? Die Menschen sind gleich zu den Zügen geschafft worden?
Ja, Waggons. Siebzig, achtzig Menschen in einen Waggon.

Sie, als Arzt, sind mitgefahren?
Ja, ich bin mit dem Spital deportiert worden. Dort waren fünfzig Leute, die bettlägerig waren. In diesem Fall konnte man nicht mehr hineinnehmen in den Waggon, nur noch fünf, die gesund waren: eine Krankenschwester, meine Eltern, meine Frau und mich. Wir waren nicht bettlägerig.

Und wie viele sind ...
Von denen, die bettlägerig waren, ist niemand zurückgekommen. Die sind alle gleich weggebracht worden. Die Kranken sind sofort zum Krematorium gebracht worden.

Und Ihre Eltern?
Auch. Sofort vergast. Sie waren alte Leute. Achtzig Jahre.

Haben Sie gewußt, was das heißt: Auschwitz?
Nein.

Was hat man Ihnen gesagt, bei der Deportation?
Nichts.

Gar nichts?
Gar nichts.

Und wer hat die Juden zu den Zügen gebracht?
Ungarisches Militär.

*Können Sie mir noch etwas über die Reaktion der Bevölkerung
sagen, als Sie hier im Getto waren. Wie hat die Bevölkerung darauf
reagiert, auch vorher, bei den Judengesetzen?*
Schauen Sie, vor dem Krieg war kein Unterschied zwischen Juden
und Christen. Wir haben in der Schule zusammen gelernt, Ungarn,
Rumänen, Juden. Wir haben keinen Unterschied gemacht. In den
katholischen Gymnasien waren 60 Prozent der Schüler Juden.

Und dann, nach 1940, nach der ungarischen Besetzung?
Es war schrecklich, von einem Tag zum anderen. Die Juden, die sich
im Ersten Weltkrieg für Ungarn geopfert hatten, die haben gesagt:
»Bitte, lassen Sie uns, stören Sie unsere Feiertage nicht.« Da haben
die Ungarn gesagt: »Wir brauchen keine Juden.« So haben sie
geredet.

*Das war das ungarische Militär. Aber darf ich Sie noch einmal nach
der Haltung der Bevölkerung fragen?*
Alle jüdischen Geschäfte hatte man zugesperrt. Und die Bevölkerung hat sich nicht schön verhalten. 60 Prozent haben sich schlecht
verhalten. 30 oder 35 Prozent hatten Angst. Und fünf bis sechs
Prozent waren Judenfreunde. Trotz der Judengesetze. Die haben
Juden gerettet.

Fünf Prozent, sagen Sie?
Sechs Prozent, sagen wir. Außerdem, da waren Ungarn, die haben
gesagt: »Schau mal, hier wohnt auch ein Jud.« Die haben denunziert.

Ion Calafeteanu findet sich damit ab, daß wir sein Reiseprogramm zusammenstreichen. Aber wir wollen unbedingt nach Dorohoi zurück, dort filmen, Überlebende befragen,

Fahrt also wieder quer durchs Land. Auf den Feldern keinerlei Maschinen. Die Leute arbeiten mit Hacken, um Kartoffeln zu ernten. Gras wird mit Sensen gemäht. Bilder wie aus dem vorigen Jahrhundert.

Übernachtung in Suceava. Wir sind müde und durchgefroren, es war kalt, hatte geregnet. Wieder mal kein warmes Wasser. Warmes Wasser, lerne ich, hat man nur morgens zwischen sechs und acht. Dafür gibt es zum Abendessen, wie in jedem Hotel, an den gemütlichen langen Tischen Tafelmusik. Kein Eßsaal ohne Bühne, keine Bühne ohne riesige Lautsprecher, keine Lautsprecheranlage ohne Musikkapelle, keine Musikkapelle ohne Sängerin. Die Musik stammt aus den fünfziger Jahren und ist dröhnend laut. Man kann kein Wort sprechen. Stumm und ergeben schaufelt man in sich hinein. Statt frischem Gemüse gibt es grüne Zwiebeln. Tag für Tag. Und das in einem Agrarland.

Am nächsten Morgen fahren wir nach Dorohoi. Ich entdecke einen Uhrmacher. Kleines Geschäft, voll mit Krimskrams. Alte und neue Wecker, Armbanduhren, wertloser Schmuck. Der Mann ist freundlich. Ich probiere es einfach:

Jude?

Ja.

Hat er das Pogrom erlebt, im Juli 1940?

Ja.

Sagt er uns was darüber?

Ja.

Menschenauflauf vor dem Geschäft. Deutsche! Westdeutsche! Westdeutsche mit Kamera und Mikrofon, im Stetl Dorohoi!

Herr Grünberg, was haben Sie von dem Progrom in Dorohoi gesehen?

Es ging los im Jahre 1940. Ein Teil der Soldaten ist durch Dorohoi weiter nach Süden marschiert, und man glaubte, daß die Juden, die hier lebten, Kommunisten waren. Es ging los mit Schießereien am Rande der Stadt und dann auf allen Straßen, durch die die Truppen marschierten. Zuerst wußte man noch nicht, was los ist, aber nach den ersten Schüssen begannen die Menschen zu fliehen. Ich war damals hier mit meinem Vater in einer Werkstatt, wo wir gearbeitet haben, und es waren viele Gerüchte im Umlauf, daß die Russen kommen und daß wir uns verstecken müssen. Wir haben unsere Werkstatt zugeschlossen und sind nach Hause gerannt. Wir standen dann vor dem Haus, wo sich auch andere Leute versammelt hatten, und diskutierten über die Ereignisse in der Stadt. Dann haben wir gehört, daß ein Kollege mit einem Bajonett erstochen worden ist. Ich habe mich dorthin geschlichen und gesehen, wie er in einer Blutlache am Boden lag. Dann bin ich sofort wieder zurückgeflohen. Obwohl ich damals noch ein Kind war, habe ich sofort begriffen, worum es geht. Ich mußte mich mit meinem Vater verstecken.

Die Soldaten haben wahllos Kinder und alte Leute, Frauen und Männer erschossen?
Wir konnten erst am zweiten Tag sehen, wie groß die Aktion war, vor allem aber die Erschießung vor dem Friedhof, wo die meisten getötet wurden. Viele Juden sind auch in ihren eigenen Wohnungen umgebracht worden.

Es sind nur Juden getötet worden?
Nur Juden. Es ist so, daß die Soldaten nicht wußten, wer Jude war und wo die Juden wohnten. Aber es gab Anhänger der faschistischen Regierung, die ihnen gezeigt haben, wo die Juden wohnten.

Woher wußten die das?
Das waren Einheimische aus Dorohoi. Es waren auch Jugendliche dabei, die Anhänger dieser faschistischen Partei waren oder Sympathisanten, und diese Jungs haben dann den Soldaten gezeigt, wo die Juden wohnten.

Das heißt, es muß vorher schon ein Antisemitismus dagewesen sein?
Unter diesen Anhängern, ja.

Wir wollen uns ein paar Äpfel auf dem Markt kaufen, aber die sind ungenießbar. Matschig, schimmelig. Die Kinder betteln um Schokolade und Gum, wir haben immer noch genügend Vorräte dabei. Es ist früher Nachmittag, wir suchen Rabbi Wassermann. Er ist in seinem Haus, aber da dürfen wir nicht filmen. Verabredung im Altersheim. Das Essen ist vorbei, ein paar alte Männer sitzen noch herum, über irgendwelche Zeitungsfetzen gebeugt. Vertreiben sich die Zeit, haben ja genug davon. Der Rabbi kommt, grüßt nach rechts und links, nimmt Platz und sieht mich mit seinen wachen, flinken Augen an:

»Nu, was wollen Sie wissen? Ob es Antisemitismus gab?«

Und dann legt er los, ohne Punkt und Komma, in schönstem Jiddisch, das ich mir dann übersetzen ließ:

»Die Bevölkerung war nicht antisemitisch. Es gab natürlich antisemitische Organisationen. Die hatten Anhänger. Schlechte Menschen kann man für so etwas immer gewinnen. Aber der Großteil der Juden hat gut gelebt mit den Christen. Man ist auf Hochzeiten gegangen und auf Vergnügungen. Erst als Hitler gekommen ist, konnte er sich auch der rumänischen Politiker bedienen, die Antisemiten waren, Menschen mit einem schlechten Charakter. Aber die Guten haben weiter mit uns gelebt:

Ich habe ihm Geld geliehen,

er hat mir Geld geliehen,

ich bin zu ihm gegangen,

er ist zu mir gegangen,

wir haben uns gut verstanden. Und das war die Mehrheit.«

Am nächsten Tag fahren wir nach Bukarest zurück und verabschieden uns dort von unseren rumänischen Begleitern.

»Auf Wiedersehen«, sagt Ion Calafeteanu freundlich.

Auf Wiedersehen? Ich denke, ich fahre nie mehr freiwillig in dieses Rumänien.

Aber das Kapitel über die Untaten der Rumänen ist noch nicht zu Ende geschrieben. Es fehlen die Morde an den Juden aus der Bukowina und aus Bessarabien. Die Rumänen waren nicht nur die wichtigsten Verbündeten der Deutschen im Osten, sie waren auch die grausamsten. Die Pogrome von Bukarest, von Dorohoi und

Jassy waren nur ein Vorgeschmack auf das, was dann folgte. Es folgten die Vertreibung und Ermordung der Juden aus der Bukowina, dort hatten etwa 70 000 Juden gelebt, und es folgten die Vertreibung und Ermordung der Juden aus Bessarabien, dort hatten etwa 210 000 Juden gelebt. Die Rumänen waren mit den Deutschen bis weit in die Ukraine vorgedrungen, bis nach Odessa am Schwarzen Meer. Dort und in Transnistrien haben sie die Juden zu Zehntausenden massakriert. Es war die zweite Vernichtungswelle, die die Juden traf. Denn aus beiden Gebieten hatten die Sowjets, die 1940 Bessarabien und die Nordbukowina besetzt hatten, in einer Säuberungsaktion ab Mitte Juni 1940 Tausende von jüdischen und nichtjüdischen Bewohnern deportiert.

Vom Schicksal dieser Juden handelt der Schluß dieses Kapitels. Beide Gebiete, die Bukowina wie Bessarabien, sind nach ihrer wechselvollen Geschichte heute wieder sowjetisch. Wir hatten Czernowitz, die Hauptstadt der Bukowina, und Odessa, die Stadt am Schwarzen Meer, im Oktober 1988 auf der Reise durch die Sowjetunion besucht.

Ich hatte ein bestimmtes Bild von Czernowitz. Diese Hauptstadt des Herzogtums Bukowina war schließlich von 1774 bis 1918, bis sie rumänisch wurde, eine habsburgisch-österreichische Stadt. 1919 waren 47,7 Prozent der Bevölkerung jüdisch. Czernowitz war eines der wichtigsten kulturellen Zentren des Judentums. Es war der Geburtsort von Paul Celan, da hatte er gelebt, bis er ins Lager kam. Da hatte Edgar Hilsenrath gelebt, bis er mit seiner Familie nach Transnistrien getrieben wurde. Durch ein eindrucksvolles Rundfunkhörbild von ihm über Czernowitz hatte ich ziemlich fest umrissene Vorstellungen von einem zwar verfallenen, aber doch lebendigen Städtchen, mit einem Schimmer alten, verblichenen k.u.k. Glanzes.

Unser Hotel ist eine große Überraschung. Es liegt außerhalb, eine Oase in einer Neubauwüste. Riesenkasten, nobel gebaut. Unser sowjetischer Begleiter sagt, es sei das beste Hotel in der ganzen Sowjetunion. Ungarn haben es erbaut, aus Sandstein, Marmor, Beton, Glas. Alles funktioniert fabelhaft. Blick aus dem Fenster: ein

Stückchen Wald, ein kleiner See, dahinter ein Gebirge aus Hochhäusern. Czernowitz ist weit. Und eine Enttäuschung am nächsten Tag.

Wir holen den Schriftsteller Josef Burg ab, um mit ihm zur Synagoge zu fahren. Er ist ein schöner Mann. Lange, weiße Haare, dunkle Augen, schmale Gestalt.

Die Stadt wirkt grau, staubig, verkommen. Ich verberge meine Enttäuschung, will Josef Burg nicht kränken. Aber er sagt es selbst: Früher war es »Klein-Paris«. Jetzt ist es russisch. Die Herrengasse, das Rathaus, die Residenzstraße – ich gebe mir Mühe, den Charme dieser berühmten Straßen und Häuser zu entdecken, vergeblich. Der »Schwarze Adler«, das einst hochherrschaftliche Hotel am Rathaus, ist auch kein Hotel mehr, sondern eine Art Jugendherberge. Der Eingang zum Restaurant, in dem wir so gern zu Abend gegessen hätten, ist zugemauert. Renovierung seit zwei Jahren.

Die Synagoge, die einzige, die es noch gibt, ist ein kleines Häuschen, ockergelb getüncht. Früher gab es 70 Synagogen. Drinnen: ein paar alte Männer. Immer das gleiche: Reste einer vergangenen Welt.

Sie lassen uns ihr Abendgebet filmen. Genehmigung? Haben wir eigentlich nicht. Josef Burg macht sich stark für uns, er scheint hier eine Autorität zu sein, sein Zureden hilft.

Die armen alten Männer haben Angst. Sie fürchten, sie könnten Unannehmlichkeiten bekommen. Der neue Kurs von Gorbatschow ist zu neu für sie. Und sie fragen sich wohl auch, wie lange das hält. Und was dann kommt. Josef Burg hatte mir erzählt, daß er jahrelang fest damit gerechnet habe, wie so viele andere Schriftsteller auch, abgeholt und erschossen zu werden. Wenn Stalin 1953 nicht gestorben wäre, sagt Burg, wäre er »dran gewesen«. Das sitzt bei den Leuten tief.

Am nächsten Tag besuchen wir Frau Herz. Sie wohnt in einem hübschen, mit Wein bewachsenen Häuschen, in einer ruhigen Straße. Es ist Herbst, das Weinlaub ist dunkelrot gefärbt, hängt vor den Fenstern. Das Häuschen hat eine Küche mit offenem Herd, ein Wohnzimmer, ein Schlafzimmer. An der Wand über dem Bett ein mit Wasserfarbe gemaltes Porträt ihres Mannes, der schon lange tot ist. Im Wohnzimmer stehen ein Sessel, ein Stuhl, ein Nierentisch.

An dem nehmen wir Platz. Frau Herz hat ein geblümtes Sommerkleid an. Sie sieht aus wie eine liebe, derbe Bäuerin. Eine Frau, die man sofort mag. Ich denke, die Strümpfe, die ich für sie eingesteckt habe, sind vielleicht zu modisch. Aber vielleicht ist das ein Geschenk für die Enkelin...?
Sie lächelt mich matt und verlegen an. Sie habe die halbe Nacht nicht schlafen können.
Angst? Wovor?
Vor der Erinnerung und weil sie sich vielleicht schadet.
Politisch?
Sie zeigt mir ein medizinisches Gerät, einen Blutdruckmesser. Soll ich sie überreden oder nicht? Während ich zögere, setzt sie sich hin und beginnt von allein:

In Czernowitz waren ja sehr viele Juden, fast die Hälfte der Bevölkerung war jüdisch. Wir haben sehr gut zusammengelebt. Es waren auch viele Deutsche hier und Rumänen, aber die haben wir nicht gespürt.

1940 wurde die Nordbukowina sowjetisch, und dann kam der Krieg 1941. Als die Deutschen und die Rumänen kamen, das Militär, wie war das hier in Czernowitz?
Zuerst sind die Rumänen gekommen. Ich erinnere mich noch genau an einen Freitag, da haben wir bei der Arbeit gesehen, daß die ganze Stadt brannte. Einige haben gesagt, wir sollten flüchten. Aber ich habe überlegt: Muß ich flüchten? Wir haben hier das Haus, und der Krieg wird sowieso nicht lange dauern, und wohin sollten wir flüchten?
Wir sind nicht weggegangen.

Sie haben als Juden keine Angst gehabt hierzubleiben, wenn die Deutschen kommen?
Wir haben nicht gedacht, daß die Deutschen uns etwas Schlechtes antun würden. Ich hatte von Polen gehört. Aber wir haben nicht geglaubt, daß hier auch so etwas geschehen konnte. Der Mensch denkt immer, ich bin nicht gemeint.

Und was war, als die Deutschen 1941 herkamen?
Sie haben alle Männer zusammengenommen. Man durfte nicht auf
die Straße gehen. Die Männer haben sie alle in einen Wald gebracht
und ermordet. Auch Frauen, aber mehr Männer. Das haben Deutsche und Rumänen gemacht.

Wann wurde das Getto eingerichtet?
Das Militär ist im Sommer gekommen, und im Herbst hat man
schon das Getto gemacht. Im September, glaube ich, es war schon
sehr kalt, sind wir ins Getto gegangen. Alle sind gegangen, denn
man hat gesagt, wer sich versteckt, wird sofort erschossen. Wir
hatten nur zwei Rucksäcke, mein Mann einen und ich einen. Wir
haben alles zurückgelassen, bis hin zu den Vorhängen an den
Fenstern, alles, weil man uns gesagt hatte, daß wir nur für zwei, drei
Wochen gehen und dann wieder nach Hause könnten. Aber wir
sind nicht mehr nach Hause zurückgekommen. Im Getto waren wir
ungefähr einen Monat. Es war sehr eng, drei, vier Familien in einem
Haus. Man durfte das Getto nicht verlassen. Dann hat man uns
gesagt, wir sollten alles zusammenpacken, wir würden woanders
hinfahren, um zu arbeiten. Sie haben uns in Viehwaggons gesteckt,
viele Personen in einen Waggon. Das war schrecklich. Wie die
Heringe standen wir, sitzen ging nicht. Wir haben gefroren. Viele
alte Menschen, Kranke und sehr viele Kinder sind sofort gestorben.
Nach zwei Tagen sind wir angekommen. Wir mußten gehen, durften nicht stehenbleiben. Wer nicht mehr gehen konnte, wurde
sofort erschossen und ist auf dem Feld liegengeblieben. Dann sind
wir in ein kleines Städtchen gekommen, und da hat man uns gesagt,
wir sollten in die Häuser gehen. Das Reingehen in die Häuser war
unmöglich. Alles war voll Blut. Tote haben wir nicht gesehen, aber
überall war Blut. Alles war zerbrochen, die Betten waren zerrissen,
es war schrecklich. Das waren vorher Wohnungen von Juden.
   Und nachher hat man uns über die Brücke beim Dnjestr getrieben. Alles zu Fuß. Wir hatten schon nichts mehr an den Füßen, alles
war zerrissen, also haben wir Handtücher genommen, denn barfü-
ßig konnte man nicht gehen, weil es ein sehr kalter Winter war, und
wir haben die Handtücher um die Füße gebunden. So sind wir
gegangen.

Was hat sich auf der Brücke abgespielt?
Wir sind nachts auf die Brücke gegangen. Man hat uns mit Peitschen getrieben, weil man fürchtete, daß die Kinder auf der anderen Seite bleiben würden, alle wollten zusammensein. Und wer nicht rasch gehen konnte, den haben sie erschossen, und die Leute fielen ins Wasser.

Sie haben die Juden aus der Bukowina nach Bessarabien und von dort über den Dnjestr nach Transnistrien getrieben. In Edgar Hilsenraths autobiographischem Roman »Nacht« kann man nachlesen, was das bedeutete. Die Rumänen haben die Juden verfolgt. Sie haben sie ins Wasser getrieben und dort erschossen. Sie haben sie an die Ufer getrieben und dort erschossen. Sie haben sie weitergetrieben, nach Transnistrien, und haben sie dort sich selbst überlassen, in zerstörten Gettos, kein Dach über dem Kopf, keine Nahrung, keine Kleidung, nichts. Wer nicht verhungerte oder erfror, der starb an Typhus. Tausende und Abertausende sind dort elend umgekommen. Als Antonescu sah, daß das Kriegsglück sich wendete, erlahmte seine Bereitschaft, bei der Vernichtung der Juden weiter zu kollaborieren. Er machte eine Kehrtwendung. »Stalingrad hat an die Tür geklopft.« Die Juden Transnistriens durften die Hilfe der Juden in Altrumänien annehmen. Sie bekamen Geld und Kleidung. Aber für viele kam die Hilfe zu spät. Von den Deportierten aus Bessarabien, der Bukowina und aus Dorohoi waren 50 000 übriggeblieben. Sie durften in ihre Heimat zurückkehren.

Wir fliegen nach Kishinjow. In einer Propellermaschine. 15 Plätze. Der Pilot schläft während des Fluges, ich kann es genau sehen, ich sitze hinter ihm. Von dort soll es am nächsten Morgen weitergehen nach Odessa.
Es ist der Vorabend meines Geburtstags. Ich miete ein »Apartment«, bestelle Essen für alle in mein Zimmer. Ich möchte heute nicht allein sein, also »Geburtstagsparty«. Es gibt sogar Weißwein. Das Team hat ein Geburtstagsgeschenk für mich in Czernowitz gekauft: Lenin, aus Zinn.

Aber dieser Geburtstag ist der erste meines Lebens ohne meine Mutter. Zu Hause hatten wir in unsere Geburtstage immer hineingefeiert. Priska war immer neben mir. Ich sehe sie auf ihrem Sterbebett, nehme ihre Hand. Aber wenn ich heute hinfasse, fasse ich ins Nichts.

Wir sitzen in Wackelbussen. Rechts und links Weinfelder, Apfelbaumfelder, schwarze Erde. Die Ukraine ist die Kornkammer Rußlands, man sieht's.

Odessa. Stadt der jüdischen Musiker. Stadt am Schwarzen Meer. Hafenstadt. Einwohner: mehr als eine Million. Stadt mit der größten jüdischen Bevölkerung der UdSSR, damals.

In der Synagoge wieder nur alte Männer. Ein etwas Jüngerer stellt sich schließlich als »der Galinski von Odessa« vor.

Woher diese Berlin-Kenntnis, ich meine, wegen Galinski?

Sein Bruder ist seit 1979 in Berlin. »Heute leben in Odessa 90 000 Juden«, sagt er.

Warum dann nur so wenige alte Männer in der Synagoge seien?

Weil die jungen kein Interesse hätten. Zu Jom Kippur, dem höchsten Feiertag, kämen schon mal an die 5 000. Aber zu einem gewöhnlichen Shabbat eben nur fünfzig.

Ich frage, ob er etwas über die Erschießungen bei Odessa wisse.

Nichts, sagt er, nichts, das müsse er zu seiner Schande gestehen.

Warum nicht?

Weil es keine Dokumente darüber gibt. Gar keine. Nichts.

Fahrt vorbei an der Potemkinschen Treppe, die sehr beeindrukkend ist, Fahrt vorbei an der wirklich sehr schönen Oper, die tatsächlich aussieht wie die Oper in Wien, die von demselben Architekten entworfen wurde. Aber wir suchen etwas anderes als Filmkulisse und Opernhaus. Wir suchen das Haus Engelsstraße 42, dessen Sprengung, wie in Kiew, als Anlaß für die Judenerschießungen herhielt:

Am 16. Oktober 1941 nahm die 4. rumänische Armee nach langer Belagerung die Stadt Odessa ein. Vor der Belagerung hatte Odessa 600 000 Einwohner. Danach nur noch 300 000. Ein Drittel davon waren Juden. Am 22. Oktober 1941 sprengten Partisanen das rumänische Hauptquartier in der Engelsstraße 42 in die Luft. 46 Tote. Darunter 26 Offiziere. Der Stadtkommandant kündigte als Vergeltung die Erhängung von Juden und Kommunisten an. Einen Tag später wurden in der Stadt, im Hafengebiet, 19 000 Juden erschossen. Weitere 40 000 Juden wurden in die Kolchose Dalnik verschleppt, 25 000 bis 30 000 erschossen. Die Überlebenden wurden nach Beresowka (etwa 100 km nordöstlich) gebracht und dort erschossen. Diese Erschießungsaktionen gingen allein auf das Konto der Rumänen.

Wir finden die Engelsstraße, wir finden das Haus Nummer 42, dort ist eine Plakette angebracht, die an die Sprengung erinnert. Nicht aber an die Erschießungen.

Der Journalist vom Fernsehen Odessa, der uns als Ortskundiger begleitet (eine Stunde Sendezeit pro Tag, 300 Mitarbeiter!), ist ein komischer Kerl:

Judenerschießungen?

Nein.

Doch.

Nein.

Fünf Juden seien in Dalnik erschossen worden. Mehr nicht.

Eberhard Jäckel bleibt hart bei seiner Behauptung, daß in der Kolchose von Dalnik Massenerschießungen von Juden waren.

Am nächsten Morgen fahren wir dorthin. In der Schule von Dalnik warten »Veteranen«, angeblich Augenzeugen. Nun also doch. Tatsächlich kommen Bäuerinnen und Bauern in das Direktorzimmer. Die Frauen mit Kopftüchern und Schürzen, die Männer mit ausgebeulten Hüten, die sie in der Hand herumdrehen. Sie sehen aus, als kämen sie direkt vom Feld. Sie haben herbe, gute Gesichter.

Eberhard Jäckel fragt nach Details. Wir staunen, wie gut sie Bescheid wissen. Sie erzählen und schildern ziemlich präzise, was wir aus der Forschung kennen. Diejenigen, die am genauesten die Geschehnisse beschreiben, bitten wir, uns die Schauplätze zu zeigen. Alle wollen mitfahren. Aber das geht nicht, soviel Platz haben wir nicht. Schließlich entscheiden wir uns für zwei Bäuerinnen und einen Bauern.

Wir halten auf einem Feld. Weites, hügliges Land. Ein paar Häuser. Die erste Bäuerin erzählt, was sie im Oktober 1941 von ihrem Haus aus beobachtet hat:

Man hat die Leute hier auf das Feld gebracht, ja, man hat sie dort gelagert, und sie saßen da bis zur Dunkelheit. Das war ein offenes Feld.

Wie viele Menschen waren das?
Ich kann das schwer beurteilen, also 200 oder 300 in einer Kolonne. Es waren viele, viele Menschen. Man hat sie hierhergebracht, Frauen, ältere Leute und Kinder. Sie wurden von Rumänen bewacht.

Nur Rumänen?
Nur Rumänen. Es gab eine große Bewachung. Man hat so Weinen gehört. Und in der Dunkelheit hat man sie dann weggeschleppt. Frühmorgens hat man sie schon nicht mehr gesehen.

Woher wußte man, daß es Juden waren?
Die Einwohner hier haben es herumgesprochen. Man hat gehört, daß man im Grunde nur die jüdische Bevölkerung von Odessa genommen hatte. Nach den Erschießungen dort.

Die zweite Bäuerin, zu deren Haus wir fahren, ein weißes kleines Bauernhaus mit blauen Fensterläden, ergänzt:

Ich habe in diesem Haus gewohnt, damals, die ganze Zeit. Das ganze Leben.

Was haben Sie von diesem Haus aus gesehen?
Also es war Krieg. Die Hitlerleute in Odessa, das waren die Rumänen. Die Frontlinie verlief hier in der Nähe des Dorfes. Unsere standen auf dieser Seite, die Rumänen dort hinten.

Ja, die Rote Armee hat Dalnik am 16. Oktober verlassen. Ich wüßte gern, ob Sie den Zug der Juden aus Odessa hier gesehen haben? Was haben Sie gesehen?
Ich habe das beobachtet. Ich habe die Kolonne der Juden gesehen. Drei Tage lang hat man die Leute getrieben. Man konnte sie nicht

zählen. Es gab viele Menschen, kleine Kinder, Kinder auf den Armen und ältere Leute. Man merkte, die Leute wollten Wasser trinken, wollten essen. Ich habe einen Eimer mit Mohrrüben aus dem Haus geholt, habe gewartet, bis der rumänische Bewacher etwas weiter weg war, und dann habe ich die Mohrrüben den Leuten gegeben. Alle haben zugegriffen. Sie baten auch um Wasser, und ich habe ihnen zwei Eimer voll gegeben. Also man merkte, daß die Leute Durst hatten.

Woher wissen Sie, daß es ein rumänische Bewacher war?
An der Uniform. Es war ein Rumäne.

Und dann?
Dann kam der rumänische Soldat, und ich lief weg, weil ich Angst hatte, daß sie mich sonst auch noch mitschleppen würden. Sie wurden dann hinter das Dorf getrieben, und was dort passierte, weiß ich nicht. Als ich einige Zeit später ging, um Futter für das Vieh zu besorgen, habe ich gesehen, daß so wie das Gras, so viele Menschen da tot lagen.

Wie das Gras?
Ja, so viele, wie das Gras. Tot. Erschossen. Man hatte sie entkleidet. Die Sachen weggenommen.

Die Bevölkerung, die das gesehen hat, wie hat die darauf reagiert? Mit Mitleid, oder war es ihnen gleichgültig?
Alle hatten Mitleid, aber sie hatten keine Gelegenheit zu helfen. Es gab Fälle, wo jemand versuchte, das Wasser zu geben, für die Kinder. Der wurde auch mitgeschleppt mit der Kolonne.

Der mußte mitgehen?
Mitgehen, ja.

Und die alten Leute, die das nicht geschafft haben, oder die kleinen Kinder, was ist mit denen geschehen?
Die wurden an Ort und Stelle erschossen.

Ein Traktor hält neben uns, der Bauer, der uns begleitet hat, steigt auf den Traktor, fährt voraus. Auf den Feldern Bäuerinnen und Bauern bei der Kartoffelernte. Eigentlich ein schönes, ein friedliches Bild. Wenn nur die Erinnerungen an das Jahr 1941 nicht wären. Iwan zeigt auf ein riesiges gemähtes Feld:

Viel früher war das ganze Feld mit Weintrauben bepflanzt. Als der Krieg begann, da wurden es Artilleriegräben.

Also breite Gräben, ja. Und stimmt es, daß Juden hierher geführt wurden?
Ich weiß, daß die Kolonne ungefähr anderthalb Kilometer lang war, also ohne Ende praktisch. Die Frauen haben die Kinder in Kinderwagen mitgeschleppt. Also jeder konnte wahrscheinlich das Notwendigste mitnehmen. Die Leute, die müde waren und nicht mehr weiter konnten, hat man so gruppenweise formiert, zehn oder zwanzig Personen, und dann weiter in die Richtung zu diesen Gräben geschleppt. Und dann hat man die Leute dort erschossen.

Wie hat man die Leute erschossen?
An den Rand der Gräben gestellt und erschossen. Und die fielen hin, runter.

Was ist dann mit diesen Leichen geschehen?
Die rumänischen Okkupationstruppen haben die hiesige Bevölkerung hergeholt, und die haben die Leichen hingelegt und die Gräben zugeschüttet. Die Kolonne bewegte sich weiter in Richtung Daschne. Was dann passierte, weiß ich nicht. Es bestand immer die Gefahr, daß man mitgeschleppt wurde.

Woher wußte man denn, daß es Juden waren?
Man hat nur die Leute aus der jüdischen Bevölkerung ausgewählt.

Woher?
Das waren alles Juden aus Odessa.

Die Bevölkerung hier, fand die das richtig, oder hatten die Menschen Mitleid mit den Juden?
Man hat das als tierische Handlungen eingeschätzt. Und noch etwas: Wenn der Mensch bewaffnet ist und sich verteidigt, ja, aber das war die friedliche Bevölkerung. Greise, Frauen, die Kinder.

Es gibt keine friedliche Landschaft mehr. Ich weiß, es gab Panzergräben. Ich weiß, es gab Erschießungen an den Gruben. Ich weiß, es liegen Leichen unter den Birken. Überall.

POLEN

Als die deutschen Truppen am 1. September 1939 die polnischen Grenzen überschritten, stießen sie in das dichteste und größte jüdische Siedlungsgebiet der Welt. Hitlers Krieg um Lebensraum führte zweimal, erst in Polen, dann 1941 in der Sowjetunion, gerade dahin, wo die meisten Juden wohnten. In Polen waren es 1939 etwa 3,3 Millionen. Das war über 20 Prozent der jüdischen Weltbevölkerung und fast 10 Prozent der polnischen Bevölkerung. Jeder fünfte aller Juden lebte mithin in Polen, und von den Polen war jeder zehnte ein Jude. Das war ein Ergebnis der jüdischen Wanderungsgeschichte im Mittelalter und nun der Ausgangspunkt des schlimmsten Kapitels in der Geschichte der Judenverfolgung.

Freilich gerieten zunächst nicht alle Juden Polens unter deutsche Herrschaft. Ungefähr die Hälfte des polnischen Staatsgebietes mit etwa der Hälfte der jüdischen Bevölkerung war durch den Hitler-Stalin-Pakt vom 23. August 1939 der Sowjetunion zugesprochen worden und wurde von ihr im September besetzt und im November annektiert. Von dem Deutschland zugefallenen Teil wurde ungefähr die Hälfte dem Reich eingegliedert. Das größte Gebiet wurde zum Reichsgau Posen (später: Reichsgau Wartheland) erklärt. Dazu gehörte auch Lodz, das in Litzmannstadt umbenannt wurde und eine sehr große jüdische Bevölkerung hatte. Das letzte Viertel Polens wurde zum Generalgouvernement erklärt, in die vier Distrikte Krakau, Lublin, Radom und Warschau eingeteilt und von Krakau aus von einem deutschen Generalgouverneur namens Hans Frank regiert.

Judenverfolgung gehörte von Anfang an zu den Hauptzielen der nationalsozialistischen Polenpolitik. Schon während des

Feldzuges verübten deutsche Einsatzgruppen zahlreiche Morde. Danach wurde im Zuge allgemeiner Umsiedlungen geplant, die Juden aus den eingegliederten Ostgebieten und möglichst auch aus dem Altreich in das Generalgouvernement zu deportieren, das so zum großen Abladeplatz der Juden werden sollte. Der Plan konnte jedoch nur teilweise ausgeführt werden, weil der Generalgouverneur sich fortgesetzt beschwerte, er könne die Deportierten nicht unterbringen. Da die Juden nicht vertrieben werden konnten, wurden sie in eigenen Wohngebieten zusammengepfercht, die meisten im Getto von Lodz, das im April 1940 geschlossen wurde. Auch im Generalgouvernement wurden die Juden in Gettos eingeschlossen, von denen dasjenige von Warschau das größte war.

Mit dem Beginn des Krieges gegen die Sowjetunion im Juni 1941 fielen auch die ostpolnischen Juden, soweit sie nicht geflohen waren, in deutsche Hand. Das Generalgouvernement wurde um den Distrikt Galizien mit Lemberg erweitert, und nun begann auch die Ermordung. Während aber die Juden in der Sowjetunion zumeist erschossen wurden, wurden in Polen mit Giftgas betriebene Vernichtungslager errichtet. Sie waren zunächst zur Tötung der polnischen Juden bestimmt, dienten bald aber auch zur Tötung der aus dem ganzen deutschen Herrschaftsbereich in Europa dorthin deportierten Juden. So wurde Polen zum Ort des Mordes an den europäischen Juden. Alle Vernichtungslager lagen auf ehemals polnischem Gebiet.

Das erste Vernichtungslager, eigentlich kein Lager, sondern eine Vernichtungsstation mit Gaswagen, wurde in Chelmno (deutsch: Kulmhof) bei Lodz, also im Reichsgau Wartheland, eingerichtet und begann am 8. Dezember 1941 mit der Tötung der Juden vor allem aus dem Getto von Lodz. Zur selben Zeit begann im Generalgouvernement die später sogenannte Aktion Reinhard. Dazu wurde im Winter 1941/42 im Distrikt Lublin zunächst das Lager Belzec gebaut. Im Frühjahr 1942 kam das im selben Distrikt gelegene Lager Sobibór hinzu und fast gleichzeitig im Distrikt Warschau das Lager Treblinka, wohin von Juli 1942 an vor allem die Juden aus dem Warschauer Getto gebracht wurden. Diese drei waren wie

Chelmno reine Vernichtungslager. Außer den Wach- und Hilfs- mannschaften hielt sich niemand darin auf. Die zumeist mit der Eisenbahn herangeschafften Opfer, ausschließlich Juden, wur- den binnen Stunden nach ihrer Ankunft in Gaskammern getö- tet, in die aus Dieselmotoren die Auspuffgase eingeleitet wur- den.

Später wurden noch zwei Konzentrationslager zur Tötung benutzt. Das eine war Lublin-Majdanek, das zunächst ein Kriegsgefangenenlager der SS für sowjetische Soldaten gewe- sen war, in das dann auch polnische politische Häftlinge einge- liefert wurden und schließlich auch viele Juden. Das andere war Auschwitz. Es lag nicht weit von Krakau, aber nicht im Generalgouvernement, sondern in den eingegliederten Ostge- bieten, und zwar im Regierungsbezirk Kattowitz. Dort war auf einem ehemaligen Kasernengelände im Mai 1940 ein Konzen- trationslager vor allem für polnische politische Häftlinge errichtet worden. Es wurde ständig vergrößert. Im Winter 1941/ 42 kam in dem drei Kilometer entfernten Dörfchen Birkenau das Lager Auschwitz II hinzu, und dort wurden die großen Gaskammern und Krematorien gebaut. Hier wurden die Juden am Ende einer eigens gelegten Eisenbahnverbindung bei der Ankunft selektiert. Die für arbeitsfähig erachteten Juden kamen ins Lager und mußten in den nahe gelegenen Industrie- betrieben arbeiten. Die übrigen wurden in die Gaskammern getrieben, in die Blausäure, besser bekannt unter dem Han- delsnamen Zyklon B, eingeleitet wurde. Von 1943 an, als die reinen Vernichtungslager aufgehoben wurden, wurde Ausch- witz II zur zentralen Tötungsanlage für die Juden Europas.

Nach verschiedenartigen Berechnungen ergibt sich, daß in Auschwitz rund eine Million Juden ermordet wurden, darunter allein etwa 417 000 aus Ungarn, in Treblinka ungefähr 750 000, in Belzec etwa 550 000, in Sobibór an die 200 000, in Chelmno etwa 150 000 und in Lublin-Majdanek etwa 50 000. Die Zahl der getöteten polnischen Juden wird auf rund drei Millionen geschätzt, mithin 90 Prozent der jüdischen Vorkriegsbevölke- rung Polens.

Im März 1988 fuhren wir nach Polen. Das war die schlimmste Reise. Wir buchten Hotels in Lodz, Warschau, Lublin und Krakau. Von Lodz fuhren wir nach Chelmno. Von Warschau nach Treblinka. Von Lublin nach Majdanek, Sobibór und Belzec. Von Krakau nach Auschwitz.

In Warschau wartet Wanda, unsere Dolmetscherin, im Büro von Interpress auf uns. Sie gefällt mir auf Anhieb. Sie hat sich offenbar auch auf das Thema vorbereitet. Das beruhigt mich. Wir besprechen die Reiseroute. Als erstes Lodz.

Unterwegs halten wir bei Chopins Geburtshaus. Das ist eine schöne Überraschung für mich.

Lieben Sie Chopin? Natürlich.

Das Haus, niedrig, flach, langgestreckt, weiß getüncht, in einem schönen kleinen Park. Damals gehörte es einem Adligen, bei dem Chopins Vater Hauslehrer war. Blick aus dem Fenster auf alte, dicke Bäume. Überall schöne Dielenfußböden, einige alte gepflegte Möbel und Instrumente. Wanda erzählt von Sommerkonzerten, die hier stattfinden. Ich beschließe, im nächsten Sommer herzufahren.

Lodz kenne ich von früheren Besuchen. 1980 war ich das letzte Mal hier, zum Jahreswechsel. Ich war zu einem Silvesterfest eingeladen, im Palais des Poznanski, des reichsten Industriellen von Lodz. Die Fabrik ist gleich in der nächsten Straße. Direkt gegenüber die Arbeiterhäuschen. Niedrige, kümmerliche Häuschen, aber es war wohl schon eine soziale Tat damals, für die Arbeiter überhaupt so etwas zu bauen. Poznanskis Grab ist auf dem jüdischen Friedhof von Lodz. Das Palais ist heute Clubhaus der Intellektuellen, es soll etwa 500 Intellektuelle in der Stadt geben. Das prächtige Haus hat mehrere Stockwerke, in der Eingangshalle eine großzügig schwingende Treppe, 365 Zimmer. Für jeden Tag im Jahr also eins.

Die Silvesterparty tobte durch das ganze Haus. Aber unser Freund, ein Architekt, führte uns am späten Abend in den Keller.

Keller?

Ja. Filmvorführung.

Kino? Heute?

Wir sahen einen mehrstündigen Film über die Verhandlungen zwischen Jaruselzki und der Solidarnósc. Ein englisches Team hatte den Film gedreht. Das Material war fast ungeschnitten. Der Film war verboten. In dem Keller sahen ihn aber Hunderte von Menschen. Sie kümmerten sich nicht um das Verbot. Die Vorführungen wurden nachts permanent wiederholt, weil der Andrang so groß war. Am Ende jeder Filmvorführung sangen die Polen stehend die Nationalhymne. Sie wollten es zwingen. Und sie zwangen es ja auch. In den Stockwerken darüber wurde das neue Jahr, der Aufbruch Polens, besungen. Es wurde getanzt und getrunken. Sekt und Wodka. Ich habe nie vorher oder nachher in meinem Leben so sturzbetrunkene Menschen gesehen, die sich dennoch so leicht und graziös bewegten. Es war das schönste und beeindruckendste Silvesterfest, das ich je erlebt habe.

Ich kannte Lodz also schon. Als ich die Stadt jetzt wiedersah, kam es mir so vor, als sähe alles noch grauer und schmutziger aus. Die Häuser, die Straßen, die Geschäfte: kaputt, heruntergekommen, abgeblättert. Nichts repariert, nichts restauriert. Seit vielen Jahrzehnten. Die Substanz war hin.

Wir wohnen im »Grand Hotel«. Auch hier nichts investiert seit Jahrzehnten. Wahrscheinlich seitdem es eröffnet wurde. Die Seife stinkt, die Dusche tröpfelt nur, die Matratzen sind durchgelegen. Ich fürchte mich vor morgen. Chelmno.

Es ist das erste Mal, daß ich ein reines Vernichtungslager sehen werde. Auschwitz und Majdanek waren sogenannte Mischlager, hatten Gaskammern, aber auch Baracken zum »Wohnen« und »Arbeiten«. In den reinen Vernichtungslagern gab es das nicht. Keine Hoffnung. Nur den Tod.

Werden wir überhaupt Zeugen hier finden? Vielleicht gibt es keine Zeugen mehr. Vielleicht sind sie alle tot. Oder wohnen woanders inzwischen. Oder sie wollen nicht darüber reden, aus den verschiedensten Gründen.

Wir sind mit guten Landkarten ausgerüstet. Aber wir tun uns schwer, die richtigen Straßen zu finden, zumal es jede Menge Umleitungen gibt. Wir fahren durch ein Straßendorf. Ein paar Häuser, aufgeweichte Lehmwege, knorrige Bäume, Bauern auf Leiterwagen, von Pferden gezogen. Einen Mann auf einem Fahrrad halten wir an.

Ob er was weiß, von Chelmno, damals, 1941?

Nein, er nicht. Aber seine Frau.

Er zeigt auf das Haus. Wanda und ich gehen hinein. Die Frau bittet uns herein. Wanda schildert unser Projekt. Der Gesichtsausdruck der Frau wird steinern.

Ja, sie hat die Lastwagen gesehen, damals. Die fuhren ja die Landstraße entlang, am Dorf vorbei. Waren ja genug. Die fuhren direkt nach Chelmno. Offene Lastwagen. Jeder hat das hier gesehen. Gerochen habe es auch, nach verbranntem Menschenfleisch.

Ob sie das vor der Kamera wiederholen würde?

Nein, sagt sie, sie habe soviel gelitten unter den Deutschen, sie sei soviel geschlagen worden, sie ginge vor keine deutsche Kamera.

Sie läßt sich nicht umstimmen, zeigt uns die Landstraße, die zu dem Dorf Chelmno führt.

Der Ort ist nur über diese Landstraße zu erreichen. Per Auto, per Lastwagen, wie damals auch. Wir fahren genau den Weg, den die Lastwagen damals gefahren sind. Der erste fuhr am 8. Dezember 1941. Links der Straße Sumpfgebiet. Bäume, Sträucher, Wasser, so weit das Auge sehen kann. Keine gute Gegend, um zu fliehen. Wer hier abgesprungen wäre, er hätte nicht weit kommen können. Aber warum auch vom Lastwagen springen? Es ging doch zum Dorf, nach Chelmno. Und von dort zur Arbeit. So hatte man ihnen gesagt.

Ein Dorfeingangsschild: Chelmno. Wir fahren auf die hübsche kleine Kirche zu. Neben der Kirche war früher das Schloß. Da fuhren die Lastwagen damals hinein, direkt ins Schloß, in den Kellereingang. Dahinter lag ein Saal. Da sollten die Juden sich umziehen, bevor sie »zur Arbeit« gingen.

Vor der Kirche sprechen wir mit Leuten. Die meisten haben damals schon hier gewohnt. Ja, natürlich hat man die Lastwagen gesehen. Haben doch an der Kirche gehalten. Der Organist wüßte wohl am genauesten Bescheid. Jemand holt ihn. Eine Kinderschar hat sich inzwischen um uns versammelt. Als sie sehen, was wir machen, helfen sie uns, indem sie die vorbeifahrenden Autos umleiten. Aber sie wollen nichts haben. Ganz anders als die Kinder in Rumänien. Der Organist zeigt uns den Platz, 50 Meter weiter, wo das Schloß gestanden hat:

Was haben Sie gesehen? Wie viele Wagen sind hier immer angekommen, und haben die da vorn am Tor gehalten?
Also, wie viele Wagen am Tag hierhergekommen sind, weiß ich nicht. Aber jedesmal, wenn ich hier vorbeiging, habe ich ungefähr achtzehn Wagen gesehen. Das waren Militärautos mit Planen drüber. Jeweils ein Auto ist durch drei Einfahrten dicht an das Schloß gefahren. Dort haben Zivilisten gewartet. Aber was dann passierte, wußte keiner von uns so genau. Wir haben nichts gesehen.

Ich weiß aber von einem SS-Mann, der mir das erzählt hat, daß die Menschen ins Schloß geführt wurden und sich ausziehen mußten. Es gab einen Saal, der nur dafür bestimmt war, die Kleider abzulegen. Dann wurden sie selektiert und dann zur Vergasung abtransportiert.

Die Leute mußten durch einen Gang gehen, und es wurde ihnen gesagt, sie gehen jetzt zur Dusche. Aber sie wurden direkt in die Gaswagen geführt. Das waren große schwarze Wagen, die etwas gepanzert aussahen, mit dichten, eisernen Türen und einem Schloß. Ich habe sie auf der Straße gesehen, auf der Fahrt in den Wald.

Also einmal habe ich erlebt, wie sich so eine Tür an diesem Wagen plötzlich geöffnet hat, und halbvergaste Menschen sind auf die Straße gefallen. Diese Menschen waren noch nicht tot. Sie haben sich bewegt, und die SS-Leute haben auf sie geschossen, wie auf Enten.

Die Menschen hatten Hemden an. Ich weiß nicht, ob alle erschossen worden sind. Ich habe das nicht bis zum Ende beobachten können. Ich war zu sehr erschrocken und bin weitergefahren, aber ich habe gesehen, wie auf sie geschossen wurde.

Und die Leute hier im Dorf, waren die evakuiert, oder haben sie hier weiter gewohnt?

Teils, teils. Die Wohlhabenderen, die schönere Höfe hatten, wurden ausgesiedelt. Und die Ärmeren sind geblieben, als Arbeitskräfte vorgesehen.

Die Sonne steht schräg über dem Wald.

Etwa fünf Kilometer von hier entfernt sind die Gruben, war das Krematorium, ist das Denkmal. Wir fahren los. Fahren dieselbe Strecke wie die Wagen damals. Sie waren so konstruiert, daß die Abgase ins Wageninnere geleitet wurden. Daran erstickten die Menschen.

Nach einem Kilometer denke ich: Jetzt muß es angefangen haben, das Entsetzen, das Würgen, das Schreien. Dann denke ich: Jetzt war es schon halb vorbei.

Die Sonne scheint immer noch.

Es heißt, die Menschen hätten sich in ihrem Todeskampf umschlungen, aneinandergeklammert. Sie hätten unter sich gelassen, uriniert, geblutet. Aus Nase und Ohren.

Wir kommen an eine Lichtung. Ein Riesenmonument. Beton. Bronzetafel mit Inschrift: 340 000 Ermordete. Beginn der Vernichtung am 8. Dezember 1941. Unterbrechung vom Frühling 1943 bis Frühling 1944. Dann noch einmal Vernichtung bis zum 18. Januar 1945. Es war eines der am längsten funktionierenden Vernichtungslager.

Wir fahren weiter, an dem Monument vorbei. Wald. Betonierter Weg. Wieder eine Lichtung. Lange Gruben. Knapp drei Meter breit. Aber lang. Sehr lang. Mehrere Gruben nebeneinander. Aber keine Gebäude, nichts. Vor den anrückenden sowjetischen Truppen hatten die Nazis sämtliche Gebäude gesprengt. Auch das Krematorium.

Im nächsten Dorf, hatten wir von einem Bauern in Chelmno erfahren, sollte es ebenfalls noch Zeugen geben. Wir fragen uns durch, treffen schließlich auf einen Bauern, der gerade seine schnatternden Gänse füttert. Rotes, freundliches Gesicht, Gummistiefel, Plastikeimer. Er lehnt sich an seinen Gartenzaun. Sagt:

Also erst mal wurden sie in Lastwagen nach Chelmno in die Kirche gebracht. Man hatte ihnen gesagt, daß sie gebadet werden, und deswegen müßten sie sich ausziehen. Also die Kleider wurden ihnen weggenommen und alle Kostbarkeiten, die sie besaßen, und so wurden sie später in den Wald gebracht. Nachdem sie sich in den Autos befanden, wurden sie während der Fahrt halb vergast, also nicht total vergast, sondern sie haben noch gelebt. Und im Wald, so halb lebend, wenn sie noch gehen konnten, gingen sie selber und wenn nicht, dann wurden sie geschleppt, also in die Krematorien geschleppt und verbrannt. Und bevor die Krematorien gebaut wurden, hat man sie alle in den Massengräbern verstaut, egal, ob sie noch gelebt haben oder nicht mehr.

Das muß doch hier in der Gegend gerochen haben. Man muß das doch gerochen haben, als die Leichen verbrannt wurden.
Ja, das stimmt. Man konnte das wirklich nicht aushalten. Wenn der Wind in diese Richtung geweht hat, hat es hier dermaßen gestunken, daß man das Fenster zumachen mußte.

Im Nachbardorf, sagt er, da sei einer, den hätten die Deutschen mal vorgehabt, verhört. Der habe einiges erlebt.
Wir finden den Bauern. Nicht im Dorf, aber hinter dem Dorf in einer riesigen Scheune, wir entdecken ihn in einer dichten Staubwolke, er drischt Stroh. Auch er hat keinerlei Hemmungen, von den Tötungen zu erzählen:

Sie sind zu diesem Vernichtungslager gebracht worden, zum Verhör. Was haben Sie dort gesehen? Haben Sie gesehen, wie die Juden ankamen?
Also während dieser Zeit, in der ich verhört wurde, habe ich drei Transporte mit Juden erlebt. Also in Chelmno war der Verkehr sehr rege. Ein Lastwagen nach dem anderen ist da angefahren.

Wieviel Juden waren immer in dem Wagen drin?
Also weniger als 60 waren das auf keinen Fall. Das war ein großer Lastwagen, schwarz.

205

Also in Chelmno sind sie eingestiegen, wurden während der Fahrt vergast und hierher gebracht. Und als sie das Auto aufgemacht haben, war keiner stehen geblieben. Alle lagen. Aber tot waren sie nicht.

Wer hat sie dann aus diesem Auto rausgeschafft zu den Gräben, wo sie begraben werden sollten?
Also das ging direkt vom Auto. Das Auto ist direkt an diese Gruben gefahren, rangefahren. Und die Leichen wurden vom Auto in diese Gräben geworfen. Das Auto ist rückwärts an dieses Grab gefahren, und dann wurden die Leichen ausgekippt.

Aber Sie sagten doch eben, es waren nicht alle tot. Was hat man mit denen gemacht?
Im Grab wurden sie erschossen. Also manche wollten noch aus dem Grab rauskommen, haben versucht zu fliehen. Dann wurden sie erschossen, entweder mit der Maschinenpistole oder mit der Pistole.

Wie groß waren denn diese Gräber? Können Sie das ungefähr sagen? Und sind diese Gräber ausgehoben worden?
Also diese Gräber waren nicht breiter als drei Meter, und die Länge wurde immer verlängert, das heißt, der Bagger kam und hat die Erde ausgegraben, ausgebaggert, und da ist ein großes Loch entstanden, in welches die Leichen geworfen wurden, und mit derselben Erde, die gerade ausgebaggert war, wurden die Leichen wieder verdeckt, und der Bagger hat sich immer weitergearbeitet, bis die Gräber wirklich lang waren.

Haben Sie dann auch noch die Zeit nach 1944, als das Krematorium stand, erlebt? Hat das dann hier nicht gerochen nach verbrannten Menschen?

Er lacht. Lacht herzhaft:

Es ist kaum zu beschreiben. Besonders hat es abends gestunken. Da konnte man damals das Fenster überhaupt nicht aufmachen, weil es dermaßen stark gerochen hat, daß man sich erbrechen mußte, wenn man zum Beispiel das Abendbrot gegessen hat.

Was haben denn die Menschen hier in der Gegend gesagt? Und haben Sie irgendwelchen anderen Leuten erzählt, was Sie gesehen haben?
Ja, sollte ich das erzählen, um selber dieses Schicksal zu erleben? Es war mir verboten, ein Wort darüber zu sagen. Ich durfte das nicht mal meiner eigenen Frau sagen, was in diesem Lager passiert ist. Ich habe kein Wort davon erzählt. Ich habe große Angst gehabt, weil ich damit gerechnet habe, daß ich doch auch in dieses Grab reinfalle, wo doch auch so viele Polen ums Leben gekommen sind. Alle haben Angst gehabt, weil alle damit gerechnet haben, weil sie in der Gegend hier gelebt haben und mehr oder weniger schon mitbekommen haben, was im Wald passierte, daß sie alle nicht am Leben bleiben würden. Ich werde es bis zu meinem Tod nicht vergessen. Ich werde es nie vergessen, weil es wirklich schrecklich war.

Was war das Schrecklichste?
Also das ist dieser Ofen gewesen. Also der Ofen sah so aus: Es gab ein Haus mit einem normalen Dach, und durch dieses Haus sind ständig Autos, also Lastwagen, durchgefahren. Der Ofen befand sich unten im Keller sozusagen, und darüber gab es den Boden. Und auf diesem Boden, am Rande, hat sich der Lastwagen mit den Leichen gestellt. Da wurde die Tür aufgemacht. Die Leichen wurden ausgekippt, weil der Boden in der Zwischenzeit weggezogen wurde, und die Leichen sind direkt schon auf den Rost gefallen. Dann wurde der Boden zugemacht, und die Leichen wurden unter diesem Boden verbrannt.

Was ist das Schlimmste, was Sie gesehen haben mit eigenen Augen?
Also für mich war das Schrecklichste, eben diesen Graben zu sehen und diese halbvergasten Menschen, die noch ums Leben gekämpft haben, die weglaufen wollten und die dort erschossen wurden.

Sie haben schon gesagt, daß die Menschen hier in der Umgebung Angst hatten. Aber ich würde gern wissen: War es nur Angst um das

eigene Leben, oder haben sie das auch als ein Unrecht empfunden,
was den Juden geschehen ist?
Erst mal haben wir Angst um unser eigenes Leben gehabt, weil wir
wußten, daß, wenn sie mit den Juden fertig sind, wir Polen dran
sind. Und wir waren alle davon überzeugt, daß die Nazis keine
Zeugen haben wollen und daß wir alle auch umgebracht werden,
nachdem sie fertig mit den Juden sind. Also, es ist uns nicht in erster
Linie um die Juden gegangen.

Gab es Leute, die sich gefreut haben, daß das den Juden geschehen
ist, oder gab es auch viele, die gesagt haben, es ist schlimm, was mit
den Juden geschieht?
Also die Menschen haben hier, ja, ja, viele haben doch gesagt, daß
es ein Unrecht ist, daß die Juden so ums Leben gebracht werden,
daß sie vergast und verbrannt werden. Also sie hätten nichts dagegen, wenn sie vielleicht ausgesiedelt würden, aber so, wie man sie
hier behandelt hat, das hat man als Unrecht empfunden.

Warum sollten diese Juden ausgesiedelt werden? Was haben sie
gemacht, daß man sie nicht mochte?
Na ja, es gab verschiedene Menschen. Manche, die für die Juden
waren, und manche, die gegen die Juden waren. Und diejenigen, die
gegen sie waren, wollten ganz einfach, daß sie unter sich sind. Das
heißt, daß die Polen unter sich sind, daß die Deutschen unter sich
sind und daß die Juden unter sich sind.

Aber die Juden waren doch Polen!
Also die Juden waren den Polen gegenüber auch nicht immer sehr
wohlgesonnen, manchmal waren sie ganz bissig. Also es gab zum
Beispiel so einen Spruch, einen gängigen Spruch, daß die Juden die
Häuser besitzen und die Polen die Straßen.
    Die Juden haben die Polen nicht gemocht. Erst mal haben die
Juden die Polen zum Beispiel zum Handel gar nicht zugelassen. Also
der ganze Handel hat sich in den jüdischen Händen befunden. Und
die Juden haben keine Polen dann zu diesen Geschäften zugelassen.
Alles befand sich in den jüdischen Händen.

Das heißt, man mochte sie nicht sehr?
Nein, überhaupt nicht.

Soll ich ihm sagen, daß der Handel hauptsächlich deshalb in jüdischen Händen war, weil den Juden der Zugang zu vielen anderen Berufen verschlossen war? Ich sage es nicht.

Ich möchte noch den Friedhof von Lodz sehen, den größten jüdischen Friedhof Europas. Der Bewacher will uns erst nicht reinlassen, schließt dann doch das Eisentor auf. Tor mit Davidstern.
Vor uns liegt ein versunkenes Paradies. Bäume. Lange Alleen. Dazwischen die Friedhofsfelder mit Tausenden von Grabsteinen. Hohe Grabsteine, aus schwarzem Granit, aus braunem Marmor, aus hellem Stein. Viele kaputt, umgekippt. Herrliche pompöse Grabkammern, verfallen. An einer Wegkreuzung ein riesiges Familiengrab, an die zehn Meter hoch, ein Mausoleum. Am Dachsims eingemeißelt eine Inschrift: Poznanski. Unter dem Dach nisten Tauben. In einem großen ovalen Fenster flattert eine zerrissene Plastikplane. Holzbalken stützen die Gewölbeeingänge. Eine Baustelle, seit Jahren nicht mehr betreten. »Europa ist der Friedhof der Juden«, so hat der Historiker Raul Hilberg einmal einen Vortrag beendet. Es wird unmöglich sein, diesen Friedhof je wieder in Ordnung zu bringen.
Wer sollte das auch tun? Heute leben 200 Juden in Lodz. Hitler hat es geschafft. Polen ist »judenfrei«. Lodz ist »judenfrei«. Die Juden von Lodz kamen nach Chelmno.

In Warschau regnet es Strippen. Das Interview, das wir mit Professor Franciszek Ryszka vom Institut für Politische Wissenschaft verabredet haben, kann nicht draußen stattfinden. Wanda findet für uns ein Café, ein sehr schönes.
Eberhard Jäckel führt das Interview – ein Gespräch zwischen zwei Historikern.

Polen war vor dem Krieg das Land mit den meisten Juden. Auch die
meisten der ermordeten Juden waren aus Polen. Der Anteil der

Polen war also besonders hoch. Hier war der Schauplatz des Mordes. Ich frage meinen Kollegen Ryszka: Was hatten die Polen eigentlich damit zu tun?
Die Antwort lautet kurz: Gar nichts. Denn die Polen waren ein Objekt des Handelns während des Krieges. Die waren genauso Objekt der Verfolgung, der Vernichtung. Obwohl nicht in solchem Ausmaß, wie es bei den Juden der Fall gewesen ist.

Gab es eine gewisse Kollaboration der Polen bei den Vorgängen?
Hier wird die Antwort schon etwas komplizierter. Politisch gesehen, nicht. Obwohl es ein kleines Beispiel der Mitwirkung auf der Ebene der Polizei, der Verwaltung, auch der Ökonomie gab, wobei die Polen keine Initiative gehabt haben. Es war wirklich so, Polen war die Heimstätte der meisten europäischen Juden, so ungefähr 40 Prozent des ganzen Judentums, des jüdischen Volkes lebten vor dem Krieg in Polen.

Drei Millionen.
Ja, etwas über drei Millionen.

Aber Polen war auch ein Land mit einem starken Antisemitismus. Was empfanden die Polen, als die Deutschen die Juden in Polen verfolgten und dann schließlich in die Vernichtungslager trieben und ermordeten?
Es war tatsächlich so. Es bestand in Polen vor dem Krieg ein breit entwickelter Antisemitismus in verschiedenen Schichten des Volkes. Aber der Antisemitismus war doch kein Faktor der Judenvernichtung. Hier waren die Polen genauso Objekt des Handelns der Okkupanten, wie das auch bei den Juden der Fall gewesen ist. Obwohl, man muß natürlich unterscheiden. In den Augen der Okkupanten, der Nazibehörden, waren die Juden Unmenschen. Wir waren lediglich Untermenschen. Das ist der Unterschied.

Einige Juden haben ja überlebt, indem sie untertauchten, wie man sagte, das heißt, sie wurden in Polen versteckt. Aber das waren nur sehr, sehr wenige Fälle. Warum?
Nein, das würde ich nicht sagen. Es gab Hunderttausende geretteter

Menschen. Das rechnet sich um so mehr, da es mit einem ziemlich großen Risiko verbunden war, mit dem höchsten Risiko. Das kostete das Leben derjenigen, die geholfen haben.

Erlauben Sie mir eine letzte Frage, Herr Ryszka. Was empfinden die Polen heute? Trauer über den Verlust oder vielleicht doch eine gewisse Erleichterung? Die Juden sind weg, die Deutschen sind weg, die Polen sind endlich unter sich.

Nun, das würde ich nicht sagen. So wurde vielleicht kurz nach dem Krieg geredet oder sagen wir vor zehn, fünfzehn Jahren. Es fehlt uns an fremden Kulturen, die viel zu unserer polnischen Kultur beigetragen haben. Es handelt sich nicht unbedingt um Folklore oder um verschiedene Sitten und Bräuche. Aber wirklich um den größten Wert der Kultur, der insbesondere von den Juden in Polen beigebracht wurde. Musik, bildende Künste, auch Massenkultur, in der Wissenschaft, in dem intellektuellen Leben. Der Beitrag der Juden, assimiliert oder weniger assimiliert, er war ziemlich hoch. Und das, würde ich sagen, empfindet besonders die jüngere Generation. Das ist schade. Abgesehen von menschlichen Gefühlen, die immer solche Tragödien begleiten.

Wir fahren zu den beiden wichtigsten Denkmälern in Warschau. Dort, wo früher das Warschauer Getto war, ist heute ein riesiger freier Platz. Das Getto ist ja dem Erdboden gleichgemacht worden. Auf diesem Erdboden steht das Denkmal, an dem Willy Brandt niederkniete. Für die Deutschen. Von hier ist es nicht weit zu einem anderen, kleineren Denkmal. Der hoch gestellte Stein auf einer kleinen Anhöhe ist den Anführern des Aufstandes im Warschauer Getto gewidmet. Ich suche nach dem Namen des vierundzwanzigjährigen Anführers Mordechai Anielewicz. Ich finde ihn. Am Fuß des Steins ein Strauß verblühter Rosen, rosa Rosen, eine Kranzschleife mit Davidstern, brennende Dauerlichter.

Hier treffen wir Marian Wojciechowski, Historiker aus Warschau. Auch ihn befragt Eberhard Jäckel:

Zweimal im Zweiten Weltkrieg gab es in Polen große Aufstände gegen die deutsche Besatzungsmacht, 1943 im Warschauer Getto und 1944 der große Aufstand in der Stadt Warschau. Im Jahr 1942, als die Deportationen und die Ermordung in den Vernichtungslagern auf dem Höhepunkt waren, gab es nichts dergleichen. Warum nicht?

Ja, warum nicht. Meine Antwort würde zuerst lauten: Die Ostfront war damals viel zu weit. Wir waren mitten in der Besatzungszone, sozusagen. Es gab schon die Untergrundbewegungen, die im Herbst 1939 angefangen hatten, im Warschauer Getto wie auch unter den Polen. Die Untergrundtätigkeit bestand hauptsächlich in der Vorbereitung einer militärischen Aktion, vorausgesetzt, daß diese militärische Aktion gelingt, also mit einem Sieg. Ich spreche jetzt über die Polen. Das bedeutet, eine solche Aktion konnte nur bei einer Niederlage der Deutschen stattfinden. Und das war 1942 nicht mehr möglich.

Gab es anderen Widerstand zugunsten der Juden? Hilfe für die Juden?

Ja, es gab spontane Aktionen. Wer helfen konnte und wollte, der half auf verschiedenen Wegen. Zweitens aber gab es eine Organisation, die hieß »Segota«, die den Juden half.

Man könnte sagen, es überlebten in Polen während der Besatzungszeit ungefähr 100 000 Juden. Aber das war eine winzige Minderheit, weil die Deutschen beinahe drei Millionen polnische Juden ermordeten.

Aber Attacken der Widerstandsbewegung zum Beispiel auf die Deportationszüge, etwa von hier, von Warschau, vom Umschlagplatz nach Treblinka aus, das hat es nicht gegeben?

Das hat es nicht gegeben. Das war auch technisch, organisatorisch nicht mehr möglich. Die Besatzungsmacht war sehr stark. Man konnte ein Unternehmen schon in der Nacht gegen militärische Züge kaum schaffen. Aber eine organisierte militärische Gegenaktion war einfach nicht mehr möglich. Dazu war die Widerstandsbewegung viel zu schwach.

War damals noch nicht möglich und wurde dann 1943 und 1944 möglich. Ist es das, was Sie meinen?

Nicht ganz, nämlich die beiden Aufstände im Warschauer Getto April 1943 und in der Stadt, angefangen im August 1944, lassen sich schwer vergleichen. Der Aufstand der Juden war ein Verzweiflungsakt. Man wußte, man wird sowieso sterben. Aber besser so, als einfach vergast zu werden.

Der Aufstand 1944, obwohl es derselbe Gegner war, nämlich die Deutschen, war doch mit der Hoffnung verbunden, daß der Aufstand mit dem Sieg endet. Das war aber nicht der Fall. Als der Aufstand im Getto niedergeschlagen wurde, wurde das Getto dem Erdboden gleichgemacht. Nach dem Warschauer Aufstand wurde die ganze Stadt einfach verbrannt, vernichtet. Das war das Gemeinsame.

Der Warschauer Aufstand dauerte 63 Tage. Er begann am 1. August und endete am 2. Oktober. Er war militärisch gegen die Deutschen und politisch gegen die Russen gerichtet.

Es sollte eine polnische Autorität in Warschau etabliert sein, bevor die Rote Armee in die Stadt einrückte?

Die Rote Armee konnte Anfang August, als der Aufstand ausbrach, nicht nach Warschau kommen. Das war aus militärischen Gründen nicht mehr möglich. Später war das, glaube ich, eine politische Sache, daß die Russen stehengeblieben sind.

Die Polen errichteten gerade an der ehemaligen Gettomauer eine Gedenkstätte. 300 000 sind von hier aus nach Treblinka abtransportiert worden.

In der umzäunten Baustelle wurde eine Marmorwand hochgezogen, darin ein graues Marmorband, darauf in großen Buchstaben UMSCHLAGPLATZ. Der Mann, der die Arbeiten beaufsichtigt, zeigt uns in der Baubude die Pläne. Die wenigen Namen, die man kennt, sagt er, werden eingemeißelt. Die Namen der meisten Opfer kennt man nicht. Als wir gehen, dreht er sich weg. Ich sehe, daß Tränen auf die Pläne gefallen sind.

Regen. Wir fahren dennoch nach Treblinka. Wir nähern uns Treblinka. Schnee. Landstraße. Links: Bahngleise, Wald. Rechts: Häuser, Wald. Nur noch drei Kilometer.

Täglich rollten hier die Züge lang. Jeder Zug nach Treblinka mit je 5 000 »Angehörigen des auserwählten Volkes«, wie ein SS-Führer im August 1942 spottete.

Die Landstraße endet, ein Hinweisschild führt uns in dichten Wald. Eine Lichtung. Bohlen aus Granit, Symbol der Schienen. Der Zug fuhr also in den Wald hinein. Eine Rampe. Ein länglicher Stein, mit polnischer Inschrift. Hinweis: Hier war der Gang, den alle durchlaufen mußten. Zur Gaskammer.

Der Himmel ist bleigrau. Schneeregen fällt jetzt auf das weite Feld, das vor uns liegt. Steine aus Granit, Basalt, Feuerstein. 20 000. Auf manchen Steinen sind Namen. Die Namen der Städte, aus denen die Juden kamen.

Eine ewige Flamme wirft einen Feuerreflex auf das Feld.

700 000 wurden hier vergast. 700 000 verbrannt.

Es ist kalt. Wir versinken im Schnee. Es ist ziemlich dunkel, dabei ist es erst früher Nachmittag. Das Team verschwindet zwischen den Grabstelen im Grauschleier des Schneeregens. Ich fahre mit Wanda in das nächste Dorf, um Zeugen zu suchen.

Wir halten an einem Haus, gehen hinein. Die Frau schickt uns weiter, kommt aber dann doch nach. Wir würden den Weg allein nie finden. Es ist eine abenteuerliche Fahrt durch Sumpf und Modder. Schließlich steigen wir vor einer Hütte aus. Im Vorrraum stehen Eimer, Besen, Gerätschaften. Wir öffnen die Tür zum Hauptraum. Neben einem Herd liegt Stroh auf dem Fußboden. Rechts an der Wand steht eine Pritsche. Unter der braunen Filzdecke liegt ein alter Mann, mindestens neunzig Jahre alt, mit Mantel und Mütze. Er ist krank. Auf einem Schemel neben der Pritsche liegen ein paar Utensilien. Auch Tabletten.

Der Mann redet verworren. Hier können wir nichts machen.

Die Frau, die mit uns zurückfährt nach Treblinka, zu den Granitbohlen im Wald, erzählt uns ihre eigene Geschichte. Eine für Polen wohl sehr typische Geschichte:

Hier sind die rekonstruierten Bohlen, für die Gleise. Hier kamen die Opfer an. Ein paar Meter weiter war der Zaun. Was haben die Menschen, die hier gewohnt haben, gesehen von dem Lager? Wie sah der Zaun aus?

Also, das war ein Zaun aus Draht gemacht und getarnt mit Ästen, Baumästen. Man hat Schreie gehört. Man hat den Qualm, den Rauch gesehen, und es hat fürchterlich gestunken. Aber mehr haben wir nicht gesehen, weil es verboten war, hier in die Nähe zu kommen. Jeder hatte Angst, hier in die Nähe zu kommen, weil die Leute, die hier in der Nähe gelebt haben, auch in diesem Lager ums Leben gekommen sind.

Hat denn einer irgendwann mal etwas gesehen?

Also, man hat die Transporte hier gesehen, wie sie mit der Eisenbahn kamen. Mehr haben vielleicht die Eisenbahner gesehen, aber von den Leuten, die hier gelebt haben, hat keiner was gesehen.

Aber die Leute haben doch auf dem Feld gearbeitet. Die müssen doch irgendwann mal was gesehen haben.

Also, es gab eine Frau in unserem Dorf, die hat hier auf dem Kartoffelfeld gearbeitet, und da hat sie einen Transport gesehen. Sie hat viele Schreie gehört, und da hat sie hingeguckt. Und ein Ukrainer, ein Wächter, hat auf dem Feld gesehen, wie sie zuguckt, und da hat er sie auf der Stelle erschossen.

Nur, weil sie hinsah?

Ja, ja, die saßen auf einem Wachturm, und sie hat auf dem Feld in der Nähe gearbeitet, und der hat sie da von diesem Turm aus gesehen und hat sie erschossen.

Was haben die Leute gedacht, was hinter diesem Zaun passiert?

Also, nachdem man hier die Schreie gehört und den Qualm gesehen hat, hat man sich schon gedacht, daß die Menschen dort umgebracht werden, vor allem die Juden. Und es wurden hier in den Dörfern auch Razzien veranstaltet. Die Männer sind dann hier in die Wälder geflüchtet, weil sie dachten, sie werden auch hierhergeführt und dann umgebracht.

Es ist dunkel inzwischen und regnet so stark, daß wir abbrechen müssen. Niemand spricht es aus. Aber jeder ist froh darüber.

Warschau, am nächsten Tag. Kein Regen mehr, sogar scheue Sonnenstrahlen. Es ist eine Woche vor Ostern. Ich freue mich auf einen Spaziergang durch die Altstadt. Vor den Kirchen stehen die Leute mit Weidenkätzchen. Ich habe lange nicht mehr so volle Kirchen gesehen. Die neue Altstadt, sagen die Polen sarkastisch, sieht wirklich inzwischen sehr alt aus. Feuchtigkeitsschäden an den Mauern, ein eingerüsteter Marktplatz. Trotzdem ist die Stadt schön: der weiträumige Schloßplatz mit dem Kopfsteinpflaster, dahinter die schmalen Gassen mit den wiederaufgebauten alten Häusern. Und das Schloß.

Wir haben einen Termin beim Kastellan des Schlosses, Professor Gieysztor. Eingang: Marmorfußboden. Innen: dicke Mauern, mindestens drei Meter tief. Weiß getünchte Gewölbe. Bilder alter Meister an den Wänden. Alte Möbel: Kommoden, Schränke, Vitrinen. Wenn man nicht wüßte, daß auch dieses Schloß, vollständig niedergebrannt, rekonstruiert wurde, man würde es für ein altes Schloß halten. Ich erinnere mich an die heftigen Diskussionen in Polen um den Wiederaufbau der Altstadt und empfinde es als Genugtuung, daß Hitler es wenigstens nicht geschafft hat, den Polen ihre Hauptstadt zu nehmen. Sie haben sich Warschau wiedererrichtet.

Gieysztor kommt aus einer Sitzung heraus, läßt es sich nicht nehmen, den deutschen Historikerkollegen zu begrüßen. Er ist ein Herr: schmales, schönes Gesicht, weißes Haar, schlanke Figur, eleganter Anzug, Seidenkrawatte. Er spricht sechs Sprachen fließend. Von Beruf: Historiker, Spezialgebiet Mittelalter, zur Zeit Präsident des Internationalen Historikerverbandes. Als er hört, daß wir gern das Schloß besichtigen möchten, überlegt er sofort, wie er das bewerkstelligen könnte. Wir sind höflich, verabreden eine Führung für das nächste Mal.

Wir fahren nach Lublin.

Das gotische Städtchen, 1317 zur Stadt erhoben, war seit dem 12. Jahrhundert in Ostpolen ein bedeutendes Kulturzentrum, das Schloß einst eine Wehrburg gegen den Osten. Weiß man das nicht, sieht man in Lublin nur die kleine, heruntergekommene Stadt. An den Häusern des Marktplatzes ein paar Baugerüste. Hier und da eine Neubaustelle, ein Tropfen auf den heißen Stein.

Das Schloß, ziemlich im Zentrum, liegt auf einer kleinen Anhöhe. Eine Tafel an der Toreinfahrt weist darauf hin, daß hier das Gefängnis des »Höheren SS- und Polizeiführers« war. Von hier aus sind 70 000 Menschen zwischen 1939 und 1944 in das etwa fünf Kilometer entfernte Lager Majdanek transportiert worden. Als die Rote Armee 1944 Lublin und auch das Gefängnis befreite und in die Kellerräume eindrang, fand sie dort Hunderte von Leichen. Die Sowjets drehten einen Film darüber, wir bekommen ihn zu sehen. Man erkennt Schußwunden, die Merkmale der Erdrosselungen. Bei den Toten stehen weinende Frauen, manche haben ihre kleinen Kinder auf dem Arm, einige Frauen umarmen sich, einige knien nieder, umarmen weinend die Toten, küssen die Wunden, küssen die Hände, streicheln zärtlich die Füße.

Nun sind wir auf das Lager Majdanek eingestimmt.

Das Lager hieß nach dem Stadtteil, in dem Himmler es hatte errichten lassen. Das Areal war riesig: 270 Hektar. Zunächst kamen sowjetische Kriegsgefangene dorthin. Dann auch politische Häftlinge. Polen. Dann Häftlinge aus anderen Ländern, schließlich aus fünfzig Nationen. Schutzhäftlinge, Geiseln, Bibelforscher, Deserteure, Homosexuelle. Und dann vor allem Juden. Schätzungsweise sind in Majdanek 360 000 Häftlinge ermordet worden.

Lublin und Majdanek wurden im Juli 1944 befreit. Die Befreier kamen so überraschend, daß die Deutschen keine Zeit mehr hatten, so wie in Auschwitz, die Gaskammern und das Krematorium zu zerstören.

Gleich hinter einem Wohnviertel liegt das riesige eingezäunte Gelände. Wachtürme. Schottergänge. Durch Stacheldraht voneinander getrennte Felder mit Holzbaracken, in Reih und Glied. Dunkelbraune Holzbaracken. Nur die außen angebrachten roten Feuermelder sind neu. Am Horizont ein in den Himmel ragender Schornstein, das Krematorium.

Neben dem Eingang eine einzeln stehende Baracke: BAD UND DESINFEKTION I. Die Gaskammer.

Im 1. Raum wurden die Haare geschnitten. Es gab ein Abkommen mit einer deutschen Firma, die das Haar verwertete. Dann ein langer, schmaler Gang. Holzrost. Man betritt den 2. Raum. Der ist groß. Tiefe Waschbecken. Duschen. Hier wurden die Menschen tatsächlich gebadet und geduscht. Zur Beruhigung, zur Täuschung. Im nächsten Raum: BAD UND DESINFEKTION II. Hier gab es keine Täuschung mehr.

In der Decke die Öffnung, ein Blechschacht, für das Zyklon B. Mit Schieben und Drücken gingen einige hundert Menschen hinein. Hinter dieser Gaskammer ein kleiner Zwischenraum, dahinter noch eine Gaskammer, wesentlich kleiner, mit umlaufenden Rohren über dem Fußboden, für das Kohlenmonoxyd. Dann ein weiterer Zwischenraum und zwei kleine Gaskammern mit Einfüllschächten für Zyklon B. Die Eisentüren hier sind von der Berliner Firma Auert hergestellt worden. Das Firmenschild ist gut erhalten.

Die Türen gehen nur von außen auf. Und schließen ganz dicht.

Das Krematorium. Hinter dem Eingang ein schmaler Raum mit einem eisernen Seziertisch. Man weiß, was das heißt. Dann ein Lagerraum für die Leichen. Zementfußboden. In der Mitte: ein Knochenhaufen. Blumenkränze an der Wand. Dahinter dann ein großer Raum: das Krematorium, fünf Feuerstellen nebeneinander.

Hinweistafel: »Das Krematorium wurde im Herbst 1943 gebaut. Es wurde mit Koks beheizt. Die Leichen wurden bei einer Temperatur von 700 Grad verbrannt. Täglich wurden etwa 1 000 Leichen eingeäschert.«

Aber nicht nur Leichen. Einer der Täter, verhaftet unmittelbar bei der Einnahme des Lagers durch die Rote Armee, gestand folgenden Vorgang: »Eine Gefangene, eine sowjetische Offizierin, hatte sich geweigert, sich zu entkleiden. Der deutsche SS-Mann fordert sie auf. Sie weigert sich. Er fordert sie wiederholt auf. Sie weigert sich. Da nahm er sie, so bekleidet, wie sie war, und schob sie, lebend, in den Ofen.«

Ich stehe davor. Sehe den geöffneten Deckel. Sehe die Eisenpritsche, auf der sie hineingeschoben wurde.

Wir drehen.

Für die sowjetische Offizierin, denke ich. Für die sowjetische Offizierin.

Vor der letzten Feuerstelle hängt ein Kranz. Inschrift auf der Schleife: »Zum Gedenken an meinen lieben Vater Willy Langendorf, umgekommen 1943 in Maidanek.« Auf der zweiten Schleife steht: »Familie Egon Langendorf«.

Wir drehen.

Für Willy Langendorf, denke ich. Für Willy Langendorf.

Drei Baracken mit Schuhen. Berge von Schuhen. Man sagt, bei der Befreiung seien es 800 000 Paar gewesen. Durch die Fenster fallen Sonnenstrahlen auf einen Berg mit Schuhen, eine verwelkte Rose liegt obenauf. Sie liegt auf einem Frauenschuh mit schiefgelaufenen Absätzen.

In der nächsten Baracke: Mützen. Männermützen. Schirmmützen. Baskenmützen. Nur Mützen. Meterhoch, meterlang.

Wir brechen auf nach Sobibór.

Es ist leicht zu finden, Hinweisschilder führen durch den Wald an die Stelle, wo es einmal war: schräg gegenüber vom kleinen Bahnhof das Vernichtungslager. Vernichtungslager hieß: ankommen um acht, vergast um zehn, verbrannt um elf. Ein Aufenthalt der hierhertransportierten Menschen war nicht vorgesehen.

Vor dem Bahnhof sitzen zwei junge Frauen auf einer Bank. Wir sprechen mit ihnen, fragen nach Zeugen. Sie erzählen von zwei Männern aus der Umgebung. Nennen uns Namen und Häuser. Dann überqueren wir die Gleise, gehen über eine Betonrampe zu der gegenüberliegenden etwa zwei Meter hohen Steinmauer. Inschrift: 250 000 Opfer.

Wir gehen einen breiten Waldweg entlang, rechts und links Gestrüpp. Auf einem Denkmal: Mutter mit Kind. Daneben ein Steinklotz. Da ungefähr muß die Gaskammer gewesen sein.

Wir gehen den Weg weiter, es liegt noch verharschter Schnee, wir gehen bis zu der Stelle, wo das Krematorium gewesen sein muß. Ein großer Sandhaufen erhebt sich. Sand? Asche! Asche von 250 000 Menschen. Menschen aus ganz Europa. In dem Berg ein Fenster. Dahinter ein Knochen, ein Obergebiß, kleinere Knochen.

Den einen der beiden Männer haben wir schnell gefunden. Es ist ein alter Mann. Spricht deutsch. Sechs Jahre Gefangenschaft: Köln, Bonn, Augsburg und und und. Er ist alt und krank. Dennoch läßt er sich überreden, uns zu dem anderen Mann, von dem wir gehört hatten, zu bringen. Der wohnt in einem feinen, weiß getünchten Haus. Innen alles sehr bescheiden. Er ist höflich, bietet uns Stühle an, lehnt ein Interview aber ab. Er wolle die Sache nicht immer wieder aufwühlen. Er schlafe danach nächtelang schlecht. Wir sollen ihn in Ruhe lassen. Tee könnten wir bekommen, ein Interview aber nicht.

»Wir machen das alles nicht für uns«, sage ich.

Für wen?

Für die Jugend. In Deutschland, aber anderswo auch.

Er gibt nach.

Wir gehen mit ihm zum Bahnhof, denn er war damals Weichensteller und hat die Züge gesehen:

Sie haben hier auf dem Bahnhof von Sobibór die Züge ankommen sehen. Waren das die Güterwagen mit dem kleinen Schlitz oben?
Ich habe auf diesem Bahnhof gearbeitet, noch bevor man dieses Lager hier errichtet hat. Ich habe gesehen, wie der erste Transport hier angekommen ist. Es waren entweder die letzten Tage im Mai 1942 oder Anfang Juni. Die Transporte sind in der ersten Zeit sehr häufig hier angekommen, an manchen Tagen binnen 24 Stunden bis zu sechs Transporte. Wir haben nicht immer gewußt, woher diese Transporte kommen. Eins war charakteristisch. Als es Transporte der Juden aus Frankreich, Belgien oder Holland waren, waren das in der Regel sehr kultivierte und reiche Juden, und diese Transporte haben anders ausgesehen. Das waren in der Regel Pullman-Waggons, und die Bewachung war Gendarmerie. Dagegen die Juden aus den anderen europäischen Ländern, wie zum Beispiel aus Polen oder aus Rußland, die kamen hier in Güterwaggons an.

Jeder Transport, der hier ankam, wurde von der SS-Mannschaft »begrüßt«. Im Lager herrschte eine hektische Atmosphäre, und das polnische Personal, das gerade Dienst hatte, war verpflichtet, genau die Befehle der deutschen Mannschaft auszuführen. Normalerweise hatte ein SS-Mann den Dienst, und wenn Transporte kamen, und es war ein kleiner Transport, dann wurde er hier auf das Gelände vom Lager geschoben. Wenn der Transport länger war als zwanzig Waggons, dann hat der SS-Mann immer den Befehl gegeben, an einer bestimmten Stelle den Zug abzukoppeln, und meine Pflicht als Weichenmann war es, die Schlüssel zur Weiche zu holen und mit dem Lokführer die Abkopplung durchzuführen.

Wenn die Juden hier ausgestiegen waren, mußten sie ins Lager. Man sagt immer Lager, dabei war es gar kein Lager, sondern eine reine Vernichtungsstation. Dort sind die Juden mit Kohlenmonoxyd vergast worden. Was haben Sie und die anderen Leute hier davon gewußt und gesehen?

Also, das polnische Personal war nicht in der Lage, etwas zu sehen, weil das Gelände vom Lager durch einen über drei Meter hohen Zaun aus Stacheldraht und Ästen getrennt war. Und wenn man auf dem Bahnhof oder auf einem Waggon war, hat man nicht gesehen, was im Lager passierte.

Aber was haben Sie gedacht, was mit den Juden, die hier ankommen, passiert? Sie sind ja nicht wiedergekommen!

Als der erste Transport gekommen ist, das war irgendwann am Nachmittag, da hatte ich gerade meinen Dienst zu Ende gemacht und bin nach Hause gegangen. Als ich am nächsten Tag meinen Dienst antrat, da hörte ich auf dem Gelände des Lagers überhaupt keine Stimmen. Im Lager hat totale Stille geherrscht, also, man hat nichts gehört, was man vorher öfters gehört hat. Schüsse oder Schreie, während der Aufbauzeit des Lagers oder während der Ausladung des Transportes, also, es war total still am nächsten Tag. Aber nach ein paar Tagen haben wir gespürt, daß es fürchterlich stinkt, und das mußten die Leichen gewesen sein. Während der ersten Transporte war es hier unheimlich heiß. Also, dieser penetrante Gestank und die Tatsache, daß Transporte immer ankamen, und keiner kam heraus, haben uns davon überzeugt, daß die Juden hier umgebracht werden.

Haben sich die Juden, die hier reingingen, nie gewehrt, oder haben Sie so was gesehen? Sind sie so getäuscht worden, daß sie gedacht haben, es passiert ihnen nichts? Es ist ja immer gesagt worden, daß sie in ein Arbeitslager kommen. Haben Sie mal erlebt, daß Juden versucht haben zu fliehen?

Juden, die aus Westeuropa hierher transportiert worden sind, haben bis zur letzten Sekunde nicht gewußt, daß sie in einer Vernichtungsstätte sind. Wenn ein Transport aus Westeuropa kam und ein Teil schon abgekoppelt auf dem Gelände des Lagers stand, um ausgeladen zu werden, saßen die vornehmen Damen in dem anderen Teil, der noch draußen stand, und haben noch Make-up gemacht, Gespräche geführt, ganz ruhig und gelassen.

Was haben die Polen, die hier lebten, so wie Sie, nachher gedacht? Es waren Vergasungen mit Motoren. Es waren Verbrennungen. Haben Sie das die ganze Zeit so hingenommen, oder was ging in Ihnen vor?
Ich habe immer, die ganze Zeit bis heute, diese Transporte vor Augen, und bis heute höre ich noch diese Schreie der Menschen, die in die Gaskammer gejagt wurden.

Das hat man bis hierher gehört?
Ja, man hat das Geschrei hier gehört und im Süden und auch im Osten. In einem Radius von ungefähr einem Kilometer hat man oft die Schreie der Menschen gehört, die in die Gaskammer gejagt wurden.

Es hat in Sobibór einen Aufstand gegeben, eine Revolte. Einige Häftlinge, die geflohen sind, haben überlebt. Kennen Sie diese Geschichte, und haben Sie mit irgendwelchen Leuten, die geflohen sind, Kontakt gehabt?
Ja, aber diese Revolte hat erst im Oktober 1943 stattgefunden. Das ganze Jahr 1942 kamen hier Transporte, einer nach dem anderen, und die Opfer wurden in Massengräbern beigesetzt.

Am Anfang Massengräber, keine Verbrennungen?
Nachdem die Juden hier ausgeladen wurden und während sie sich entkleideten und nackt in die Gaskammer gejagt wurden, haben sie geschrien. Aber in einem bestimmten Moment hat es immer aufgehört, wie mit einem Messer durchtrennt. Und in diesem Moment hat man gehört, wie ein Motor gearbeitet hat. Aus diesem Grund sind wir zu der Überzeugung gekommen, daß die Juden hier vergast

werden, eben mit den Abgasen dieses Motors. Nach einer gewissen Zeit haben wir auch diesen »Schlauch« gesehen, so nenne ich den Todesgang, durch den die nackten Juden zum »Bad« gejagt wurden.

Ende November oder Anfang Dezember 1943 wurde hier ein Bagger auf das Gelände geholt. Wir haben uns alle gefragt, wozu dieser Bagger. Nach ein oder zwei Wochen haben wir herausgefunden, daß man mit diesem Bagger die Massengräber ausgrub, um die Opfer, die im Sommer 1942 hier ums Leben gebracht worden sind, zu verbrennen.

Ich würde noch gern etwas zu dem Aufstand von Sobibór wissen. Einigen Häftlingen ist die Flucht gelungen. Haben Sie irgendeinen dieser Häftlinge gesehen, und ist ihnen von den Polen geholfen worden?
Damals, als die Juden hier im Lager waren während der Revolte, war kein Mensch aus der Bevölkerung, die draußen gelebt haben, in der Lage, denen zu helfen.

Doch, man konnte denen, die fliehen, Unterkunft gewähren, man konnte sie verstecken. Aber es gab eben auch Polen, die die Juden verraten, die sie erschlagen haben. Es gab auch Juden, die aus Angst vor Verrat die Polen erschlagen haben. Was wissen Sie davon?
Ich kenne nur einen Fall, wo zwei Mädchen die Flucht gelungen war, und sie sind ins nächste Dorf gelaufen in das Haus eines Ukrainers. Der hat sie an die Nazis ausgeliefert. Eins dürfen Sie bitte nicht vergessen, daß 90 Prozent der hier lebenden Menschen Ukrainer waren. Trotzdem ist es nicht vorgekommen, daß die Bevölkerung von hier die Juden ausgeliefert hat.

Ich habe noch eine letzte Frage. Träumen Sie noch davon?
Ich fürchte, ich werde das bis an mein Lebensende nicht vergessen können. Wenn ich tagsüber arbeite, denke ich, ich habe das vergessen, aber abends, wenn ich nicht schlafen kann, dann kommen diese Erinnerungen immer wieder, fast jede Nacht. Ich wache sehr oft in der Nacht auf mit Angst, daß ich hier mit den Juden zusammen bin oder daß ich selber verfolgt werde oder daß ich fliehe, weil

ich am Ende des Krieges auch geflohen bin zu den Partisanen. Ich wollte selber mit den Deutschen für alles, was ich gesehen habe, abrechnen. Ich werde nie vergessen, wie kleine Kinder erschlagen wurden. Man hat sie mit dem Kopf gegen einen Baum geschlagen. Ich werde nie vergessen, wie eine Frau, die nackt aus einem Waggon fliehen konnte, erschossen wurde, und ich werde immer das Geschrei von Hunderten von Menschen hören. Was ich hier gesehen habe, das werde ich nie vergessen.

Auch in Sobibór hat es wie in Treblinka einen Aufstand der Häftlinge gegeben. Es waren die Häftlinge, die im »Lager« arbeiteten: vergasen, verbrennen, die SS-Wachmannschaften versorgen. Ein Aufstand in einem Vernichtungslager war eigentlich etwas Unvorstellbares. Und dennoch geschah das Unvorstellbare. In Sobibór im Oktober 1943. Die Häftlinge, nur notdürftig mit Waffen und Gerätschaften ausgestattet, mußten gegen die mit Machinengewehren ausgerüsteten Wachmannschaften ankämpfen. Das Gemetzel haben nur wenige Häftlinge überlebt. Von 600 Häftlingen hat zunächst schätzungsweise die Hälfte die Flucht über Stacheldraht und Minenfelder geschafft. Aber dann setzte die Jagd der Deutschen ein. Sie hetzten sie in den polnischen Wäldern. Einer der Überlebenden, Jacob Biskovicz, den wir in Israel aufgesucht hatten, sagte, es seien nur 32 oder 33 der Entkommenen am Leben geblieben.

Wir wollten ihn eigentlich in Sobibór treffen. Und er wollte eigentlich nach Sobibór kommen. Aber dann konnte er sich doch nicht dazu entschließen. Er hatte Angst. Angst vor der Vergangenheit, aber auch vor der Gegenwart. Wer weiß, ob man ihn nicht wieder verhaften würde?

Wir trafen ihn also in seiner Hochhauswohnung in einem Vorort von Tel Aviv.

Wir haben uns auf deutsch verständigt, besser gesagt, auf jiddisch. Das Gespräch ist weitgehend in seinem Sprachduktus belassen worden:

Herr Biskovicz, Sie waren im sogenannten Bahnhofskommando in Sobibór. Wie hat sich die Ankunft der Deportationszüge am Bahnhof abgespielt?
Die Leute hat man geschmissen runter und mit Peitschen und viele Gewehre geschlagen, die Kinder und die alten Frauen und Männer. Man hat sie raufgeschmissen auf die Loren von die Kohlen und ins »Lazarett« gebracht. Das war eine große Grub, und dort hat man sie totgeschossen und dann runtergeschmissen in den Graben.

Stimmt es, daß die Menschen mit Musik empfangen wurden? Mit Walzermusik?
Musik hat man gespielt, daß sie sollten nicht hören die Schreie von die Leut. Die Menschen sollten schneller laufen zum Tod. Fünf Minuten, da war alles aus und weg. Wer kann laufen, ist gelaufen, weil man hat viel Begleitung mit Schläge und Schießerei gemacht.

Wie viele Menschen sind denn in einem Transport gewesen? Wie viele Waggons waren das, die am Bahnhof ankamen?
Der Transport waren ungefähr 2 000 bis 3 000 Leute. Das waren Viehwaggons, keine Passagierwaggons. Da waren achtzig Leute in einem Waggon. Man hat nicht gekonnt sitzen, die haben kein Essen bekommen, kein Wasser und sind viele Tote da angekommen. Und wir auf dem Bahnhofsgelände mußten rausnehmen die Toten und schmeißen in die große Grub.

Haben die Menschen gewußt, als sie dort ankamen, daß das ein Vernichtungslager ist?
Am Anfang vielleicht hat man nicht gewußt, aber nachher hatten schon viele gewußt, daß sie gehen zum Vernichten.

Was haben die Menschen gedacht, was in der sogenannten Desinfektion, in den Duschen, ist? Was hat man ihnen gesagt, als sie sich ausziehen mußten, um in die Duschen zu gehen?
Das war Schwindelei, man hat sie gesagt, daß sie gehen baden und nachher fahren sie zur Arbeit. Das war Schwindelei, daß die Menschen sollten nicht sehen, daß sie gehen zum Vernichten. Die Menschen sind hineingegangen in die Duschen, hat sich die Tür zuge-

schlossen, und der Traktor hat angefangen zu arbeiten. Hat man vielleicht fünf Minuten gehört das Geräusch von dem Motor, und alles war schon tot.

Der sowjetische Offizier, der den Ausbruch in Sobibór anführte, hat beschrieben, daß es Gänse gab. Was ist das für eine Geschichte?
Ah, die Gänse, die sollten auch schreien, daß wir sollten das Geschrei der Leute nicht hören. Das war Winter, 40 Grad, und die Leute haben sich nicht gewollt ausziehen, dann hat man angefangen zu schlagen mit die Peitsches und mit dem Gewehr. Die SS und die Ukrainer, die haben so geschlagen, die Menschen wollten nicht laufen in die Gaskammer, da hat man abgehackt Stücke Fleisch und sie geschoben in die Gaskammer.

Die Arbeitsjuden haben die Gaskammer nicht gesehen, nicht betreten. Woher wußten Sie, daß die Juden vergast und verbrannt wurden?
Man hat das Feuer gesehen, vielleicht 100 Meter von dem Wald hat man das große Feuer gesehen. Vielleicht am Anfang hat nicht jeder gewußt, was das ist, aber wenn er schon zwei oder drei Tage sein dort, dann wußte er schon alles.

Hat man die Arbeitsjuden auch gequält?
Ja, wenn einer nicht konnte arbeiten, wurde er gleich erschossen. Die ersten acht Monate sollten wechseln die Leute. Man hat von einem Transport ausgesucht 20 bis 30 Leute, und wenn die haben den Tag gearbeitet, 12 bis 14 Stunden, hat man sie erschossen. Ich war 18 Monate in Sobibór, weil die SS haben vielleicht gesehen, daß muß bleiben ein stabiler Arbeiter.

Wie viele Fluchtversuche hat es in Sobibór gegeben, in der Zeit, in der Sie da waren?
Zweimal hat man es probiert im dritten Lager und dreimal bei uns im zweiten Lager. Das ist alles gar nicht gelungen. Am 14. Oktober war ein Aufstand, wo 600 Mann sind weggelaufen. Der Aufstand ist gelungen, aber dort hat man viel, viel erschossen an dem Tor. Geplant haben den Aufstand, man kann das nicht genau wissen, 20

bis 40 Leute. Kinder und andere sollten nichts wissen. Aber nachher sollten wir melden, daß ein Aufstand ist, sollten alle schnell weglaufen. Viele sind auf die Minen gefallen, und viele sind im Wald gefallen. Nach dem Krieg, 32 bis 33 Leute sind am Leben geblieben.

Wie haben sich die Häftlinge denn bewaffnet?
Da waren etliche Häftlinge, die Schuhe putzten, Arbeiten in der Küche von der SS machten und saubermachten, und dann sollten sie stehlen ein paar Pistolen und ein paar Maschinengewehre und Granaten. 16 von die SS hat man zu Tode geschlagen, mit der Axt den Kopf runtergeschlagen.

Sie sind auch bei dieser Flucht in die Wälder dabeigewesen. Wie haben sich die Polen den geflohenen Juden gegenüber verhalten?
Das war verschieden. Wer zum Beispiel Gold gehabt hat oder Geld zu geben, dann hat ihn noch jemand gehalten. Und nachher waren solche, die haben das bißchen Essen gegeben, aber sie haben viel Angst gehabt vor der SS. Wenn die SS einen Juden entdeckt hat beim Polen, dann hat man die Polen auch totgeschlagen. In diesen Zeiten war für einen Juden kein Platz.

Ich war in den Wäldern vier Monate. Vier Monate allein. Ich bin Tag und Nacht gegangen, und ich habe gestohlen Essen von den Feldern. Nach vier Monaten kamen die russischen Partisanen.

Ihre Familie ist in Sobibór umgekommen. Denken Sie sehr oft daran? Träumen Sie davon?
Die ganze Familie ist in Sobibór totgeschossen worden, vernichtet durch Gas. Ich träume davon. Ich lebe damit das ganze Leben, und das kann man nie, nie vergessen.

Es gibt einen Film über diesen Aufstand in Sobibór. Einen Spielfilm, den eine amerikanische Filmgesellschaft produziert hat. Der Film ist hervorragend gemacht, und er ist historisch genau. Quälend genau. Das deutsche Fernsehen hat diesen Film gekauft. Es wird ihn in einem der Dritten Programme senden. Nicht im Hauptabendprogramm.

Heute ist Gründonnerstag. Wir fahren nach Belzec.

Eigentlich eine schöne Fahrt. Schön, weil die Sonne scheint und weil alles so friedlich aussieht: Pferde, Leiterwagen, Leute auf den Bänken vor dem Haus, in die Sonne blinzelnd.

Wir halten unterwegs in Zamósc, einer kleinen Renaissancestadt. Bildhübscher Marktplatz. Alles renoviert. Man staunt. Blaue, rosa, gelbe Häuser, weiß getünchte Arkadengänge. Zamósc ist der Geburtsort von Rosa Luxemburg. Die Nazis wollten den Namen des Städtchens »eindeutschen«, in »Himmler-Stadt« umbenennen.

Weil Zamósc so hübsch ist und wegen Rosa Luxemburg, machen wir eine Kaffeepause. In dem Café gibt es zwar Kaffee, aber sonst gar nichts. Wanda kauft Osterkuchen, den darf man ins Café mitnehmen. Für eine halbe Stunde ist nun Ostern.

Natürlich gehen wir zum Geburtshaus von Rosa Luxemburg, an dem eine kleine bronzene Tafel an sie erinnert.

In Belzec treffen wir hilfsbereite Leute. Ich weiß, daß es einen Weichenwärter gibt, der damals dabei war. Ja, sagen sie, den gibt es. Sie holen ihn. Er kommt auf seinem Fahrrad, hat ein gutes Gesicht. Wir sprechen vor dem Bahnhof miteinander, hinter ihm fährt gerade ein Güterzug vorbei, hält an, alles wie bestellt:

Sie waren damals Eisenbahner hier. Sind die Juden direkt hier ausgeladen worden, oder hat man sie woanders hingebracht?
Der Zug hat zwar hier gehalten, aber es wurden zwanzig Waggons abgekoppelt und auf ein anderes Gelände geschoben. Die Züge kamen aus der Tschechoslowakei, Rumänien. Zuerst kamen die Juden in offenen, dann in geschlossenen Waggons.

Was haben Sie gesehen? Wie sind die Juden aus den Waggons rausgetrieben worden?
Sie wurden nicht geschlagen. Sie sind alle ausgestiegen, haben sich entkleidet, sowohl die Männer als auch die Frauen, und anschließend hat man sie in eine Baracke gejagt. Da gab es eine Baracke, und wenn der Zug an diese Baracke rankam, stand da ein Orchester und spielte Musik, und auf der hinteren Seite, auf einem Fußballplatz, haben Juden Fußball spielen müssen. Das habe ich gesehen.

Haben Sie gewußt, was mit den Juden geschieht?
Also, ich habe mir schon gedacht, daß sie in den Tod gehen. Sehen konnte man nichts, weil auf der Lok ein SS-Mann saß, und der hat uns verboten, da hinzuschauen. Wir wußten nur, daß, wenn der nächste Transport kam, da keine Leute zurückkamen, daß der frühere schon leer war.

Wir haben keine Ahnung gehabt, wie die Juden umgebracht wurden. Wir haben nur die Baracke gesehen und wie die Juden in diese Baracke geführt wurden, weiter nichts.

Hat man was gerochen?
Der Gestank war so intensiv, daß man es hier in der Nähe überhaupt nicht aushalten konnte.

Wie viele Transporte sind ungefähr pro Tag gekommen?
Ein Transport pro Tag, vier, fünf Transporte die Woche.

Er geht mit uns zum Lager. Das ist nicht weit.

Die Gedenkstätte ist eingezäunt: schwarzer Zaun, Gittertor, darauf die Zahlen: 1942–1943.

Wir gehen rein, hinter dem Tor eine Tafel. Lageplan: Gaskammer, Krematorium, Baracken für die SS-Mannschaft. Auf der Gedenktafel die Zahl: 600 000.

Links auf dem leicht ansteigenden Gelände ein paar Birken, dahinter lange Massengräber, mit Urnen darauf.

Beschreiben Sie uns bitte, wie das hier aussah. Die zwanzig Waggons wurden von der Lok hierhergeschoben?
Diese zwanzig Waggons wurden hier auf dieses Gelände gebracht und bis ans Ende der Schienen geschoben. Dort wurden die Juden ausgeladen, und wenn sie verschwunden waren, haben wir die leeren Waggons zurückgezogen. Dann wurden weitere zwanzig hierhergeschoben und dann ein drittes Mal.

Das Gelände hier war umgeben von einem hohen Zaun aus Ästen. Durch den Zaun konnte man nichts sehen, aber wenn ich auf die Lok gestiegen bin, habe ich die Baracke sehen können. Gleich, nachdem die Juden ausgestiegen sind, mußten sie sich ausziehen, natürlich ganz, die Sachen mußten sie auf einen Haufen werfen, und ich mußte mich mit meiner Lokomotive zurückziehen.

Wer hat sie in Empfang genommen? Wer hat sie begleitet?
Das waren SS-Leute in dunklen Uniformen mit Totenkopf an der Mütze. Die Ukrainer waren schwarz angezogen und haben den deutschen SS-Leuten hier geholfen, es gab jede Menge von ihnen hier.

Wenn die Juden in die Baracke gingen, sind die Männer mit den Frauen und Kindern zusammen gegangen, oder sind sie getrennt worden?
Alle sind zusammen gegangen.

Sind die Menschen von Anfang an verbrannt worden?
Zuerst sind sie in Massengräbern bestattet worden. Sie haben diese Massengräber zubetoniert, aber dann hat dieser Beton nicht mehr gehalten, und da sind Risse entstanden, und deswegen haben sie die Leichen ausgegraben und verbrannt. Es hat unheimlich gestunken. Ich kann mir überhaupt nicht vorstellen, wie die Leute hier in der Gegend wohnen konnten.

Was haben Sie gedacht, wie die Juden umgebracht wurden?
Erschossen wurden sie sicher nicht, weil man keine Schüsse gehört hat. Ich nahm an, daß sie mit irgendwelchem Gas umgebracht wurden.

Hat es Ihnen leid getan?
Natürlich haben sie nicht nur mir leid getan, sondern allen Menschen hier in der Gegend. Es wurden nicht nur Juden, sondern auch Polen umgebracht. Wir waren auch nicht sicher, ob wir überleben würden.

Wanda, die neben dem Weichenwärter steht, stockt. Ich gehe zu ihr, blicke nach unten: ein Backenzahn. Ich hebe ihn auf.
    Der Weichenwärter sagt, das sei nichts Besonderes. Wenn man

genauer hinsehen würde, fände man noch viele Zähne und Knochenreste. Es seien ja zu viele Menschen hier verbrannt worden. Und Zähne und Knochen, die hielten doch ewig. Er zuckt die Schultern. Geht weiter.

Wir gehen alle.

Ich habe den Zahn nicht zurückgelegt. Brauche ihn wie einen Schwur. Halte ihn in der geschlossenen Hand.

Es ist Freitag, Karfreitag. Es gießt in Strömen. Das Licht ist grau. Alles diesig.

Das richtige Wetter für Auschwitz.

Auschwitz gehörte 150 Jahre zu Österreich, bis 1918. In dieser Zeit siedelte sich hier ein kleiner Industriezweig an, ein Zinkwalzwerk, eine Dampf- und eine Likörfabrik. Um die Jahrhundertwende waren über die Hälfte der Einwohner Juden. Es ist ein unscheinbares Städtchen, nur dem Marktplatz sieht man die österreichisch-habsburgische Zeit noch an. Ein paar Arkadengänge schützen vor Wind und Regen.

In einer Bäckerei kaufen wir uns Krapfen. Die Bäckersfrau ist nett und spricht deutsch. Mich interessiert, was die Leute hier gewußt haben:

Wann wurden Sie in Auschwitz geboren?
1926.

Auschwitz war ein Städtchen mit vielen jüdischen Einwohnern?
Ja, fast alle in der Stadt waren jüdisch. Alles hier in Auschwitz hat den Juden gehört. Sie haben vor allem Geschäfte gehabt.

Als der Krieg begonnen hatte und die Deutschen hier einmarschiert sind, wurden alle Juden ins Lager verschleppt. Und jeder hat gewußt, was dort passiert ist. Ich wußte, daß man dort die Menschen umbrachte. Sie wurden in die Gaskammer gejagt. Diejenigen, die dort gearbeitet haben, haben es gesehen, haben viel Rauch gesehen, viel Feuer, und sie wußten, daß dort die Menschen verbrannt wurden. Man hat es auch gerochen.

231

Ist das heute für diese kleine Stadt eine Belastung? Wie leben die Leute damit, daß ein Lager so dicht dabei war?
Das weiß ich nicht, es sind so viele Jahre vergangen, vielleicht denken sie nicht mehr daran.

Was war mit Ihnen während der Besatzungszeit?
Ich habe zuerst in den Chemiewerken gearbeitet und später als Dienstmädchen bei einer deutschen Familie.

War das schlimm?
Ja, aber das Jahr ist schnell vergangen.

Hatten Sie Angst vor den Deutschen?
Sicher, und wie. Alle haben sie verschleppt, also, ich habe auch Angst gehabt, daß ich auch mal dran bin.
Heute kann ich über die Deutschen nichts so Negatives sagen, heute ist alles in Ordnung.

Kleiner Menschenauflauf. Eine Diskussion beginnt unter den Passanten. Ein Mann erzählt:

Ich kannte einige, die hier im Krieg gelebt haben, wie zum Beispiel der Direktor von einer Grube, der hat hier mit der ganzen Familie gelebt. Glauben Sie, der hat nicht gewußt, was da im Lager passierte?

Was haben Sie damals gemacht?
Ich war damals noch ein Kind. Ich habe nichts gemacht. Ich durfte nicht mal zur Schule gehen.

Für Sie ist das nicht vergangen und vergessen?
Nein, meine Familienangehörigen wurden nach Deutschland verschleppt, mein Vater war in Monowitz, also, ich werde das sicher nicht vergessen.

War Ihr Vater Jude, und hat er überlebt?
Mein Vater war Pole und hat überlebt.

Was denken Sie über die Deutschen heute?
Es gibt gute und schlechte Deutsche, wie während der Okkupationszeit.

Wir haben eine Verabredung mit der Jüdischen Gemeinde in Krakau. Es ist früher Abend. Wir halten vor einem Haus, das einmal ganz schön gewesen sein muß. Im 3. Stock hören wir Stimmen. Die Tür ist offen. Die Frau des Vorsitzenden läßt uns abblitzen. Sehr entschieden. Pesach, Ostern, sagt sie, sei ein hohes Fest, da wird gefeiert, acht Tage lang, da wird kein Interview gegeben.

Ich versuche ihr klarzumachen, daß wir das alles vor einem halben Jahr verabredet hätten. Ich käme nicht aus heiterem Himmel hereingeschneit. Sie bestreitet das. Schließlich gebe ich auf. Streit mit einer Jüdischen Gemeinde in Polen ist das letzte, was ich will. Später erfahre ich den wahren Grund: Sie wollten mit dem Fernsehen aus Deutschland nichts mehr zu tun haben. Vor kurzem sei eine Fernsehserie ausgestrahlt worden, da hätten mehrere alte SS-Generäle so geredet und so getan, als seien sie die Opfer. Mit denen würden sie nicht im selben Medium auftreten.

Wir fahren zurück nach Warschau. Es ist Ostersonntag. Ich will über Skazysko-Kamiena in der Nähe von Radom fahren. Ein Umweg, ich weiß. Aber dort ist mein Vater gefallen. »Teilen wir Ihnen mit, daß die Einheit aufgerieben wurde . . . Heil Hitler.« Das war im Januar 1945. Ich war viermal in Polen. Jedesmal wollte ich dorthin fahren. Ich hatte bisher nicht den Mut.

Wir hatten viele Jahre auf ihn gewartet. Hatten gehofft, von Jahr zu Jahr. Nach einer Abmachung zwischen Konrad Adenauer und den Sowjets wurden die Namen der aus der Gefangenschaft entlassenen deutschen Kriegsgefangenen im Rundfunk durchgegeben. War doch klar, daß er in russische Gefangenschaft geraten war. Jahrelang saßen wir abends vor dem Radio. Immer wieder die Enttäuschung. Jedesmal. Das nächste Mal ist er dabei. Ganz bestimmt. Er war nie dabei.

Nach dreißig Jahren hatten wir endlich begriffen, was es hieß, wenn eine »Einheit aufgerieben« worden war.

Im November 1944 hatte er aus Polen eine offene Karte geschrieben, daß die Männer seiner Einheit gezwungen werden sollten, die polnischen Frauen und Kinder mit dem Gewehrkolben zu erschlagen. Um Munition zu sparen. Aber er schrieb auch, daß sich die Familienväter weigerten. Alle. Es war seine letzte Karte.

Nun fahre ich durch diese Landschaft. Wir nähern uns Radom. Da! Da ist es. Ein Panzer auf einem hohen Betonsockel. Es ist ein russischer T 34 mit der Inschrift: »Die siegreiche sowjetische Armee... 6. Division... Schlacht am 18. Januar 1945...«. Hier also war es. Ich sehe mich um. Flaches Land. Ein bißchen hüglig. Ein paar Bäume. Also hier.

Die Zigeuner haben mir in Auschwitz, rote Blumen in den Maschendrahtzaun klemmend, gesagt, hier sei das Grab ihrer Mütter, Väter und Geschwister. Und sie zeigten in die Luft. Es war das erste Mal, daß die Toten zu ihnen zurückgekehrt waren. Ich dachte damals, daß sie nun, da sie ihnen doch noch einmal begegnet waren, vielleicht Ruhe finden könnten.

Als ich in Polen die Erde sah, in der mein Vater liegt, da habe ich Ruhe gefunden. Ich habe ihn beerdigt. Dort, wo der russische Panzer steht. Aber ich habe ihn auch mitgenommen. In das Grab meiner Mutter. Nach Berlin.

ITALIEN

Italien war Hitlers ältester und engster Verbündeter. Obwohl es im Ersten Weltkrieg auf der Seite von Deutschlands Gegnern gestanden und daher beträchtliche territoriale Gewinne gemacht hatte, waren viele Italiener mit dem Kriegsergebnis unzufrieden, und zumal Mussolini, der 1922 an die Macht gekommen war, erstrebte ein größeres italienisches Reich. Das führte ihn an die Seite Hitlerdeutschlands. Seit 1936 nannte man die beiden Länder die Achsenmächte. Es gab auch ideologische Gemeinsamkeiten, so daß viele schon damals die italienische Bezeichnung für Mussolinis Bewegung auch auf den deutschen Nationalsozialismus übertrugen und unter dem Begriff Faschismus zusammenfaßten. Obwohl diese Charakterisierung auch heute noch sehr verbreitet ist (die Kommunisten und manche mit ihnen nennen die Nazis noch immer deutsche Faschisten), ist sie doch insofern unzutreffend, als beide Bewegungen in der Judenpolitik fast gar nicht übereinstimmten.

Der italienische Faschismus war nicht antisemitisch. Zwar gab es in Italien seit der Antike Jüdische Gemeinden. Aber der jüdische Bevölkerungsanteil war sehr gering (1938 etwa 0,09 Prozent), gleichberechtigt, stark integriert und keiner Benachteiligung ausgesetzt. Anfänglich gab es sogar Juden unter den Faschisten, und nach 1933 nahm Italien jüdische Flüchtlinge aus Deutschland auf. 1938 waren es etwa 10 000. Die italienischen Juden zählten zu diesem Zeitpunkt etwa 57 000.

Im September 1937 war Mussolini zu einem pompösen Staatsbesuch nach Deutschland gekommen. Im Mai 1938 folgte Hitlers Gegenbesuch in Italien. Es war eine Folge dieser Annäherung, daß seit November 1938 eine Reihe antijüdischer Gesetze erlassen wurde. Aber das war reiner Opportunismus.

Mussolini paßte sich Deutschland an. Er wollte auch in dieser Hinsicht seinem Achsenpartner ebenbürtig sein. Indessen war die Verfolgung verhältnismäßig milde. Dennoch fühlten die Juden sich so bedrängt, daß bis 1941 über 17 000 italienische (also 30 Prozent) und über 6 000 Flüchtlinge (also 60 Prozent) auswanderten.

Inzwischen war Italien im Juni 1940 in den Krieg eingetreten. Es erhielt in Frankreich eine kleine Besatzungszone, die im November 1942 vergrößert wurde. Seit dem Balkanfeldzug vom April 1941 unterhielt Italien ferner auch in Jugoslawien und Griechenland Besatzungszonen.

Als im Frühjahr 1942 allenthalben in Hitlers Europa die Deportationen in die deutschen Vernichtungslager einsetzten, verweigerten die italienischen Behörden die Mitwirkung, und zwar nicht nur in Italien selbt, sondern auch in den Besatzungszonen, in denen sogar zahlreiche jüdische Flüchtlinge Zuflucht und Schutz fanden. Die Deutschen beschwerten sich oft darüber. Aber Mussolini gab nicht nach. Während andere Staaten wie Vichy-Frankreich und Bulgarien, die Deutschland doch nicht so nahestanden, Juden aus ihren Gebieten auslieferten, blieb Italien unnachgiebig. Bei den italienischen Faschisten waren die Juden sicher.

Indessen verlief der Krieg für Italien sehr unglücklich. 1943 waren nicht nur alle Kolonien verloren. Im Juli landeten die Alliierten auch auf Sizilien. Daraufhin wurde Mussolini am 25. Juli 1943 abgesetzt, und die neue italienische Regierung unter Badoglio schloß Anfang September Waffenstillstand. Zu dieser Zeit standen bereits viele deutsche Truppen im Lande. Nun übernahmen sie in den Teilen, die noch nicht von den Alliierten besetzt waren, die Herrschaft, und endlich konnte Deutschland auch in Italien seine Judenpolitik durchsetzen. Jetzt konnte oder wollte auch Mussolini, der in Oberitalien einen abhängigen Staat errichtet hatte, sich nicht mehr widersetzen. Er befahl, alle Juden zu internieren, und erleichterte dadurch die Deportationen.

Noch im September verübten SS-Einheiten ein Massaker an Juden am Lago Maggiore. Im Oktober 1943 kam es in Rom, wo noch etwa 8 000 Juden lebten, zu einer ersten großen Verhaftungsaktion. Obwohl viele Italiener den Juden halfen und ihnen Unterschlupf gewährten, wurden über 1 000 nach Auschwitz deportiert. Dann ließ sich ein SS-Sonderkommando unter Dannecker in Verona nieder und errichtete in einem ehemaligen Kriegsgefangenenlager in Fossoli bei Carpi ein Durchgangslager für Juden. Im Dezember wurden 150 Juden aus Venedig deportiert. Ein besonderes Verfolgungszentrum wurde Triest, wo SS-Gruppenführer Globocnik, der in Polen die Aktion Reinhard geleitet hatte, zum Höheren SS- und Polizeiführer für das Adriatische Küstenland ernannt wurde und in La Risiera ein eigenes Konzentrationslager errichtete. Insgesamt wurden aus Italien über 8 000 Juden deportiert, von denen 799 nach dem Kriege zurückkehrten.

Die Reise durch Italien war die leichteste und angenehmste von allen Reisen. Das hatte viel mit Franca Magnani zu tun, der Journalistin und langjährigen ARD-Korrespondentin in Rom. Sie war ein Glückstreffer. Sie kennt nicht nur Italien wie ihre Westentasche und viele Leute dort, sondern war auch an unserem Thema interessiert und bestens vorbereitet. Und sie ist die angenehmste Reisebegleiterin, die man sich vorstellen kann: nie schlecht gelaunt, nie aus der Fassung zu bringen, meistens fröhlich. Und sie ißt genausogern und -gut wie ich. Aber natürlich hatte diese Leichtigkeit auch mit dem Land zu tun, mit den Italienern, die sich der Judenvernichtung, die sich dem Wahnsinn verweigert hatten.

Juden ermorden? Unsere Juden ermorden? Weshalb denn?

Wir begannen unsere Reise in Triest. Meine Urgroßmutter stammte aus Triest. Ich war nie dort gewesen, aber meine Mutter hatte mir oft von ihr und Triest erzählt. Ich freute mich also auf die Stadt.

Es war bitterkalt in diesem März 1987. Der eisige Wind, der über den Hafen fegte und das Wasser hochpeitschte, trieb uns die Tränen in die Augen. Aber das Wetter paßte zu der stolzen Stadt mit den majestätischen Palazzi, die den Hafen säumen, dem schloßähnlichen Justizpalast, dem weiträumigen Platz davor. Über die Kanäle, die die Stadt durchziehen, führen schön geschwungene Brücken, die Häuser auf beiden Uferseiten sind großzügig, und manche haben reiche Stuckornamente und üppige Goldmalereien. Trotz des Sturms und der Kälte hielten wir ziemlich lange durch. Nach Rumänien und Polen war Norditalien wie Gesundwerden. Ich konnte wieder atmen, und das, obwohl ich wußte, daß wir auch hier in Italien von der Vergangenheit nicht verschont bleiben würden.

Wir begegneten ihr bereits im Gefängnis »La Risiera«.

Es liegt außerhalb der Stadt und war früher eine Reisfabrik. Der Eingang ist ein schlauchartiger Gang zwischen Betonmauern. Dahinter das Büro des Aufsehers. Er wich uns nicht von der Seite und erzählte von schrecklichen Geschichten, die sich in dem Gefängnis abgespielt hatten: Erhängungen im Hof, der Kopf nach unten, aus den aufgeschlitzten Bäuchen waren die Därme herausgerissen.

Durch den Betongang kommt man in den Innenhof und steht vor drei miteinander verbundenen dunkelroten Backsteingebäuden. Sie sind unterschiedlich hoch, das höchste hat acht Stockwerke. Vor den Fenstern der unteren sind Gitter angebracht. Die Zellen: schmal, ohne Tageslicht, auf dem Zementfußboden zwei Pritschen übereinander, in manchen nur eine. Verwelkte Blumen an den Türen, kleine vertrocknete Kränze.

»La Risiera« war in erster Linie ein Gefängnis für Partisanen und Widerstandskämpfer, später auch für Juden. Insgesamt waren hier 10 000 Gefangene eingesperrt, 4 000 bis 5 000 von ihnen wurden umgebracht.

Auf wessen Konto das ging?

Einer, auf dessen Konto das ging, war Ende Oktober 1943 nach Triest, in seine Geburtsstadt, zurückgekommen, einer, der seine Karriere in Polen gemacht und die Vernichtungslager Belzec, Sobibór und Treblinka eingerichtet hatte, einer der schlimmsten Judenschlächter überhaupt: Odilo Globocnik. Seit der Besetzung Italiens galt ein Rundschreiben des Reichssicherheitshauptamtes, daß nun die Juden Italiens in die Deportationsmaßnahmen einzubeziehen seien. Dafür war Globocnik der richtige Mann. Er ließ sich in Triest, im »Adriatischen Küstenland«, nieder und richtete mit zwanzig, dreißig seiner SS-Helfer das Lager »La Risiera« ein.

Triest hatte nach Rom und Mailand die drittgrößte Jüdische Gemeinde Italiens mit mehr als 6 000 Juden. 1 000 wurden deportiert, 12 sind zurückgekommen. 600 von ihnen, den gläubigen, den nichtgetauften Juden, ist auf dem jüdischen Friedhof ein weißes Marmordenkmal gesetzt mit Namen, Geburtsjahr, Todesjahr. Die Gräber sind gepflegt, die Buchsbaumhecken geschnitten, auf dem Denkmalssockel stehen frische Blumen, gesteckt, drapiert. In Italien wurde, im Unterschied zu den meisten anderen Ländern Europas, in der Judenfrage ein anderes Geschichtskapitel geschrieben. Wenn auch nicht ohne Schattenseiten.

Natürlich blieben auch hier die Juden nicht von Denunziationen verschont. Natürlich nahmen auch hier Nichtjuden die frei gewordenen Stellungen von Juden ein. Natürlich gab es auch hier Verrat und Verhaftungen durch die italienische Polizei. Aber das alles in viel geringerem Maß als anderswo.

Im Haus von Dr. Mario Storck, dem Präsidenten der Jüdischen Gemeinde von Triest, ist kein Licht. Das kennen wir schon von unserem ersten Besuch, und deshalb sind wir auch nicht beunruhigt über die heruntergelassenen Jalousien und die zugezogenen Vorhänge. Nach mehrmaligem Klingeln wird geöffnet. Eine Hausbedienerin hat er also auch, geht es mir durch den Kopf, er ist ja ein vermögender Mann. Wir tappen durch finstere Vorräume und Zimmer, kommen in einen etwas helleren Raum und entdecken auf einem riesigen Sofa zwischen vielen bestickten Kissen einen kleinen Mann. Ich erkenne ihn sofort wieder: Dr. Mario Storck. Sein Kopf erscheint mir in dem Schummerlicht noch bulliger, aber vielleicht ist es auch bloß der vorstehende Oberkiefer, der einen kleinen Schatten wirft. Weiß der Himmel, weshalb er und seine Frau im Dunkeln leben. Aus Sparsamkeit sicher nicht. Er kommt aus einem reichen Elternhaus. Die Familie ist rechtzeitig geflohen, die Deportationswelle hat sie nicht erfaßt. Und doch ist er bis heute von den damals erlassenen Maßnahmen gegen die Juden zutiefst betroffen, vor allem, wie er uns sagte, weil sich die Juden in Italien wegen ihrer starken Assimilation und Integration so sicher gefühlt hatten.

Wann flohen Sie in die Schweiz?
Wir flohen im Juli '43 in die Schweiz.

Und von '38 bis '43 haben Sie wo und wie gelebt?
In Jugoslawien, wo unsere Fabriken waren, aber auch in Triest.

Was ist Ihnen denn geschehen zwischen '38 und '43?
Nichts. Als Juden ist uns nichts geschehen. Nur verloren wir die Fabrik. (Lacht) Eine Kleinigkeit!

*Das heißt: Juden durften nach den auch in Italien erlassenen Juden-
gesetzen keine Fabriken besitzen?*
Ja, das waren die Judengesetze nach deutschem Vorbild.

*Wie hat sich denn die Bevölkerung Ihnen gegenüber verhalten?
Was haben Sie als Jude nach Erlaß der Judengesetze hier in Triest zu
spüren bekommen?*
Wir wurden hundertprozentig von allen respektiert. Uns geschah
nichts.

Ihre Freunde waren weiterhin Ihre Freunde?
Das nur teilweise. Manche Leute hatten Angst.

*Gut, Angst ist etwas anderes als Antisemitismus. Wie stand es
damit in Italien?*
Antisemitismus gab es in Triest, besonders in Triest nicht.

Weshalb nicht?
Das sind besondere Gründe, weshalb in Triest kein Antisemitismus
war. Die Bevölkerung hat sich seit über hundert Jahren mit den
Juden verschwägert sozusagen. Also, jede Triester Familie hat einen
jüdischen Großvater oder eine jüdische Großmutter. Einen offiziel-
len Antisemitismus in Triest gab es nie.

Auf unserer Recherchenreise im vorigen Jahr hatten wir Primo Levi
in Turin besucht. Sein Buch über Auschwitz hatte mich tief getroffen, mehr als jeder andere Erlebnisbericht. Er wohnte in einer etwas
düsteren Wohnung im dritten Stock eines großen Mietshauses. Er
war freundlich, dabei scheu. Ein leiser Mann. Er sprach deutsch mit
uns, ein feines, literarisches Deutsch. Dieses literarische Deutsch,
woher er das könne? Er habe deutsch notgedrungen gelernt. In
Auschwitz. In der Hauptsache Kommandos und Befehle. Aber als
er nach seiner Befreiung wieder in Italien war, da habe er sich
gedacht, daß diese Sprache in Auschwitz nicht die Sprache eines
Heine oder Kleist sein könne. Also habe er dann richtig deutsch
gelernt.

Er sprach sehr verhalten. Überhaupt war alles verhalten und gedämpft in der Wohnung, die Geräusche von nebenan, das Rükken von Tassen und Tellern, das Schlurfen über den Flur. »Meine Mutter und meine Tante leben bei mir«, sagte er, »und beide sind krank und alt.«

Wir verabredeten ein Interview für das nächste Jahr.

Als wir ihn jetzt aus Triest anriefen und um das Gespräch baten, konnte er uns nicht empfangen. Leider, sagte er, er sei in einer schweren Krise. Depressionen.

Kurz darauf stürzte er sich aus dem Fenster seiner Wohnung. Einige Zeitungen schrieben, er habe sich umgebracht, weil seine Mutter kurz vorher gestorben war. Aber Primo Levi ist an Auschwitz gestorben, vierzig Jahre nach Auschwitz. Ich kenne sein Buch.

Nach Turin fuhren wir also nicht mehr. Wir fuhren weiter nach Mailand.

Das »Institut für jüdische Zeitgeschichte« wird von Liliana Picciotto, einer jungen Historikerin, geleitet, die seit Jahren alle Daten aller ermordeten italienischen Juden sammelt. Das Institut ist bis unters Dach voll mit Büchern, Karteien, Landkarten, Fragebögen, Erhebungsdaten. Liliana Picciotto erklärt uns die Daten und die Quellen, sie weiß über ihr Thema alles. Über Kollaboration natürlich auch. Bei ihr, der Jüdin, besteht kein Verdacht auf Beschönigung, was die Haltung der Italiener in Sachen Kollaboration oder Verweigerung angeht:

Die Italiener verabschiedeten am 30. November 1943 ein Gesetz, das besagte, daß alle Juden, die nicht aus gemischten Familien stammten, in speziellen Konzentrationslagern interniert werden sollten. Infolge dieses Gesetzes wurde eine Bürokratie in Gang gesetzt, die vom Innenministerium ausging. Demnach mußten die Juden von der italienischen Polizei verhaftet werden. Die italienische Polizei übernahm es also, die Juden aufzuspüren, falls sie flüchtig waren, übernahm auch ihre Verhaftung und ihre Internierung in die Konzentrationslager. Alles, was darauf folgte, lag in den Händen der deutschen Nazis. Verhaftung bis Internierung war also Aufgabe der Italiener, aber ab der Deportation übernahmen die Nazis die Arbeit.

Wie kommt es, daß diese Befehle Mussolinis befolgt wurden?
Waren es Bürokraten und Polizisten, die Faschisten waren, oder
waren es ganz einfach Antisemiten?

Es ist schwierig, in Italien von einer antisemitischen Bevölkerung zu
sprechen oder von einer antisemitischen Bürokratie. Es gab eine
Bürokratie, die antisemitsch eingestellt war, aber das ist eine andere
Sache. Ich glaube, daß die meisten der Polizisten und Präfekten, die
diese Gesetze befolgten, ganz und gar keine Faschisten waren, daß
sie überhaupt nicht überzeugt waren von dem, was sie taten. Es war
eine Art Automatismus der Bürokratie, so ist es überall. Auf der
anderen Seite muß man mit Nachdruck betonen, daß es gerade im
Fall des einzelnen Polizisten, der Juden verhaften mußte, wo also
eine einzelne Person auf eine andere trifft, viele Fälle von Rettungs-
aktionen für Juden gegeben hat. Es gab Polizisten, die vorher
ankündigten, daß sie in die Häuser der Juden kommen würden,
damit gaben sie ihnen Zeit zur Flucht. Es gab auch Polizisten, die
falsche Protokolle ausstellten oder die Juden sogar versteckten.

Franca Magnani kannte eine Jüdin in Rom, die genau das bei einer
Razzia im Getto erlebt hatte. Sie und ihre Tochter waren von
italienischen Polizisten gerettet worden. Wir werden diese Frau in
ihrem kleinen Trikotagengeschäft im ehemaligen Getto in Rom
besuchen. Aber erst einmal fahren wir nach Carpi, in der Nähe von
Modena, denn bei Carpi liegt Fossoli, das ehemalige Durchgangslager für die Juden aus Italien.

Carpi hat einen der schönsten und größten Plätze Europas. An
der Stirnseite steht eine anmutige weiße Kirche, an der rechten Seite
zieht sich eine alte rote Stadtmauer entlang und an der linken ein
Arkadengang, in dem bronzene Lampen ein angenehm gedämpftes
Licht auf die Passanten werfen.

In der meterdicken Stadtmauer ist das ungewöhnlichste Denk-
mal für ermordete Juden, das ich je gesehen habe, ein Museum der
Erinnerung. In der Eingangshalle zunächst ein Foto vom Lager
Fossoli, auf Riesenformat vergrößert: Baracken, Stacheldrahtzaun,
Wachtürme. In dem großräumigen Gewölbe: Fotos, Schautafeln,
Landkarten und Glasvitrinen, in denen das bißchen persönlicher

Besitz ausgestellt ist, der den Inhaftierten geblieben war: Bücher, Tagebuchnotizen, Häftlingskleidung, Mützen, Schuhe, Brillen, Schnupfdosen, Zahnprothesen. Aber auch Folterwerkzeuge. Und dann kommt man in ein Gewölbe, vollgeschrieben mit Tausenden von Namen. Dunkle Schrift auf weißem Kalk. Vorname, Nachname. Die Namen aller 8 000 über Fossoli nach Auschwitz deportierten italienischen Juden.

Ich stehe da und lese die Namen. Und Deutschland? Was gibt es bei uns?

Jedenfalls nichts Vergleichbares. Zwei dicke Bücher. Sie enthalten die Namen von 150 000 aus Deutschland deportierten und ermordeten Juden. Aber das sind nur die Namen aus Deutschland-West, nicht die aus Deutschland-Ost. Die fehlen. Sind immer noch nicht gesammelt worden. Außerdem sind diese beiden Bände nur in einigen wenigen Bibliotheken zu haben und damit der Öffentlichkeit verborgen.

Die Italiener gehen anders mit ihren Toten um. Sie sind ja auch anders mit den Lebenden umgegangen. In Italien haben 26 000 von fast 40 000 italienischen Juden versteckt überlebt. In Deutschland haben ungefähr 5 000 Juden versteckt überlebt. 5 000 von 160 000.

Neben dem Museum ist ein kleines Theater, neben dem Theater eine Cafeteria. Dort wärmen wir uns immer wieder mit Cappuccino und Grappa auf, denn es ist beißend kalt. Beim dritten Mal fragt der freundliche Wirt mit den geröteten Wangen, der jedesmal auch einen Grappa mittrinkt und uns jetzt einen ausgibt, weshalb wir komischen Deutschen denn andauernd wieder in die Kälte hinausrennen würden.

Was filmt ihr eigentlich, eh?

Wir erzählen ihm, was wir komischen Deutschen in Carpi filmen. In Fossoli auch.

Darauf erzählt er uns, daß Carpi ein Widerstandsnest gewesen sei, ein kommunistisches Widerstandsnest. Noch heute, sagt er, wählen die Bauern hier zu 90 Prozent kommunistisch. Dutzende von Bauern könne er uns nennen, Bauern, die beim Widerstand gegen die Faschisten mitgemacht hätten. Wir sagten, wir seien nachher beim Bürgermeister schon mit ehemaligen Widerstandskämpfern verabredet. Aber nichts zu machen.

So sitzen also zu dem verabredeten Termin mindestens zwei Dutzend Männer im Sitzungszimmer des Bürgermeisters um einen riesigen ovalen Tisch. Es ist Sonntag vormittag. Vor jedem der Männer steht ein Glas Grappa. Es sind Bauern aus der Umgebung. Sie haben sich ihre guten Sonntagskleider angelegt. Manche Anzüge spannen etwas über dem Bauch. Statt einer Krawatte tragen einige ein seidenes Halstuch. Die Sitzung dauert ewig. Der Reihe nach erzählt jeder seine Geschichte. Und jede ist ergreifend, auf ihre Weise.

Wem sollen wir sagen, wir brauchten seine Geschichte nicht? Wir werden uns in Fossoli entscheiden. Und so ziehen wir los, mit zwanzig Bauern, die auf dem Weg temperamentvoll durcheinanderschnattern und sich zum weiß ich wievielten Mal ihre kleinen und großen Heldengeschichten erzählen. Und Heldengeschichten, irgendwie, sind es allemal.

Fossoli war unter Mussolini ein Internierungslager für die Kriegsgefangenen der Alliierten, für Engländer. Es blieb auch nach dem Sturz Mussolinis zunächst unter italienischer Verwaltung. Aber dann übernahmen es im Februar 1944 die Deutschen, und die Gefangenen dieses Lagers waren nun Juden. Der erste Transport nach Auschwitz verließ Fossoli am 22. Februar 1944 mit 650 Personen.

Um das große Gelände ist noch heute ein Drahtzaun gezogen. Das Tor hängt schief in den Angeln und ist verschlossen. Aber wir kommen auch ohne Schlüssel hinein, denn neben dem Tor ist der Maschendraht heruntergetreten. Die Baracken sind einigermaßen erhalten, obwohl die meisten Dächer und Fenster kaputt sind. In den Räumen liegen Schutt und Müll – Steine, aufgerissene Matratzen, vergilbte Fotos, dreibeinige Stühle, ein ausgelatschter Schuh.

Die Sonne, die jetzt alles in ein goldenes Licht taucht, kann uns nicht täuschen, denn wir stehen mitten auf dem berüchtigten Appellplatz. Man weiß ja, daß die stundenlangen Appelle bei bitterer Kälte oder glühender Sonne für viele das Todesurteil waren. Mir haben ehemalige Häftlinge von achtzehn Stunden Appell erzählt. Sie standen nackt. Bei Minusgraden. Wer das nicht durchhielt und hinfiel, wurde erschossen. Das wußten sie. Und viele ließen sich deshalb fallen.

Unsere Widerstandskämpfer stellen sich in Positur. Nichts ist angenehmer, als Italiener zu interviewen. Sie stellen sich richtig hin, reden unverkrampft, benehmen sich völlig selbstverständlich.

Unsere Bauern fangen einfach an:
Sie wollten eines klipp und klar sagen, nämlich, daß sie, bevor sie den Juden geholfen haben, auch den englischen Kriegsgefangenen geholfen haben.
Gefangener gleich Gefangener?
So ungefähr. In Italien hilft man einem Verfolgten.

1. Mann: Am 14. Oktober abends kamen zwei Antifaschisten, die den Widerstand organisierten, und baten mich, einen englischen Offizier aufzunehmen, der aus dem Konzentrationslager Fossoli geflohen war. Ich wußte genau, daß jeder, der Ausländer, Engländer usw., aufnahm, erschossen werden würde, denn es gab nach dem 8. September schon Proklamationen seitens der Deutschen.
2. Mann: Wir anderen waren eine Gruppe junger Partisanen, die diesen Engländer wegbrachten. Mein Freund hier war einer der Antifaschisten, zu dem wir Gefangene bringen konnten. Von seinem Haus aus wurden sie von uns auf Fahrrädern zu einem kleinen Bahnhof zwischen Carpi und Avarino gebracht. Dort gab es einen kleinen Zug, der sie über Bologna bis zur Grenze brachte. Dann wurden sie den Alliierten übergeben.

Warum taten sie das alles?
2. Mann: Wir wurden nicht bezahlt. Wir taten es aus einem menschlichen Gefühl heraus, aus humaner Solidarität. Wir waren Freiwillige, man mußte den Krieg bekämpfen, damit der Krieg endet. Und die Folge dieses Krieges waren all diese Gefangenen, all diese Menschen, die unter dem Krieg litten. Der Moment brachte uns dazu, vereint zu sein, um diesen Akt der Solidarität durchzuführen.
3. Mann: Ich will auch sagen, daß wir inzwischen gelernt hatten, daß das italienische Volk Italien erlösen mußte von dem Unglück, in das das Land durch 25 Jahre Faschismus gestürzt worden war. Wir befanden uns wirklich in einem so schlechten Zustand, daß das

zu der Reaktion führte, Italien zu erlösen, uns vom Faschismus zu befreien und ein demokratisches Regime zu begründen, wie wir es im Moment erleben.

Aber Angst hatten Sie nie zu jener Zeit?
4. Mann: Mut besteht auch aus Angst, weil die Notwendigkeit uns dazu brachte. Wir hatten eine Wahl getroffen: Es ist besser zu sterben, denn als Sklave zu leben. Die Freiheit zu verlieren ist, wie die Gesundheit zu verlieren.

Gab es auch Leute, die Personen retteten, ohne Partisanen zu sein?
5. Mann: Sicher, wenn auch nicht organisiert. In der Tat gingen wir als Partisanen, ohne uns zu maskieren, was heißt, wir hatten die Unterstützung der Bevölkerung. Wenn die Bevölkerung nicht so bereit gewesen wäre, am Befreiungskampf teilzunehmen, wäre nichts möglich gewesen, denn hier ... (er zeigt auf die flache, hügellose Landschaft) im Gebirge. Man stelle sich vor, wir hätten nicht alle diese Unterschlupfhäuser gehabt und die Hilfsbereitschaft der Familien, die immerhin riskierten, daß ihre Häuser angesteckt werden würden.

Alle nicken, alle schnattern wieder durcheinander. Jetzt geht es um direkte Hilfsaktionen für die in Fossoli inhaftierten Juden. Diese Bauern hier schreckten nicht davor zurück, in das Lager hineinzugehen und Botschaften der Gefangenen herauszuschmuggeln:

1. Mann: Die ersten Briefe trug ich in der Tasche, so gut wie möglich versteckt, wo ich es für gut hielt, ab und zu in den Strümpfen. Dann, als es viele wurden und als sie uns abends zur Durchsuchung angehalten hatten, habe ich sie unter den Fahrradsitz gesteckt und bin durchgekommen.

Riskierten Sie viel?
2. Mann: O ja, wenn sie uns gekriegt hätten, hätte man die Todesstrafe bekommen, wenigstens hieß es so.

Sagen Sie, bei jener Aktion, in der Sie Feilen verteilten, wie viele politische Gefangene haben fliehen können?
3. *Mann*: Unser Befreiungskomitee bekam durch das Befreiungskomitee in Mailand die Nachricht, daß ein Zug mit politischen Gefangenen in Zivil, also keine militanten, politischen Gefangenen, zu einer bestimmten Zeit abfährt. Also besorgten wir uns Mittel, um zu sabotieren, und kamen auf kleine Eisensägen, die wir in den Zug warfen. Diese Eisensägen bekamen wir in einem Laden, wo man uns zuerst gesagt hatte, es gäbe keine. Aber nachdem wir erzählt hatten, wie notwendig wir sie brauchten, hat man sie uns gegeben, ohne was dafür zu wollen.
4. *Mann*: Diejenigen, die unsere Botschaft verstanden hatten und wußten, was sie mit den Eisensägen machen wollten, haben während der Fahrt von Carpi nach Villafranca gesägt, und das Befreiungskomitee in Mailand schaffte es, einen Flugzeugalarm vor Villafranca auszulösen. Der Zug hielt an, und wer Mut hatte zu springen, der tat es. Ungefähr 80 bis 82 konnten fliehen.

Gab es viele in der Bevölkerung, die sich mit den Kriegsgefangenen, ob Engländer oder Juden, solidarisierten?
5. *Mann*: Ja, unbedingt. Der Kampf diente ja auch dazu, Menschen im Ort zu mobilisieren, ihren Beitrag zu leisten.

Das heißt, Sie versteckten, abgesehen von Engländern, Partisanen und Juden, auch andere Personen?
6. *Mann*: Ja, einen Deutschen. Ein junger Mann, er wird so 27 bis 28 Jahre alt gewesen sein. Er blieb hier bei uns zu Hause, sieben bis acht Tage lang. Wir gaben ihm zu essen und so. Als ich mit ihm sprach, warnte er mich sogar: »Wenn die dich kriegen, ziehen sie dir die Haut ab.«

Warum taten Sie das?
6. *Mann*: Die Leute brauchten Hilfe, brauchten Unterstützung. Wenn man helfen konnte, tat man es so, wie man konnte. Auch mit etwas zu essen. Auch mit Kleidern.

*Konnten Sie auch mit falschen Papieren helfen, mit Pässen, Perso-
nalausweisen?*
2. Mann: Mindestens hundert Juden sind mit falschen Papieren in
die Schweiz ausgewandert, darunter eine Familie, die zweieinhalb
Monate in unserem Haus gelebt hat.

Hatten Sie nie Angst, gefangen oder erschossen zu werden?
2. Mann: Der Wille, den Faschismus und die Nazis zu bekämpfen,
war zu groß. Ich habe ein Jahr lang nicht zu Hause geschlafen, das
heißt, ich war mir der Gefahr durchaus bewußt.

Jeder Italiener, der etwas auf sich hält, ist am Sonntagmittag zum
Essen zu Hause. Unsere Widerstandskämpfer aber hielten tapfer
aus, bis wir zu Ende gefragt hatten. Doch dann hatten sie es sehr
eilig, wegzukommen. Natürlich luden sie uns zum Essen ein. Natürlich hätten wir gern angenommen. Aber wir mußten weiter nach
Rom.

Im ehemaligen Getto von Rom leben auch heute noch vorwiegend
Juden. Die Fleischerei gleich neben dem alten weißen Tor ist eine
koschere Fleischerei. Das Käsegeschäft weist sich mit einem Schild
als »koscher« aus, der Laden mit den vielen Würsten auch. Franca
Magnani weiß, wo man den besten Käse kaufen kann, die besten
Oliven, das beste weiße Brot. Sie weiß auch, wo man am besten ißt.
Unser »Michelin« zeigt einen Stern für das koschere Restaurant,
und so ist das Essen auch: hervorragend.

Das Viertel ist kein Nobelviertel. Es gibt eine Menge kleiner, alter
Häuser, die ärmlich aussehen. Und dennoch haben sie den Charme
der schön proportionierten italienischen Häuser, in Sienarot und
Sienabraun und Sienagelb. Und fast alle haben den berühmten
kleinen Balkon in der Mitte der Fassade. Nur die dunkelrote Synagoge am Rand des Viertels erscheint groß im Vergleich zu den
kleinen Wohnhäusern.

An einer Hauswand in der Nähe des Tores ist eine kleine weiße
Marmortafel angebracht: Erinnerung an die Razzia vom 16. Oktober 1943.

Vor der Jagd auf die Juden von Rom telegrafierte Konsul Moellhausen am 6. Oktober dem Reichsaußenminister:

»Obersturmbannführer Kappler hat von Berlin den Auftrag erhalten, die 8 000 in Rom wohnenden Juden festzunehmen und nach Oberitalien zu bringen, wo sie liquidiert werden sollen. Stadtkommandant von Rom, General Stahel, mitteilt mir, daß er diese Aktion nur zulassen wird, wenn sie im Sinne des Herrn RAM liegt. Ich persönlich bin Ansicht, daß es besseres Geschäft wäre, Juden, wie in Tunis, zu Befestigungsarbeiten heranzuziehen...«

Der Reichsaußenminister aber ließ dem Konsul antworten:

»Der Herr RAM bittet, Rahn und Moellhausen anzuweisen, sich auf keinen Fall in diese Angelegenheit einzumischen, sie vielmehr der SS zu überlassen.«

Der Konsul war gegen »diese Angelegenheit«. Er wußte genau, warum. Nirgends in Europa waren die Juden so integriert wie in Italien. Sie gehörten dazu. Die Nichtjuden kämpften um ihre Juden, ließen sich ihre Mitbürger nicht einfach wegnehmen.

Franca Magnani erzählt von einer Contessa, die ihren Palazzo an der Grenze zum ehemaligen Getto hatte. Eine Häuserseite grenzte ans Getto, die andere an das christliche Viertel. Als die Jagd begann, zog sie die Juden auf der Gettostraßenseite in ihr Haus. Auf der Rückseite, im Christenviertel, waren die Deutschen nicht. Dort zeigte sie ihnen den Fluchtweg.

Dichtung oder Wahrheit? Wenn ich noch Zweifel hatte, wurden sie durch einen »glaubwürdigen« Zeugen ausgeräumt. In dem ehemaligen SS-Quartier, einem fünfstöckigen Haus mit Verhörzellen, ein paar Straßen weiter, finde ich ein Dokument, das diese Haltung der italienischen Bevölkerung belegt. »Autor« dieser Schilderung ist der SS-Obersturmbannführer Kappler. Der berichtet dem SS-Obergruppenführer Wolff, der zu dieser Zeit im Feldhauptquartier von Himmler war, am 18. Oktober 1943 von der Razzia in Rom:

»... Beteiligung der italienischen Polizei war in Anbetracht der Unzuverlässigkeit in dieser Richtung unmöglich. ... Verhalten der italienischen Bevölkerung eindeutig passiver Widerstand, der sich in großer Reihe von Einzelfällen zur aktiven Hilfeleistung steigerte. ... Verschiebungsversuche der Juden bei Eindringen deutscher Polizisten in das Haus in Nachbarwohnungen waren eindeutig zu beobachten und dürften verständlicherweise in zahlreichen Fällen vorgekommen sein. ... Antisemitischer Teil der Bevölkerung trat während der Aktion nicht in Erscheinung, sondern ausschließlich die breite Masse, die in Einzelfällen sogar versuchte, die Polizisten von den Juden abzudrängen...«

Die »Beute« der Deutschen war dementsprechend: Statt der erhofften 8 000 Juden haben sie nur 1 007 Juden gefangen.

Franca Magnani führt uns in eine kleine Gasse mit schmalen Geschäften. In einem Laden sind Nachthemden, Strümpfe und Unterröcke ausgestellt, in Nylon und anderen synthetischen Stoffen. Die Regale sind mit Pappkartons bis unter die Decke vollgestopft. Es ist das Trikotagengeschäft, in dem wir verabredet sind.

Eine kleine Frau mit rotgefrorener Nase, das Geschäft ist nicht geheizt, fällt Franca um den Hals: »Signora Magnani, Signora Magnani!«

Auch die Tochter, um die Vierzig, kommt hinter der ans Regal gelehnten Stehleiter hervor: »Signora, Signora!«

Sie wissen, was wir wollen, und lassen ihre Kunden warten. Die Mutter beginnt:

Morgens um fünf Uhr kam eine Nachbarin, die sagte, daß alle Männer fliehen sollten, weil die Deutschen alle Männer aufgriffen. Also sind alle Männer aus dem Haus geflohen. Um 5 Uhr 30 kam sie wieder und sagte, wir fliehen alle, denn die Deutschen verhaften auch alle Frauen und Kinder. Also haben wir uns angezogen und sind geflohen, meine Mutter, meine Kinder, meine Schwestern, alle sind wir zu nichtjüdischen Bauern nach Monte Verde geflohen.

Meine kleine Tochter und ich sind zwischen den Lastwagen der Deutschen, die mit angelegten Maschinengewehren dastanden, hindurchgegangen, und ich sagte zu meiner kleinen Tochter: »Paß auf, lache, lach! Wir lassen nicht erkennen, daß wir Juden sind.«

Zwischen den Deutschen traf ich einen Carabiniere, den ich kannte, und ich sagte zu ihm: »Ich bin Nazarena, wohin soll ich gehen?« Und er: »Um Gottes willen, hau ab, flieh, denn wir haben den Befehl, alle zu verhaften.«

Wir sind mit der Straßenbahn hierhin und dorthin gefahren, und zum Glück haben wir meine Mutter, meine Schwestern und meine anderen Kinder wiedergetroffen. Mein Vater und mein Mann waren woanders hingegangen, aber dann haben die Faschisten meinen Vater festgenommen und zuerst nach Fossoli gebracht. Dann wurde er selektiert und nach Auschwitz in die Gaskammer gebracht.

Wie viele Familienangehörige haben Sie verloren?
Mein Mann hat 17 Verwandte verloren, alle sind in der Gaskammer umgekommen, und ein drei Monate altes Mädchen haben die Deutschen in die Luft geworfen und abgeschossen wie eine Tontaube.

Die Leute, die um uns herumstehen, schütteln den Kopf. Ich zögere, mich auf deutsch zu verabschieden, versuche es mit meinem Italienisch. Die beiden Frauen beantworten diesen Versuch mit einer Umarmung. Das ist Italien.

Also, ciao. Ciaoaoao.

Das Kloster, das wir suchen, liegt in der Umgebung von Rom. Ich hatte in dem SS-Quartier nicht nur den Kappler-Bericht, sondern auch eine Liste von über achtzig Klöstern entdeckt, in denen Juden versteckt waren. Eins suchten wir aus, eine Klosterschule. Es war gerade Pause. Im Hof standen die Nonnen inmitten der Ball spielenden Kinder und warteten. Wir hatten eine Jüdin mitgebracht, die hier versteckt gewesen war. Sie hatten sich alle sehr lange nicht gesehen. Die Begrüßung war herzlich, und sie fingen sofort an, Erinnerungen auszutauschen. Die Schwester Oberin kam dazu, sie hatte damals von Anfang an über alles Bescheid gewußt.

Wann und wie lange waren Sie hier versteckt?
Ich habe mein 12. Lebensjahr in diesem Kloster vollendet. Es war November, ich kann mich auch erinnern, daß die Schwestern mir ein kleines Fest bereiteten. Wir waren hier seit September, denn meine Eltern hatten bereits gehört, daß Gefahr in der Luft lag. Das war, als die Gold-Geschichte war, als Kappler von der Jüdischen Gemeinde Gold forderte. Also vorsichtshalber, bevor irgend etwas

Schlimmeres passierte, haben sie uns Kinder in diesem Kloster versteckt. Am Anfang waren wir wenige Juden, hatten aber ein sehr gutes Verhältnis zu den anderen katholischen Kindern. Nach dem 16. Oktober (gemeint ist die Razzia 1943 in Rom) füllte es sich hier mit Juden. Es waren fast fünfzig jüdische Kinder. Von daher haben wir uns von einer Minorität in eine Majorität verwandelt.

Wir waren von September bis zur Befreiung, vielleicht auch einige Wochen darüber hinaus, bis Ende Juni, hier.

Zu den Nonnen: Wie viele Kinder haben Sie hier retten können und wie viele Erwachsene ungefähr?
Oberin: Insgesamt werden es fünfzig gewesen sein. Zwanzig Erwachsene, dreißig Kinder. Auch junge Frauen, 16 bis 17 Jahre, auch älter.

Was haben Sie tun können in bezug auf ihre Identität?
Oberin: Wir haben versucht, Dokumente zu besorgen, aber Genaues wußte nur die Oberin, die das alles selbst erledigt hat. Ich wußte von diesen Papieren, wußte auch, daß einige Kinder andere Namen trugen.

Hatten Sie nie Angst, daß die Deutschen kommen könnten, um Sie zu verhören?
Oberin: Wir fürchteten es, aber die Vorsehung hat uns immer geholfen. Eines Abends sind zwei Deutsche gekommen, weil ein Deutscher desertiert war. Also, die zwei kamen gegen 19 Uhr, aber sie durchsuchten uns kaum. Ich kann Ihnen gar nicht sagen, welche Angst wir hatten, denn es gab Treppen, die direkt zu den Schlafzimmern führten, wo alle unsere Leute versteckt waren. Wir hatten sie nicht vorwarnen können. Aber die Deutschen sagten nichts und gingen nach einer Viertelstunde weg.

Wie haben Sie es geschafft, all diese Leute zu ernähren?
Nonne: Ein bißchen hat es uns geholfen, daß wir Land besitzen, wir aßen viel Gemüse. Und dann, allerdings erst gegen Ende des Krieges, bekamen wir Kühe. Der Besitzer befürchtete, die Deutschen könnten sie ihm wegnehmen. Wir nahmen sie sehr gern auf. Sie

dienten der gesamten Gegend, bis hin zum Krankenhaus San Camillo, wo es Kranke gab, denen wir Milch brachten.

Wie kommt es, daß Sie all diesen Flüchtlingen die Türen öffneten?
Oberin: Sehen Sie, von der Kirche bekamen wir nicht gerade den Befehl, aber den Rat, die Türen all unseren jüdischen Brüdern zu öffnen, die bei uns anklopfen würden.

Und dabei lächelt sie mit einem milden Lächeln.

Ich streite nicht mit ihr über die Rolle der Kirche, auch nicht über die Rolle des Papstes, der sich, obwohl von verschiedenen Seiten bestürmt, zu keiner Äußerung gegen die Deportationen von Juden aus Rom hatte hinreißen lassen. Ich bin froh über dieses Kloster. Und über diese Frauen.

Wir sind mit der Vorsitzenden der Jüdischen Gemeinden Italiens verabredet. Das Haus, in dem sie wohnt, liegt direkt neben dem Getto. Tullia Zevi, Anfang sechzig, ist ungemein schön. Ich starre sie vielleicht ein bißchen zu sehr an. Ihre kurzgeschnittenen, weißen Haare haben einen Blauschimmer, sie trägt ein Chanel-Kostüm, ist stark geschminkt, mit Lidschatten und Rouge und Lippenstift, ist schlank und erzählt mir, während sie Whisky anbietet, lachend, daß sie sehr auf ihre Linie achten müsse. Wir trinken dennoch den Whisky.

Die Wohnungseinrichtung ist ebenso extravagant: Vor den in die Wand eingelassenen Sitzbänken steht ein Glastisch mit Marmorrand, davor ein schwarz lackierter, hoher schlanker Stuhl. An der Wand zwei durchlaufende Bücherregale, voll mit Erstausgaben. Die Farben in der Wohnung aufeinander abgestimmt: Grau, Schwarz, Lila.

Tullia Zevi stammt aus Ferrara. Ihre ganze Familie ist deportiert und in Auschwitz ermordet worden. Ich frage sie:

Haben Sie den Italienern etwas vorzuwerfen, Kollaboration oder Verweigerung?
Ich würde sagen, daß der Charakter der Italiener ein in der Substanz anarchischer Charakter ist. Der Italiener fühlt sich nicht verpflich-

tet, der Autorität zu gehorchen. In Italien herrscht vor einer Autorität, deren Schlechtigkeit man spürt, das heilige Gesetz des Ungehorsams. Die Italiener verstehen es, nicht zu gehorchen angesichts ungerechter oder perverser Befehle. Aber: Die Italiener haben kaum wahrgenommen, was einem absolut integrierten Teil der Bevölkerung geschah. Erst als sie die Konsequenzen, die Resultate der Infamie, die die Rassengesetze darstellten, bemerkten, das heißt, als sie von den Deportationen und dem Mord an den Juden wußten, erst da haben sie »nein« gesagt. Man sagt, daß die italienischen Juden weniger gelitten haben, daß sie weniger verfolgt waren als Juden anderswo. Eine geringere Zahl ist vernichtet worden. Aber man muß auch daran denken, wovon wir ausgingen. Wir waren eine zutiefst integrierte Minorität. Familien lebten hier seit 2 000 Jahren, seit sieben Jahrhunderten, seit zehn Jahrhunderten. Wir haben nie in einem »Stetl« gelebt, auch wenn wir in Gettos eingeschlossen waren im 18. oder 17. Jahrhundert. Die symbiotische Beziehung mit der restlichen Bevölkerung ist nie unterbrochen worden, auch in den Zeiten der Emigration nicht. Von diesem Niveau der Integration ausgehend, hat uns das, was geschehen ist, entsetzt. Es hat uns so erschüttert, weil wir tatsächlich gleich waren.

Wenn ich könnte, würde ich gern mit den Italienern leben.

BULGARIEN

Bulgarien war 1915 an der Seite von Deutschland und Österreich-Ungarn in den Ersten Weltkrieg eingetreten und hatte ihn mit ihnen verloren. So hatte es 1919 im Friedensvertrag von Neuilly schwere Gebietsverluste hinnehmen müssen. Es mußte die Süddobrudscha an Rumänien und einige Gebiete in Makedonien an Jugoslawien abtreten. Ferner verlor es Westthrakien an Griechenland und damit den Zugang zum Mittelmeer. Seitdem gehörte Bulgarien zu den revisionistischen Mächten, blieb aber bei Beginn des Zweiten Weltkrieges zunächst neutral.

Doch als Rumänien im Sommer 1940 unter Druck geriet und Gebiete an die Sowjetunion und Ungarn abtreten mußte, nutzte Bulgarien die Gelegenheit aus, verlangte die Rückgabe der Süddobrudscha und erhielt sie im Vertrag von Craiova vom 7. September 1940. Als dann Deutschland im Frühjahr 1941 den Balkanfeldzug vorbereitete, trat Bulgarien auf dessen Seite. Es schloß sich am 1. März 1941 dem Dreimächtepakt an, ließ deutsche Truppen ins Land und erleichterte ihnen so den Einmarsch nach Griechenland und Jugoslawien. Danach besetzte es selbst Griechisch-Thrakien und Jugoslawisch-Makedonien, und diese Gebiete wurden ihm dann von Hitler überlassen. Damit hatte Bulgarien seine territorialen Ziele erreicht. Es beteiligte sich nicht am Krieg gegen die Sowjetunion, war aber mit Deutschland verbündet, und das wirkte sich auf das Schicksal der Juden aus.

In Altbulgarien lebten etwa 50 000 Juden, was einem Anteil von weniger als einem Prozent an der Gesamtbevölkerung entsprach. Obwohl die Juden in Bulgarien seit 1878 volle Gleichberechtigung genossen und der Antisemitismus stark zurückgegangen war, schloß sich Bulgarien schon 1940 der deutschen Judenpolitik an und erließ am 24. Dezember 1940 ein erstes antijüdisches Gesetz. Die Juden wurden registriert und verloren viele ihrer Rechte.

1941 wurden diese Maßnahmen auch auf die neugewonnenen Gebiete ausgedehnt. Dort lebten in Thrakien etwa 6 000 und in Makedonien etwa 8 000 Juden, was wie in Altbulgarien einem Anteil von weniger als einem Prozent an der Gesamtbevölkerung entsprach. Diese Juden wurden gleichfalls registriert und entrechtet, und sie erhielten anders als die übrigen Bewohner nicht die bulgarische Staatsangehörigkeit.

In Übereinstimmung mit Deutschland verschärfte Bulgarien 1942 seine Judenpolitik. Im August wurde ein eigenes Kommissariat für Judenfragen errichtet, dessen Leitung Alexander Belev übernahm, der 1940 nach Deutschland entsandt worden war, um dort die Judengesetzgebung zu studieren. Seine Aufgabe war, »die Aussiedlung der Juden in die Provinz oder außerhalb des Königreiches« vorzubereiten. Im Januar 1943 traf der deutsche SS-Hauptsturmführer Theodor Dannecker, der zuvor die Judendeportationen aus Frankreich geleitet hatte, in Sofia ein und unterzeichnete am 22. Februar mit Judenkommissar Belev eine förmliche Vereinbarung. Demnach sollten in Kürze 20 000 Juden in die deutschen Ostgebiete, also in die dortigen Vernichtungslager, deportiert werden, und zwar 8 000 aus Makedonien und je 6 000 aus Thrakien und Altbulgarien.

Als diese Pläne bekannt wurden, kam es Anfang März in der südwestbulgarischen Stadt Kjustendil, wo, wie auch anderswo, die Juden bereits interniert worden waren und auf den Abtransport warteten, zu heftigen Protesten und im Parlament in Sofia zu einer Protestresolution. Die bulgarische Regierung beschloß daraufhin, die Juden in Altbulgarien wieder freizulassen und sie im Lande zur Zwangsarbeit einzusetzen. Deportationen, so ließ sie der deutschen Regierung mitteilen, kämen nur aus Makedonien und Thrakien in Frage. Tatsächlich wurden dann Ende März 1943 aus diesen Gebieten 11 343 Juden nach Treblinka deportiert, 7 122 makedonische mit der Eisenbahn von Skopje aus und 4 221 thrakische. Diese wurden auf der bulgarischen Eisenbahn quer durch Bulgarien nach Lom an der Donau gebracht, von dort auf Schiffen nach Wien und dann mit der deutschen Eisenbahn nach Treblinka. Dort wurden sie alle ermordet.

Der bulgarische Fall ist außerordentlich. Einerseits war Bulgarien neben Vichy-Frankreich und der Slowakei der einzige Staat, der auf deutschen Wunsch, aber ohne unmittelbaren Zwang und mithin freiwillig Juden an Deutschland auslieferte. Andererseits war Bulgarien das einzige Land, in dem eine Protestbewegung der Bevölkerung die Auslieferung wenigstens der eigenen Juden verhinderte. Zwar wurden diese auch weiterhin verfolgt und aus Sofia in die Provinz ausgesiedelt, aber sie überlebten. Im Herbst 1943 wurden die antijüdischen Maßnahmen gelockert und im August 1944 überhaupt aufgehoben. Das zeigt, daß die bulgarische Judenpolitik hauptsächlich aus Willfährigkeit gegenüber Hitlerdeutschland hervorgegangen war.

Was wir in Bulgarien zu erwarten hatten, wußten wir nur so ungefähr. Auch ein Polizeistaat wie Rumänien, aber doch viel weniger Polizeistaat. Auch keine glänzende Versorgung, aber immerhin eine viel bessere Versorgung. Als wir das erste Mal durch Sofia fuhren, kamen wir aus dem Staunen nicht heraus: keine langen Schlangen vor den Geschäften, kein Dreck auf den Straßen und keine Baustellen. Der große Platz vor der Sobranje, dem Parlament, ist blitzeblank, das Kopfsteinpflaster ockerfarben lackiert, der ganze Platz wird Nacht für Nacht mit Wasser gewaschen. Keine Zigarettenkippen, kein Papier, nicht mal Unkraut zwischen den Steinen. Unser Hotel lag an diesem Platz. Von meinem Hotelzimmer aus habe ich die nächtlichen Waschaktionen beobachtet. Sonst hätte ich es nicht geglaubt.

Unser Kontaktmann in Sofia war Angel Wagenstein.

Wagenstein, Kommunist, Jude, Partisan, wurde nach dem Krieg einer der bekanntesten Filmregisseure des Landes. Er hat für die DEFA gearbeitet, zusammen mit Konrad Wolf, er hat auch für den Sender Freies Berlin gearbeitet, daher der Kontakt. Er lud uns in seine Wohnung ein. Seine Frau war auf dem Land, in ihrer »Datscha«. Wagenstein ist ein brillanter Erzähler, besonders kenntnisreich, was die Geschichte der Juden in Bulgarien angeht, und er ist auch ein freundlicher Gastgeber. Wir reden uns fest, er erzählt gern. Er zeigt uns seinen DEFA-Film »Sterne«, einen Film über die Deportation der thrakischen Juden. Das sind jene 4 221 Juden, die Bulgarien freiwillig, ohne Not, an die Deutschen ausgeliefert hat. Genauso wie die 7 122 Juden aus Makedonien. Die thrakischen und makedonischen Juden waren für den bulgarischen Zaren eben »die fremden Juden«. Alle sind nach Treblinka deportiert und dort ermordet worden.

Das ist die eine Seite der bulgarischen Geschichte. Die andere Seite heißt: Widerstand und Rettung für die eigenen Juden, die aus Altbulgarien.

Herr Wagenstein, gab es Antisemitismus in Bulgarien?
Nein, es gab Antisemiten in Bulgarien, weil es Faschisten gab, aber Antisemitismus als eine Realität, als einen sozialen Faktor gab es nicht. Auch im Zweiten Weltkrieg gab es keinen Antisemitismus. Bulgarien kennt kein Pogrom gegen die Juden. 48 000 bulgarische Juden, praktisch die ganze jüdische Minderheit, wurden im Zweiten Weltkrieg gerettet. Nicht ein Jude ist in Bulgarien als Jude getötet worden, nicht ein Jude wurde nach Polen deportiert. Wenn welche ums Leben kamen, dann sind sie als Widerstandskämpfer gefallen.

Er zeigt uns das ehemalige jüdische Viertel. Das gleiche Bild wie in Rumänien, wie in der Sowjetunion: relativ schmale Straßen mit kleinen Häuschen. In einem Teil des Viertels, das heute von Zigeunern bewohnt wird, muß Angel Wagenstein uns vor den mißtrauischen Bewohnern in Schutz nehmen. Sie glauben, wir wollten Zigeunerwohnungen filmen, wollten ihr soziales Elend zeigen.
Angel Wagenstein kennt Sofia, kennt dieses ehemalige jüdische Viertel genau. Er zeigt und erklärt uns alles und jedes Haus, in dem Widerstandskämpfer gewohnt und gekämpft haben:

Wir sind hier in der Mitte des ehemaligen jüdischen Viertels. Meistens waren das arme Juden, Arbeiter und Kleinhändler. Ärzte hatten natürlich schönere Häuser. Viele Juden waren Rechtsanwälte. In Bulgarien gab es wenige reiche Juden. Bulgarien selbst war kein reiches Land.

Und die Juden waren sehr oder sogar absolut integriert? Sie waren keine Minderheit?
Ich will Ihnen sagen, in Bulgarien hat es nicht einmal geklappt, egal, von welcher Seite aus, ein Getto zu errichten. Es gab natürlich einen nazi-faschistischen Versuch, die Juden in ein Getto zu sperren. Es gab früher auch zionistische Versuche, die Juden in ein selbständi-

ges Getto zu schließen. Beide Versuche haben Gott sei Dank nicht geklappt. Deswegen haben sich so viele Bulgaren engagiert für die Rettung der Juden, deswegen haben so viele Leute Solidarität gezeigt. Es gibt auch eine Erklärung für die Bereitschaft von vielen Bulgaren, Juden zu verstecken, für den Fall, daß sie nach Polen deportiert werden sollten. In mehreren Familien, inklusive meiner eigenen, gab es falsche Ausweise mit bulgarischen Namen. Auch meine Mutter, sie war schwerbeschädigt, hatte einen solchen Ausweis, und wir wußten auch, in welches Dorf und in welcher Familie sie unterkommen würde.

Diese beiderseitige Solidarität kann man nur damit erklären, daß die Juden niemals eine Mauer zwischen sich und die Bulgaren gebaut haben. Sie wissen, daß Bulgarien 500 Jahre unter den Türken gelitten hat, und die Juden haben mit den Bulgaren gegen die Türken gekämpft. Damals gab es schon dieses Gefühl für Solidarität gegenüber anderen Leuten. Und ich will noch etwas sagen, meiner Meinung nach sind nur arme Leute solidarisch mit anderen, niemals reiche.

Aber die bulgarische Kirche hat doch eine so außerordentliche Rolle bei der Rettung der Juden gespielt. Warum?
Wenn Sie mich fragen, warum die Kirche die Juden in Schutz genommen hat, kann ich nur antworten, das ist tief in der kirchlichen Tradition Bulgariens verwurzelt. Ich weiß nicht, ob Sie wissen, daß unsere Klöster Asyl waren für Revolutionäre. Die Kirche hat auch eine große nationale Befreiungsrolle in der türkischen Zeit gespielt, besonders im 18. und 19. Jahrhundert. Die Kirche ging in ihrer Tradition parallel zur nationalen Befreiungsrevolution, also diese Kirche, die mehr auf das Schicksal der Leute blickte als auf den Himmel, war eine volkstümliche, demokratische Kirche.

Herr Wagenstein, waren Sie Partisan als Kommunist oder als Jude?
Nein, als Kommunist. Es wäre komisch, zu sagen, als Jude. Es gab keine jüdischen Partisanen-Brigaden, wir hatten keinen jüdischen Widerstand, wir hatten kein Getto, kein jüdisches Getto im Widerstand, also hier war es anders als in Polen. Dort haben einige jüdische Organisationen für sich selbst gekämpft.

Bei uns war das nicht so, wir waren total integriert in der vaterländischen Front. Das war eine Widerstandsorganisation aller anti-
faschistischen Parteien. Die ganze Partisanenbewegung wurde von
dieser Organisation geführt, also habe ich als Kommunist
gekämpft.

Angel Wagenstein begleitet uns ins Widerstandsmuseum. Museum
ist ein bißchen hochtrabend. In Wahrheit besteht es aus einigen
wenigen Räumen und ist im obersten Stockwerk eines mehrgeschossigen Hauses untergebracht.

Im Konferenzraum warten auf uns zehn ehemalige Widerstandskämpfer, ältere Leute natürlich, man kennt sich, umarmt sich,
Angel Wagenstein ist offensichtlich ihr Star, Film- und Fernsehstar.
Das sieht er auch so. Er erklärt ihnen unser Projekt, bittet sie, uns
dabei zu helfen, sie nicken, alle. Eine Frau fällt mir besonders auf,
sie hat ein breites, schönes slawisches Gesicht, dunkle warme
Augen. Es ist Betty Danon, damals Widerstandskämpferin und
Kommunistin, heute immer noch Kommunistin. Sie führt uns
durch die Ausstellung des Museums. Ich entdecke zwischen vielen
anderen Porträts auch das Foto einer ernsten, schönen Frau, um die
Zwanzig. Ich erkenne sie sofort, es ist die junge Betty Danon. Die
eher stille und bescheidene Frau wird ein bißchen verlegen. Aber ich
weiß von Angel Wagenstein, daß sie damals im Widerstand eine
entscheidende Rolle spielte. Sie hat, als die Juden deportiert werden
sollten, in Sofia mitgeholfen, den großen Protestzug zum Schloß des
Zaren zu lenken.
Diese Massendemonstration, an der 10 000 Menschen teilgenommen haben, hatte eine Vorgeschichte:
Jedes Jahr wurden in Bulgarien am 24. Mai die Schriftgelehrten
Kyrill und Method gefeiert. 1943 auch. Ein Feiertag im wahrsten
Sinne des Wortes, mit Umzügen, Aufmärschen, Musik. Alle sind
auf der Straße: Zar Boris, der das Volk segnende Metropolit und
alle Widerstandsgruppen des Landes. Diese nutzen die Stunde. Sie
funktionieren den Festzug zu einem Protestmarsch gegen die
beschlossene Deportation der Juden um. Und das gelingt. Der Zar
läßt die Juden von Sofia, und das sind 25 000, in die Umgebung der

Stadt evakuieren, aber nicht in ein Vernichtungslager deportieren. Damit waren auch die übrigen Juden Bulgariens gerettet. Sie verloren ihre Existenzen, ihr Hab und Gut. Aber sie überlebten. Das nackte Leben, das war doch schon alles für einen Juden in dieser Zeit.

Fotos im Museum zeigen die dramatischen Stunden: Soldaten, mit Bajonetten und Pistolen, zu Pferde und zu Fuß, Marschierende, Nichtjuden und Juden, die Juden mit Stern, auch Todor Schiwkow, damals Sekretär der Kommunistischen Partei Bulgariens, einer der Führer des Widerstands, auch bei dieser Demonstration.

Frau Danon, wer hat den Widerstand organisiert?
In der Vaterländischen Front waren alle progressiven Parteien vertreten. Sozialdemokraten, Liberale und auch Parteilose.

Waren es wirklich 10 000 Demonstranten insgesamt?
Ich kann natürlich nicht behaupten, daß es genau 10 000 waren, aber ungefähr 10 000. All diejenigen Bürger, die an der Mai-Demonstration teilnehmen wollten, haben sich uns angeschlossen, haben also auch an unserer Manifestation teilgenommen. Das Ziel war, zum Zaren-Palais zu laufen, um dort auf Studenten und Schüler, die an einer anderen Demonstration teilgenommen hatten, zu treffen.

Frau Danon, berittene Polizei und berittenes Militär haben eingegriffen. Meine Frage ist: Verletzte gab es sicher, aber hat es auch Tote gegeben?
Tote gab es nicht, es gab nur Verletzte. Wir wurden von berittener Polizei und auch von Polizisten in Zivil umzingelt, und einige hundert Personen wurden verhaftet und in ein Konzentrationslager geschickt. An der Spitze ging auch ein Rabbiner. Die ganze Manifestation stand unter der Losung: »Retten wir unsere Brüder, die Juden«.

Hatten Sie Angst, daß die Polizei schießen würde?
Wir hatten keine Angst. Wir sind auf Leben und Tod vormarschiert. Sympathie seitens der Polizei haben wir nicht gespürt, denn

sie sind über uns hergefallen mit Peitschen, haben um sich geschlagen, einige Leute sind auch von den Pferden getreten worden.

Wer hat Ihrer Meinung nach die Juden gerettet? Waren es die Juden selbst mit dieser Organisation? Waren es die Kommunisten, oder war es die Bevölkerung?
Ich glaube, das bulgarische Volk unter Leitung unserer Partei hat in erster Linie die Juden gerettet. Wir vergessen natürlich auch nicht die Teilnahme unserer bulgarischen Intelligenz.

Unter Glas sind Flugblätter und Telegramme ausgestellt. Es sind Schriftstücke von bulgarischen Vereinen und Vereinigungen, die 1941 gegen die Verabschiedung der Judengesetze, die zynischerweise »Gesetz zum Schutz der Nation« genannt wurden, heftig protestiert hatten. Es sind Protestnoten von Rechtsanwälten, Schustern, Straßenhändlern, Tischlern, Schneidermeistern, Ärzten, Konditoren, Tabakarbeitern, Schriftstellern. Sie alle erinnern die Regierung daran, daß die Juden gemeinsam mit den Bulgaren gegen die »türkische Fremdherrschaft und Unterdrückung« gekämpft haben. »Viele haben sich heldenhaft geopfert«, heißt es da. Und Rechtsanwälte beschwören die Regierung: »Die Juden sind von unserem Fleisch und Blut.«
Betty Danon gehörte zu den in die Provinz Evakuierten. Ich sehe in der Ausstellung noch ein Foto aus dieser Zeit. Betty Danon, zusammen mit etwa zwanzig anderen Frauen, auf dem Fußboden liegend, unter einer Wolldecke, Ja, sagt sie, es war wenig Platz. Aber es war immerhin Platz, für alle.
Die Geschichte der Evakuierung beginnt mich zu interessieren. Bei wem kamen die Juden unter? Wie haben sich die Leute auf dem Land den Städtern gegenüber benommen?
Betty Danon willigt ein, uns in das Dorf zu begleiten, in dem sie die Monate bis zur Befreiung Bulgariens überlebt hat. Sie sagt, sie sei seit damals nicht wieder dort gewesen. Wir informieren die Bauern, daß wir kommen. Wir sagen ihnen aber nicht, daß Betty Danon mit uns kommt. Ich möchte die Überraschung, im Guten wie im Bösen.

Ein kleines, stilles Straßendorf. Wir kommen mittags an. Ein paar Pferdefuhrwerke holpern über das Kopfsteinpflaster, ein paar Leute sind auf Fahrrädern unterwegs, sonst herrscht schläfrige Mittagsruhe, auch auf der Hauptstraße, die ungefähr einen Kilometer lang ist. Wir halten vor dem Haus. Eine ältere, füllige Frau kommt vor die Tür, bunte Schürze über buntem Kleid. Sie sieht Betty. Und es schießen ihr Tränen in die Augen. Betty auch. Sie umarmen sich, streicheln sich, klopfen sich auf die Schultern, immer wieder. Es dauert eine ganze Weile, bis sich alle gefaßt haben. Wir werden ins Haus gebeten, kommen über eine schmale Stiege in die gute Stube: Eßtisch in der Mitte, Stühle drumherum, Torte auf dem Tisch. Dazu gibt es Coca und Sprite. Nachdem Betty ihre Mitbringsel, kleine rührende Geschenke, verteilt hat, können wir Fragen stellen:

Frau Danon, wie lange waren Sie nicht mehr hier?
Ich bin jetzt wirklich sehr aufgeregt, das hier alles wiederzusehen. Nach 1944, nach der Befreiung, hatte ich keine Gelegenheit mehr, hierherzukommen. Ich habe Gutes und Schlechtes in Erinnerung.

Was ist das Gute, was das Schlechte?
Das Schöne war, daß uns damals die Menschen hier sehr freundlich empfangen haben, mit dem bulgarischen »Herzlich willkommen«. Mit Brot, wie es nur hier gebacken wird. Unser Gepäck wog 30 Kilo. Das war alles, was wir hatten.

Das war praktisch nur Kleidung? Sie hatten sonst nichts, kein Geld und so weiter?
Geld hatten wir auch nicht. Die Menschen hier haben uns unterstützt. Sie haben Lebensmittel für uns besorgt und hatten immer ein herzliches Wort für uns.

Frau Danon, ich habe ein Foto gesehen, das zeigt, daß es sehr eng war und daß Sie auf der Erde geschlafen haben.
Ja, natürlich, es gab ja keine andere Möglichkeit. Zu Anfang haben wir alle auf dem Fußboden geschlafen.

Das gehört sicherlich zu den weniger schönen Erinnerungen?
Nein, bei mir speziell war es die Verhaftung. Ich mußte ja meine dreimonatige Tochter alleine lassen bei dem Bruder meines Mannes.

Warum sind Sie verhaftet worden? Wurden Sie verraten? Sind Sie als Jüdin oder als Kommunistin verhaftet worden?
Ich wurde als Kommunistin verhaftet. Ich hatte Verbindung zu Kommunisten hier im Ort und bin verraten worden. Vor mir wurde ein Mann verhaftet, mit dem wir vereinbart hatten, daß er, wenn er die Folterungen nicht aushält, meinen Namen angibt, und so ist es dann auch passiert.

Sie sind verhaftet worden, weil Sie auch hier weiter im Widerstand tätig waren? Sie haben sozusagen weiter im Untergrund gearbeitet? Was haben Sie gemacht?
Ja, das stimmt. Unter den etwas vermögenderen Juden, die hier gewohnt haben und die auch bessere Wohnungen hatten, waren welche, die uns ihre Wohnungen zur Verfügung stellten. Wir haben Flugblätter gemacht. Und zum Widerstand aufgerufen.

Die Bäuerin, bei der wir zu Gast sind, sieht Betty unverwandt an. Es ist eine große Innigkeit zwischen den beiden. Ich würde gern weiterfragen. Aber erst muß ich den selbstgebackenen Kuchen essen. Dann darf ich fragen:

Haben Sie das gewußt?
Ob ich das gewußt habe oder nicht, auf jeden Fall habe ich so getan, als wüßte ich es nicht. Wir haben dann auch Lebensmittel gesammelt, Kleidung für Partisanen und für Illegale, das haben wir auch gemacht.

Warum haben Sie diese Menschen damals aufgenommen? War das freiwillig, oder wurden die Juden eingewiesen?
Wir haben nicht genau gewußt, ob das gezwungenermaßen geschah

oder nicht. Wir haben sie als Menschen empfangen und versucht, ihnen zu helfen, so gut wir konnten. Sie kamen hierher und fingen an, nach Wohnungen zu suchen. Sie waren für uns Fremde, aber wir haben uns ja dann kennengelernt, und ich habe Brot für sie geknetet und für sie gekocht.

Das war doch eine Einschränkung für Sie, einmal räumlich und dann eben auch finanziell?
Ja, das stimmt. Es war nicht viel, was wir hier an Räumlichkeiten hatten, aber es ging.

War es Ihnen denn nicht einmal in dieser ganzen Zeit einfach zuviel? Haben Sie nie gedacht, ach, wenn ich die doch bloß los wäre?
Nein, niemals. Als wir uns getrennt haben, taten wir das mit Tränen in den Augen.

Da sei noch jemand, sagt Betty Danon, dem sie einen Besuch abstatten wolle, dem sie auch zu danken habe. Er wohne nur ein paar Häuser weiter. Wir gehen. Und alle gehen mit, im Gänsemarsch. Als wir die Straße überqueren, kommen Leute gelaufen, um Betty Danon zu begrüßen. Ihre Anwesenheit hat sich offenbar wie ein Lauffeuer herumgesprochen. Lachen. Umarmungen. Tränen.

Betty klingelt an einem Haus, ein alter Mann mit einer Schirmmütze auf dem Kopf schlurft ans Gartentor. Er hat zuerst Mühe, den Besuch zu erkennen. Aber dann gibt es wieder eine Umarmung und wieder den Austausch von Erinnerungen.

Frau Danon, würden Sie sagen, daß Sie ohne diese Menschen hier nicht überlebt hätten?
Ja, das kann ich nur bestätigen. Der alte Mann, der jetzt gerade aus der Tür kam, hatte uns Unterschlupf geboten. Wir konnten auch Radio London bei ihm hören. Es war ja für Juden verboten, einen Empfänger zu haben, und Radio London und BBC waren ja überhaupt verboten. Außerdem, als die Polizei hierher kam, um mich zu verhaften, hat er mich bis zur technischen Schule begleitet. Dort

war die Polizeistelle. Er sagte zu den Polizisten, daß er sehr erstaunt sei, daß man mich überhaupt verhaftet hätte, denn ich sei eine anständige Frau. Dank seiner Hilfe und seines Einsatzes wurde ich wieder freigelassen.

Dabei, sagt die Bäuerin, sei er doch Beamter gewesen.
Beamter? Also Staatsdienst?
Der Mann ist um die Neunzig. Aber meine Fragen versteht er dennoch:

Ich möchte gerne wissen, warum Sie das gemacht haben, als Beamter war das doch besonders gefährlich?
Ja, ich war Staatsdiener, aber ich habe gesehen, wie man sie gequält und verfolgt hat. Ich wollte ihnen helfen, wie ich nur konnte.

Aber das war doch gefährlich für Sie?
Ja, das war es natürlich, aber ich mußte das tun.

Sie mußten?
Na ja, aus humanen Gründen, aus Menschlichkeit.

Und dennoch war diese Evakuierung Vollzug und Abschluß einer langen Kette von Demütigungen und Existenzzerstörungen für die bulgarischen Juden. Mit dem »Gesetz zum Schutz der Nation« von 1941 war ihnen praktisch alles, was eine bürgerliche Existenz ausmacht, genommen worden:
   Die Staatsbürgerschaft und das aktive und passive Wahlrecht; Juden durften keine öffentlichen Ämter mehr bekleiden, keine Ehen oder außerehelichen Verbindungen mit Personen bulgarischer Abstammung eingehen; den Wohnort durften sie nur mit Zustimmung der Polizei wechseln und nicht in die Hauptstadt Sofia umziehen; sie durften keinen Grundbesitz haben oder pachten; die Ausübung freier Berufe war beschränkt worden; sämtlicher Besitz mußte bei der Nationalbank deklariert werden; Juden durften sich an bestimmten Unternehmen überhaupt nicht mehr beteiligen; leitende Posten konnten sie nicht mehr bekleiden.

Das war der totale Verlust der bürgerlichen Existenz. Zar Boris hatte dieses Gesetz im Januar 1941 unterzeichnet, von seinem Vetorecht hatte er keinen Gebrauch gemacht.

Wir hatten Namen und Anschrift einer ehemaligen Sängerin bekommen. Sie ist heute eine gefragte Gesangspädagogin an der Staatlichen Musikhochschule.

Das Mietshaus, die Wohnung, das Mobiliar sind großbürgerlich, gediegen: Vertiko, Ledersessel, Mahagonischrank. Sie setzt sich auf den Drehstuhl vor dem Klavier. Über dem Klavier hängt ein Ölbild, es zeigt die Sängerin in ihrer glanzvollen Zeit: blonde Locken, strahlende Augen, dunkelroter Kirschmund, Schmuck um den Hals, schwarzes Abendkleid mit tiefem Dekolleté. Sie sieht sich immer noch ähnlich, die Frau Pinkas, auch wenn die Locken nicht mehr ganz so blond und nicht mehr ganz so schön onduliert sind. Sie ist immer noch an Publikum gewöhnt, das merkt man an der Art, wie sie dasitzt und sich, nach Zustimmung suchend, im Kreise umsieht. Aber es hätte dieser stummen Aufforderung an die Familie gar nicht bedurft. Ihr Mann, dessen Bruder, die Töchter und Schwiegersöhne haben bereits im Halbkreis Platz genommen.

Frau Pinkas, wann und wie haben Sie die Nachricht bekommen, daß sie Sofia verlassen sollen?
Ich persönlich habe diese Nachricht gar nicht bekommen, denn ich lebte bereits in der Illegalität, war also versteckt. Aber meine Familie hat diese Nachricht erhalten, meine Mutter, meine Schwester, am Vorabend des 24. Mai 1943.

Wie sind Sie benachrichtigt worden, per Post?
Das war ein offizielles Schreiben, daß wir innerhalb von drei Tagen Sofia verlassen können.

Können oder müssen?
Müssen. Ja, müssen. Und 20 Kilo Gepäck dürften wir mitnehmen.

Ja, was hieß das nun: Ihre Habe, Ihre übrige Habe, das, was Sie besessen haben, was sollte damit geschehen? Sie konnten doch die Wohnung nicht einfach zuschließen und so zurücklassen?

270

Niemand hat sich dafür interessiert, was aus dem Haushalt werden sollte. Alle Wohnungen mußten verlassen werden, frei gemacht werden. Man brachte alles aus dem Haus, stand auf der Straße, verkaufte, so schnell es nur ging. Die Passanten hatten also die Möglichkeit, dies Hab und Gut zu kaufen. Denn meine Verwandten, wir alle, brauchten Geld.

Wie hat sich die Bevölkerung in dieser Situation den Juden gegenüber verhalten? Haben sie versucht, die Preise zu drücken, haben sie versucht zu helfen, haben sie versucht, die Sachen für Sie aufzubewahren?
Ja, es hat auch solche Leute gegeben.

Nein, ich meine generell.
Meine Familie war sehr arm, für uns war eine Nähmaschine etwas sehr Wertvolles. Diese Nähmaschine haben unsere Nachbarn in der Nacht zu sich mitgenommen, und nach der Befreiung haben sie uns diese Maschine zurückgegeben. Es hat auch andere Leute gegeben, aber die überwiegende Mehrheit hat sich so verhalten wie unsere Nachbarn. Wir wohnten in einem großen Hof, es gab keine andere jüdische Familie in dem Haus, und ich kann mich daran erinnern, daß alle runterkamen, um sich von uns zu verabschieden. Sie haben uns so viele Pakete mitgegeben, daß wir nicht alles mitnehmen konnten. Sie haben geweint, denn es war eine schwere Trennung, eine Trennung auf Leben und Tod sozusagen. Ich weiß nicht, ob Sie sich das vorstellen können, kleine Häuschen in einem riesengroßen Hof, also viele Familien, und alle diese Familien kamen, um sich von meiner Familie zu verabschieden. Sie wußten, daß ich in der Illegalität lebte. Und trotzdem hatten sie keine Angst, sich auch von mir zu verabschieden und ihre Gefühle zum Ausdruck zu bringen.

In Kjustendil, einer kleinen Stadt südwestlich von Sofia, nahe der jugoslawischen Grenze, wird das Drama, das sich auch in Bulgarien abgespielt hat, anschaulich.
Als im März 1943 die Juden aus Thrakien und Makedonien nach Treblinka deportiert wurden, begann parallel dazu die Vorberei-

271

tung für Deportationen der Juden aus Altbulgarien. Natürlich war das streng geheim. Und dennoch sickerte die Nachricht am 8. März 1943 nach Kjustendil durch: Alle 940 Juden des Städtchens sollten deportiert werden. Die Züge standen schon bereit, vor die Viehwaggons wurden Strohballen gerollt, über die Luftschlitze der Wagen wurde Stacheldraht genagelt, auf die Schiebetüren der Davidstern gemalt. Eigentlich waren die Juden von Kjustendil zum Tode verurteilt. Die Geschichte ihrer Rettung wollte ich mir an Ort und Stelle schildern lassen.

Wir fahren durch eine grüne, hüglige Landschaft. Nach gut zwei Stunden erreichen wir das Städtchen mit rund 15 000 Einwohnern, heute wie damals. Im Stadtzentrum die breite Hauptstraße, mit einer Ahornallee in der Mitte, flache Häuser, ein bißchen klein, ein bißchen windschief, ein paar ausgetretene Stufen vor den Türen. Sie sind aus Holz und fast überall braun gestrichen, es gibt keine grellen Farben hier.

An einer Straßenecke treffen wir Fidel Baruch, einen kleinen Mann mit schräg ins Gesicht gezogener Baskenmütze. Wir hatten uns in Sofia im Widerstandsmuseum kennengelernt und uns für das Interview hier in Kjustendil verabredet. Es ist seine Heimatstadt. Die Straßenecke hat ihre besondere Bedeutung. Denn in dem Erdgeschoß des Eckhauses, vor dem wir stehen, war einmal die Apotheke seines Bruders.

Und in dieser Apotheke fing alles an:

Wie kam die Information über die geplante Deportation der Juden von Kjustendil zu Ihrem Bruder?
Der Vertreter des Judenkommissariats in Sofia hatte den hiesigen Bezirkshauptmann und den Bürgermeister um Hilfe beim Einsammeln der Juden und bei der Organisierung der Deportation gebeten. Hier in der Apotheke hat man meinem Bruder mitgeteilt, daß seine Deportation bevorsteht.

Das heißt also, die beiden Stadtväter haben die Juden informiert?
Ja, natürlich. Sie haben meinen Bruder informiert. Mein Bruder ist in die Synagoge gegangen. Dort hatten sich alle namhaften Juden von Kjustendil eingefunden. Sieben oder acht davon, also Juden,

haben dann beschlossen, die bulgarische Öffentlichkeit hier in der Stadt über die geplante Deportation zu informieren. 42 bulgarische Bürger der Stadt haben sich bereit erklärt, nach Sofia zu gehen, um den Juden zu helfen.

Ja, aber zum Innenminister fuhren weniger?
Na ja, die anderen sind nicht hingefahren, weil sie einfach nicht die Möglichkeit hatten. Sie hatten keinen Treibstoff für ihre Autos bekommen.

Wie groß war die Delegation damals, die nach Sofia fuhr?
Vier Mann.

Die 42, die gegen die geplante Deportation protestiert haben, waren ja eine politische Minderheit. Wie hat sich die übrige Bevölkerung den Juden gegenüber verhalten?
Nachdem bekannt wurde, daß die Deportation bevorstand, haben sich hier tragische Szenen abgespielt. Die Juden haben geweint, und Bürger wollten sofort die kleinen Kinder bei sich aufnehmen, damit sie der Deportation entgehen.

Herr Baruch, würden Sie sagen, daß Kjustendil in Bulgarien eine Ausnahme war, oder meinen Sie, die Haltung der Bürger hier war auch typisch für ganz Bulgarien?
Nein, das war keine Ausnahme, aber vielleicht ist es hier am besten zum Ausdruck gekommen.

Die Abordnung von Kjustendil, die zum Ministerpräsidenten fuhr, um den Protest gegen die geplante Deportation der Juden vorzubringen, wurde immerhin vom Vizepräsidenten der Sobranje, dem bulgarischen Parlament, angeführt. Das Protestschreiben, das er übergab, trug die Unterschrift von 43 Abgeordneten. Der Innenminister gab am 9. März 1943 die Weisung, die in Altbulgarien in Lagern bereits zusammengefaßten Juden wieder freizulassen. Das geschah am 10. März 1943.

Wieder und wieder wurde von Leuten, mit denen wir sprachen, auch von Angel Wagenstein, die entscheidende Rolle der orthodoxen bulgarischen Kirche bei der Verhinderung der Deportationen betont. Schon 1941 hatte der Metropolit in einem Schreiben heftig gegen das »Gesetz zum Schutz der Nation« protestiert. Nun aber, 1943, ging es um Leben oder Tod. Auch jetzt hatte die Kirche Bulgariens die Andersgläubigen nicht im Stich gelassen. Im Gegenteil. Kirchenvertreter, vor allem die Metropoliten von Sofia und Plowdiw, protestierten erneut beim Zaren und kündigten an, daß sie die Juden, wenn es denn tatsächlich zu einer Deportation kommen sollte, nach Treblinka begleiten würden.

In einem Spielfilm des bulgarischen Fernsehens wird uns diese eindrucksvolle Szene vorgeführt:

Die Juden von Plowdiw sind bereits auf einem eingezäunten Hof versammelt. Sie haben kleine Koffer bei sich, nötigstes Handgepäck, für die Reise in den Tod. Da erscheint der Metropolit und verspricht ihnen, die Warnung des Polizeibeamten mißachtend, beim Zaren zu protestieren. Aber er sagt auch: »Wenn das Schicksal euch trifft, werde ich mit euch kommen.«

Der Metropolit von Sofia ist nicht in der Stadt. Aber wir werden vom Erzpriester Nikolay Schiwaroff empfangen, in der Kirchlichen Akademie. In seinem Arbeitszimmer stehen außer einem wuchtigen Schreibtisch nur noch zwei dicke braune Ledersessel. An den Wänden Hunderte von Büchern. Ein schneller Blick auf die Regale zeigt: Ausgaben in mehreren Sprachen. Im Treppenaufgang waren wir Männern in langen, schwarzen Seidensoutanen begegnet. Meine Befürchtung, statt einer Unterhaltung eine gequälte Audienz absolvieren zu müssen, ist schnell verflogen. Der schwarzhaarige, schlanke Mann, der mit eiligen Schritten auf uns zukommt, ist freundlich, sanft, zuvorkommend. Er fragt, in welcher Sprache wir miteinander sprechen wollten. Englisch? Französisch? Vielleicht lieber Deutsch? Zu meiner Überraschung spricht er ziemlich gut deutsch.

Herr Professor Schiwarow, warum hat die orthodoxe Kirche in Bulgarien den Juden so ausdrücklich geholfen?
Dabei spielt die Tatsache eine große Rolle, daß unser Volk fünf

Jahrhunderte lang unter einem fremden Joch litt, der osmanischen Herrschaft. In dieser Zeit gehörten auch die Juden als ein integrierter Teil zum bulgarischen Volk. Sie nahmen, wie alle anderen Staatsbürger unseres Landes, an den Befreiungskriegen Bulgariens teil. So waren wir ständig zusammen. Ich möchte auch unterstreichen, daß unter dem osmanischen Joch natürlich verschiedene Viertel, ethnische Viertel, glaubensgemeinschaftliche Viertel, in den Städten existierten. Aber es existierte kein Getto im westlichen Sinn, weil im jüdischen Viertel sehr viele orthodoxe Bulgaren lebten.

Das heißt, die Juden waren hier nicht so abgekapselt wie in Polen zum Beispiel?
Nein, im vorigen Jahrhundert lebte die Familie meiner Mutter im jüdischen Viertel in Sofia. Die Kinder meines Großvaters waren mit jüdischen Kindern auf der Straße und in der Schule. Wir waren nicht getrennt, das spielte eine große Rolle. Noch Anfang 1941 hat die Heilige Synode gegen dieses sogenannte »Gesetz zum Schutz der Nation« protestiert, auch verfassungsmäßig im Zusammenhang mit den Satzungen der bulgarischen orthodoxen Kirche.

Mit welchen Argumenten?
Mit dem Argument, daß alle Bulgaren gleich sind, egal, welcher Abstammung sie sind. Besonders in den schicksalhaften Monaten des Jahres 1943 hatte die Heilige Synode sehr viele Sitzungen, und es gab auch offizielle Briefe gegen die Verfolgung der Juden. Zum Beispiel hat ein Metropolit folgendes geschrieben: »Eine neue Tendenz wird durchgeführt, eine neue Moral, die Ethik des Hasses und der Verfolgung. Wir müssen gegen solche Ethik protestieren.« Der Metropolit von Sofia hat viele Fälle von Ausschreitungen aufgezeigt und scharf gegen diese Ausschreitungen protestiert. Der spätere Patriarch von Bulgarien trat für die Juden ein und gab ihnen Zuflucht in seinem eigenen Haus.

Bei uns gab es in unserer Kirche noch zwischen 1932 und 1936 Veröffentlichungen gegen die rassistische Ideologie in Deutschland, gegen dieses sogenannte neue Heidentum und andere Ideologien des Nazismus. Unser Volk war zusammen mit der Kirche, und unsere Kirche war mit dem Volk zusammen. Diese Verbindung zwischen Volk und Kirche war bei uns sehr stark. Ohne die orthodoxe Kirche und ohne die orthodoxen Klöster konnte das bulgarische Volk nicht existieren. Aber man muß auch sagen: Die Kirche hätte zur Verteidigung der Juden gar nichts tun können ohne das ganze Volk.

Warum hat sich dann die orthodoxe Kirche nicht auch für die thrakischen und makedonischen Juden eingesetzt? Die wurden ja an die Vernichtungslager ausgeliefert.
Die orthodoxe Kirche Bulgariens hatte in Thrakien und Makedonien keine Diözesen und keine Pfarreien, und in diesen Gebieten war nichts vorbereitet, um Widerstand zu leisten. Dort konnten weder die Kirche noch die griechische oder slowenische Gesellschaft etwas für die Juden tun.

Menschlichkeit, Solidarität, Mut. So haben die bulgarischen Juden überlebt. Dennoch haben fast alle später das Land verlassen, sind nach Israel ausgewandert. In Bulgarien leben heute noch etwa 6 000 Juden. In Sofia 3 000. Es stand ja auch hier, in Bulgarien, alles auf des Messers Schneide.

Das Trauma von Demütigung, Verfolgung und drohender Vernichtung, sagten mir bulgarische Juden in Israel, saß einfach zu tief.

UNGARN

Ungarn war seit 1867 zusammen mit Österreich ein selbständiger Teil des habsburgischen Großreiches und hatte nach dessen Zusammenbruch am Ende des Ersten Weltkrieges besonders schwere territoriale Verluste hinnehmen müssen. Im Friedensvertrag von Trianon von 1920 hatte es mehr als 70 Prozent seines Staatsgebietes verloren. Seitdem verfolgte Ungarn das Ziel einer Revision, fand aber erst mit dem Erstarken Hitlerdeutschlands eine Möglichkeit dazu. Im Bündnis mit ihm gewann es einen großen Teil seiner verlorenen Gebiete zurück. Nachdem Deutschland auf der Münchner Konferenz von der Tschechoslowakei die sudetendeutschen Gebiete erhalten hatte, erhielt Ungarn im Ersten Wiener Schiedsspruch vom 2. November 1938 Teile der Slowakei und der Karpatho-Ukraine. Als die Tschechoslowakei am 15. März 1939 vollends auseinanderbrach, besetzte Ungarn die ganze Karpatho-Ukraine. Als Rumänien im Sommer 1940 unter Druck geriet, drohte Ungarn mit Krieg und erhielt im Zweiten Wiener Schiedsspruch vom 30. August 1940 Nordsiebenbürgen. Im April 1941 beteiligte es sich am deutschen Krieg gegen Jugoslawien und erhielt dafür die Batschka und andere Gebiete. Im Juni schloß es sich mit drei Divisionen auch dem Krieg gegen die Sowjetunion an. Ungarn war also ein enger Verbündeter Deutschlands geworden, und das wirkte sich auch auf seine Judenpolitik aus.

Im Zuge der Annäherung schloß sich Ungarn auf der Grundlage eines alten Antisemitismus auch der nationalsozialistischen Judenpolitik an und erließ am 24. Mai 1938 ein erstes antijüdisches Gesetz, dem bald andere folgten. Damals lebten in Ungarn etwa 450 000 Juden, was einem Anteil von etwa fünf

Prozent an der Gesamtbevölkerung entsprach. In Budapest waren es sogar 20 Prozent. Nun wurden die Juden in ihrer wirtschaftlichen Tätigkeit eingeschränkt und aus dem öffentlichen Leben weithin ausgeschlossen. Durch die Gebietserweiterungen kamen noch einmal über 300 000 Juden hinzu, nämlich je etwa 150 000 in den zuvor tschechoslowakischen Gebieten und in Nordsiebenbürgen und etwa 20 000 in der Batschka. Genaue Zahlenangaben sind nicht möglich, weil viele Juden Christen geworden waren. Aber man schätzt, daß das vergrößerte Ungarn an die 750 000 Juden zählte und damit eine der größten Jüdischen Gemeinden hatte.

Nach dem Beginn des Rußlandfeldzuges verschärfte sich auch die ungarische Judenverfolgung. Im August 1941 wurden etwa 12 000 staatenlose Juden, vor allem aus der Karpatho-Ukraine, verhaftet und in die Ukraine abgeschoben, wo die meisten von ihnen von einer deutschen Einsatzgruppe erschossen wurden. Im Januar 1942 ermordeten die ungarischen Besatzungstruppen in Neusatz (jugoslawisch: Novi Sad) in der Batschka etwa 4 000 Juden.

Doch dann wandte sich Ungarn von der blutigen Judenverfolgung wieder ab. Vielleicht unter dem Eindruck der Kriegswende verweigerte es sich im Herbst 1942 der deutschen Forderung, seine Juden nach Polen zu deportieren. Im April 1943 brachte Hitler das in einer Unterredung mit dem ungarischen Staatschef Horthy selbst zur Sprache. Als Horthy sagte, er habe alles getan, was man anständigerweise gegen die Juden unternehmen könne, aber ermorden oder sonstwie umbringen könne man sie ja wohl nicht, wich Hitler zunächst aus, erwiderte aber am folgenden Tage, daß genau dieses getan werde. »Das wäre nicht grausam«, fügte er laut Protokoll hinzu, »wenn man bedenke, daß sogar unschuldige Naturgeschöpfe wie Hasen und Rehe getötet werden müßten, damit kein Schaden entstehe.« Daß Hitler zu einem Ausländer so unmißverständlich sprach, zeigt, welche Bedeutung er der Sache beimaß. Aber es war alles vergebens. Anfang 1944, als der Krieg sich dem Ende zuneigte, lebten in Ungarn noch etwa 750 000 Juden, zwar bedrängt, aber vom Äußersten verschont.

Am 19. März 1944 jedoch, als sowjetische Truppen nach Rumänien eingedrungen waren und die deutsche Südostfront zusammenzubrechen drohte, besetzte die Wehrmacht aus militärischen Gründen Ungarn, und noch am selben Tage erschien in Budapest ein Sondereinsatzkommando unter Leitung von Eichmann, um die Deportation der ungarischen Juden vorzubereiten. Da zugleich eine willfährige Regierung eingesetzt worden war, gingen die Vorbereitungen rasch voran. Eichmann teilte Ungarn in sechs Zonen. Am 15. Mai begannen die Deportationen. Bis zum 7. Juni waren 289 357 Juden aus dem Karpathenraum und aus Siebenbürgen in 92 Eisenbahnzügen zu je 45 Wagen, nach Auschwitz deportiert. Bis zum 10. Juli stieg die Zahl auf 437 000. Dann mußte die Aktion abgebrochen werden, weil Horthy sie untersagte. Aber in sieben Wochen waren täglich 10 000 bis 14 000 Menschen nach Auschwitz gebracht und dort größtenteils sofort ermordet worden. Nur 20 000 kehrten nach dem Krieg zurück.

Nach einem abermaligen Regierungswechsel im Oktober 1944 setzten die Deportationen noch einmal ein. Da aber Auschwitz jetzt aufgelöst und am 27. Januar 1945 von sowjetischen Truppen befreit wurde und auch Eisenbahntransporte nicht mehr möglich waren, wurden die Juden nun aus Budapest auf Fußmärschen nach Österreich getrieben, bei denen noch einmal Tausende ums Leben kamen. Am 14. Februar 1945 besetzten die Sowjets Budapest. Die letzte große Mordaktion war zu Ende.

Für die sehr komplizierten Vorgänge in Ungarn hatten wir uns der Hilfe des renommierten ungarischen Historikers György Ránki versichert. Er war selbst Häftling in Auschwitz gewesen. Seine Assistentin, eine junge, blonde Ungarin mit dem Namen Maria Schmidt, hatte alle Verabredungen terminiert. Es konnte uns eigentlich nicht viel passieren.

Eigentlich. Auf einem unserer Flüge las ich in der Zeitung, daß Ránki, Mitte Fünfzig, gestorben war. Plötzlich und unerwartet. Unerwartet? Die Krankheit kam so plötzlich und unerwartet wie die Depression von Primo Levi.

Maria Schmidt sprang für ihn ein. Sie war bei den Vorgesprächen dabeigewesen und hatte den Eindruck von großer Sachkompetenz gemacht.

Jedes Jahr am 8. Mai wird in Budapest des Sieges über Nazideutschland gedacht. Vor allem feiern natürlich die Juden den Tag der Befreiung. Wir fahren also zu der Feier auf dem jüdischen Friedhof, es ist Vormittag und strahlende Sonne.

Wir sind eine Stunde vorher da. Maria und ich legen Blumen auf Ránkis frisches Grab. Es ist ein schöner Friedhof mit vielen schattenspendenden Bäumen, Kieswegen und Buchsbaumhecken, alles sehr gepflegt. Die Jüdische Gemeinde in Budapest ist noch immer mit rund 100 000 Juden eine der größten in Europa, neben Paris und London.

Die Leute kommen und legen Flieder, Tulpen und Narzissen an den hohen Gedenktafeln aus Marmor nieder. Einige bleiben auf den Bänken dazwischen sitzen. Andere stehen vor den Tafeln, suchen die Namen ihrer Angehörigen. Wenn sie einen entdeckt haben, streicheln manche die Schrift. Einige Namen sind auch mit Tinte dazugeschrieben worden. Ungarische Juden finden sich in den Todeslisten fast aller großen Konzentrationslager. Und so stehen auf den Marmortafeln Lagernamen wie Ravensbrück, Buchenwald, Bergen-Belsen, Bor und vor allem Auschwitz. In Auschwitz kamen die meisten um. 440 000. Unter den Lagernamen dann die Namen der Toten. Lange Kolonnen. Nicht zu zählen.

Maria sagte mir schon bei unserem ersten Besuch, daß der Antisemitismus in Ungarn heute so stark wie eh und je sei. Sie zeigt auf die Trauergäste: »Nur Juden.« Ja, und? Sie erklärt: »Diese 150 bis 250 Juden hier auf dem Friedhof, das sind alles nur alte Leute, die allein geblieben sind. Ich bedaure das sehr, denn schließlich sind 600 000 Juden dem Faschismus zum Opfer gefallen, die bilden doch einen Teil der ungarischen Geschichte. Darum hätten auch Vertreter der ungarischen Nation und der Regierung hierherkommen müssen zu der Gedenkfeier. Es sieht so aus, als sei das nur Sache der Juden. Ich finde es traurig, daß die Nichtverfolgten und die jüngere Generation nicht vertreten sind, daß die Bevölkerung nicht teilnimmt. Das ist wirklich sehr schade und sehr traurig.«

Ein Mann kommt auf uns zu. Er trägt wie die anderen Männer ein Kappele, und er trägt, wie viele andere, ein Blumengebinde. Das legt er vor einer Tafel nieder, auf der der Name Jenö Bacs eingemeißelt ist. Sein Bruder, wie ich später erfahre. Er betet. Inzwischen klingen jüdische Klagelieder herüber. Sie kommen aus der kleinen Kapelle. Vor der Kapelle haben sich die meisten der Trauergäste versammelt. Die Männer tragen das jüdische Kappele, die Frauen einen Schleier oder einen Hut. Es sind wirklich fast nur ältere und alte Leute. Nach der Trauerfeier mit kurzen Ansprachen und Gesängen führt uns Pal Bacs zu einem länglichen Grab. Es ist von vielen Grabplatten umsäumt. Jede Platte hat einen Namen. Wir sehen wieder den Namen Jenö Bacs. Der Mann sagt, und seine Stimme klingt gepreßt, daß er seinen Bruder von Köszeg, wo er vergast wurde, hierher hat umbetten lassen.

Vergast, in Köszeg? Gaskammern auf ungarischem Boden?

Auf dem sogenannten »Fußmarsch«, ein Befehl Eichmanns, von Budapest nach Österreich, sei sein kranker Bruder kurz vor der Grenze vergast worden. Er sei selbst dabeigewesen, sagt er. Und kaum noch hörbar: Er habe seinem Bruder nicht helfen können.

Er möchte, daß wir mit ihm nach Köszeg fahren.

»Das werden wir tun«, sage ich.

»Wann?«

»In einer Woche.«

Das Haus der Israelitischen Kultusgemeinde liegt mitten in Budapest. Von der Straße aus sieht das Backsteingebäude verrußt und ein bißchen verkommen aus. Aber wenn man die Toreinfahrt durchquert hat und im ersten und auch im zweiten Innenhof etwas genauer hinsieht und die Ornamente auf den Goldfliesen entdeckt, bekommt man eine Ahnung, wie vermögend diese Gemeinde einmal war. Eine der reichsten der Welt. In diesem Haus hat sich 1944 eine der großen Tragödien des Zweiten Weltkriegs abgespielt, der Kampf des Judenrats um Leben oder Tod der ungarischen Juden. In höchster Not versuchte Joel Brand, den Nazis einen Tausch abzuhandeln: »Lastwagen gegen Juden!« Lastwagen der Alliierten, dringend gebraucht von den Deutschen in ihrem Krieg gegen die Sowjetunion. Aber die Alliierten wollten vor allem den Krieg gewinnen. Das war ihnen wichtiger als die Rettung der Juden. Auch deshalb mißlang der Versuch. Aber wahrscheinlich hatte es auch Eichmann mit dem Handel nie ernst gemeint. Statt zigtausend Juden entkamen 1 865 in die Schweiz. Unter ihnen viele Angehörige der Mitglieder des Judenrats – aber wer wirft hier den ersten Stein.

Maria führt uns durch das fünfgeschossige Haus, wir sehen die alten, prächtigen Versammlungsräume mit vergoldetem Stuck an den Decken, sehen Ölgemälde und alte Fotos der ehemaligen Vorstandsmitglieder, es waren in der Hauptsache Bankiers. Die Fotos sind braun, vergilbt, auf Pappe aufgezogen. Die abgelichteten Herren ziehen an dicken Zigarren, die Schnurrbärte sind nach oben gedreht, über den Bäuchen hängen goldene Uhrketten. In der Tat, das sieht nach Goldbarren aus.

Zur Synagoge sind es nur ein paar Schritte. Wir balancieren über Bretter, Eisenstangen, Ziegel, Steine. Die Synagoge ist weitgehend eingerüstet. Es sieht gefährlich aus und ist wohl auch verboten, aber wir betreten dennoch den Innenraum.

Der ist riesig und wirkt prächtig, immer noch, obwohl helle Tücher unter die Decke gehängt sind, damit einem der Stuck nicht auf den Kopf fällt. Das Gestühl, die Empore, die Wände, alles reich verziert, geschnitzt und alles sehr renovierungsbedürftig. Maria sagt, die Restauration würde mindestens zwanzig Millionen Dollar kosten. Zehn Millionen wolle der Staat aufbringen. Der Rest müsse zusammengebettelt werden.

Tony Curtis sammelt, in Amerika.

Im Hof der Synagoge alte Gräber unter Bäumen, dahinter eine kleine Mauer mit Kränzen. Eine Inschrift auf hebräisch erinnert an die ermordeten Budapester Juden. Ich weiß, es wurden zuerst die Juden aus den ungarischen Provinzen deportiert, dann die aus Budapest. Frage an Maria:

Warum hat Horthy die Budapester Juden so lange verschont?
Das hatte mehrere Gründe. Der Hauptgrund war Eichmann. Obwohl die ungarischen Rechtsradikalen die Deportationen mit den Budapester Juden beginnen wollten, entschied er anders. Und natürlich war sein Wort entscheidend. Also begann die Aktion auf dem Lande. Kurz danach hatte sich die Kriegssituation bereits verändert. Es gab eine zweite Front, und alle Potentaten der Welt, Präsident Roosevelt, der Papst und der schwedische König, haben sich bei Horthy wegen der Judendeportation beschwert. Da hat Horthy sich entschlossen, die Budapester Juden zu verschonen. Aber er hat sich auch oft geäußert, daß ihm die assimilierten Budapester Juden näher am Herzen lägen als die sogenannten Ostjuden, die auf dem Lande lebten, obwohl das gar keine Ostjuden waren, denn sie waren seit 100 Jahren in Ungarn ansässig und genauso assimiliert.

Die Deportation und Ermordung der ungarischen Juden ist das letzte große, tragische Kapitel der Judenvernichtung in Europa. Hat die hohe Todesrate von 600 000 Juden mit dem starken Antisemitismus in Ungarn zu tun?
Ja, teilweise. Es gab einen sehr starken Antisemitismus in der Vorkriegszeit in Ungarn, der aber noch dadurch verstärkt wurde, daß die Nazis 1933 in Deutschland an die Macht kamen. Ungarn war mit Deutschland verbündet und hatte enge Beziehungen zu Deutschland. Die Nationalsozialisten haben die Rechtsradikalen

und die Antisemiten reichlich mit Geld und anderen Mitteln unterstützt.

Aber die Frage ist ja, ob das zur Vernichtung ausgereicht hätte. Horthy hatte sich doch gegen die Vernichtung der ungarischen Juden gewehrt.
Nein, das hätte nicht ausgereicht. Obwohl die antijüdischen Gesetze 1938/39 und 1941 kamen, lebten die ungarischen Juden bis zu der deutschen Besetzung relativ geschützt in Ungarn. Bis zum 19. März 1944, bis zur Besetzung Ungarns durch die deutschen Truppen, lebten sie in einer geschützten Situation, so daß viele ausländische Juden hier einen Hafen gefunden haben. Über 15 000 ausländische Juden konnten bis zu diesem Zeitpunkt hier überleben. Als aber die deutsche Besetzung kam, mußten die ungarischen Juden den Judenstern tragen, und dann kamen Anordnungen Tat für Tag.

Wie sehr hat sich Horthy gewehrt?
Horthy und seine Regierung haben sich lange gegen den deutschen Druck gewehrt. Dieser Druck kam aus wirtschaftlichen, politischen und diplomatischen Kanälen immer wieder zwischen 1942 und 1944. Als Horthy am 16. April 1943 zum Beispiel Hitler im Schloß Kleßheim in der Nähe von Salzburg getroffen hat, fand ein Gespräch statt, das sehr charakteristisch ist. Hitler beschwerte sich, warum die Juden in Ungarn so ein schönes Leben haben. Horthy hat darauf geantwortet, daß er den Juden doch alle Lebensmöglichkeiten entzogen und sie total entrechtet habe, er könne sie doch nicht alle totschlagen. Worauf Hitler nur sagte: Eben das erwarten wir von Ihnen, daß Sie sie vernichten und totschlagen.

Also, ich bin der Meinung, daß ohne die deutsche Besetzung, ohne Eichmann und die Sonderkommandos diese Deportationen in Ungarn gar nicht stattgefunden hätten. Eichmann kam zwei Tage nach der Besetzung, am 21. März war er schon da, und hat sofort alle Maßnahmen eingeleitet, die große Deportation persönlich geplant und geleitet. Die großen Deportationen der ungarischen Juden fanden zwischen dem 15. Mai und dem 10. Juli 1944 statt. Damit war ganz Ungarn, Budapest ausgenommen, judenfrei gemacht, wie sie so schön sagten.

In Budapest überlebten 250 000 Juden diese Großaktion. Als Horthy die Deportationen verboten hat, verließ Eichmann mit seiner Gruppe das Land und kam erst zurück, als die Pfeilkreuzler mit deutscher Hilfe am 15. Oktober in Ungarn an die Macht kamen. Dann hat er die Deportation der Budapester Juden geleitet. Da aber keine Waggons mehr zur Verfügung standen, mußten diese Budapester Juden den größten Teil des Weges bis zur österreichischen Grenze zu Fuß zurücklegen.

Wir werden also zunächst, so beschließen wir, den Weg der Juden aus den Provinzen nachgehen und dann den Fußmarsch der Budapester Juden, Richtung Österreich.

Szeged liegt im Süden Ungarns. Die Landschaft ist ähnlich wie die in Rumänien und in Bulgarien, leichte bewaldete Hügel. Wir fragen uns in Szeged durch, wir sind mit Tibor Vago vor dem Haus seiner verstorbenen Eltern verabredet.

Es ist ein kleines, gelbes Eckhaus mit einem Garten auf der Rückseite. Dort sind wir vor neugierigen Passanten geschützt. Tibor Vago ist ein untersetzter Mann mit wachen Augen, aber von gedämpftem Temperament. Auch fällt es ihm schwer, über seine Kindheit zu reden. Das Haus und das Stückchen Garten, alles sehr klein. Aber es war eben sein Paradies. Sein Kindheitsparadies. Aus dem ist er vertrieben worden.

Ein schönes Haus, in dem Sie gewohnt haben.
In diesem Haus haben wir gewohnt, mit meinen Eltern und mit meinem Großvater. Bis zu meinem 24. Lebensjahr.

Herr Vago, was hat Ihr Vater gemacht? Wovon haben Sie damals gelebt?
Er hatte ein kleines Geschäft, Lebensmittelgeschäft. Meine Mutter hat auch da gearbeitet.

Und Sie?
Als ich das Abitur abgelegt hatte, habe ich da auch mitgearbeitet. Als Hilfsarbeiter.

Was heißt das, Hilfsarbeiter?
Ich habe die Waren zu den Wohnungen geliefert.

Warum das, weshalb haben Sie mit Ihrem Abitur nichts anderes gemacht?
Es war laut Judengesetz nicht möglich, eine Stellung zu finden. Später habe ich dann ein Jahr lang als Schneidergehilfe gearbeitet. Aber auch nur, weil ich das Handelsabitur hatte.

Sonst hätten Sie das nicht bekommen?
Genau.

Ich entdecke eine Frau, hinter einer Säule versteckt. Sie hatte zugehört. Sie weint. Sie sagt, ihr Mann sei auch abgeholt worden, sei auch Jude gewesen. Gewesen, sagt sie. Ermordet? Sie wisse es nicht, sagt sie, er sei zum »Arbeitsdienst« abgeholt worden. Zwölf Jahre habe sie gewartet. Dann habe sie gewußt, daß er von diesem »Arbeitsdienst« nicht mehr zurückkommen würde.

Auch in Szeged wurde ein jüdisches Getto errichtet. Auch hier mußten die Juden in ganz bestimmte Häuser ziehen. Auch hier wurde das Getto, wie überall in Europa, mit Stacheldraht und Bretterzäunen und Mauern abgeriegelt. Szeged ist eine kleine Stadt. Also brauchen wir nicht lange bis zu dem Gettohaus, in das die Familie Vago ziehen mußte. Es ist ein mehrgeschossiges dunkles Haus mit einem großen, zementierten Innenhof, vor jedem Geschoß ein Laubengang mit den Wohnungstüren. Ein schlechter Tausch gegen das kleine, gelbe Haus an der Straßenecke.

Wir stellen uns in den kahlen Innenhof:

Herr Vago, was geschah mit den Familien, die vorher hier wohnten? Mußten die alle raus?
Innerhalb des Gettos durften nur Juden wohnen. Also diejenigen, die nicht Juden waren, die mußten raus.

In einem Zimmer wohnten 18 Personen, und je nachdem, wieviel Zimmer die Wohnung hatte, waren es drei, vier, fünf oder sogar acht Familien pro Wohnung. Es war sehr überfüllt. Wir haben sehr wenig gehabt, wir sind ohne Möbel hergekommen.

Ist Ihnen das schwergefallen, hier zu leben? Wo Sie doch vorher in einem so hübschen Häuschen gewohnt hatten? War das ein schwieriges Leben mit den anderen zusammen?
Wir hatten vorher eine schöne Dreizimmerwohnung, und dann mußten wir in ein winziges Zimmer ziehen, mit lauter Fremden zusammenleben. Ich muß auch sagen, daß es in dieser Zeit viele Selbstmordfälle im Getto gab. Das Geschäft meines Vaters mußten wir aufgeben. Sie haben uns das weggenommen. Mein Vater hat dann als Vertreter gearbeitet, hat verschiedene Dörfer und Städte besucht und versucht zu handeln. Er wollte irgendwie unsere Familie ernähren, weil ich mit meiner Lehre noch nicht soviel verdient habe, um die Familie zu ernähren.

Und wie lange haben Sie hier gewohnt?
Wir haben ungefähr einen Monat hier gelebt. Dann begannen schon die Deportationen.

Das Haus der Jüdischen Gemeinde ist ganz in der Nähe. Die Synagoge gegenüber ist eine der schönsten, die ich auf dieser Reise gesehen habe. Die Kuppel ist blau und gold ausgemalt. Blau und Gold auch an den Wänden, unzählige Goldsterne an den Decken der Seitenschiffe. Szeged hatte 170 000 Einwohner. Davon waren 4 000 Juden. Hinzu kamen noch einmal 4 000 Juden aus der näheren Umgebung. Die Juden hier sollen sehr wohlhabend gewesen sein.
In der Eingangshalle des Gemeindehauses, das auch von Wohlstand zeugt, hängen Fotos. Fotos von damals. Auf einem Foto sitzen im Halbkreis, auf hohen Stühlen, mindestens fünfzig Leute. Gemeindemitglieder. »Bitte alle mal recht freundlich!« Sie lachen, machen ein fröhliches Fotogesicht. Ein anderes Foto zeigt den Innenraum der Synagoge. Ich sehe genauer hin: auf dem Boden nur Schuhe. Ein Riesenberg. Die Schuhe der Juden der Gemeinde. Eingesammelt, vor der Deportation. Schmuck. Kerzenleuchter, Ringe, Uhren, Broschen, Armbänder, also Wertsachen, das wußte ich. Aber Schuhe?
Bevor die Juden von Szeged weitergetrieben wurden, mußten sie sich im Hof der Jüdischen Gemeinde versammeln. Eine Frau

namens Eva kommt zu unserem Gespräch hinzu. Sie hat ein herbes Gesicht und eine tiefe Stimme.

Herr Vago, ich wüßte gern, was sich hier in diesem Haus der Jüdischen Gemeinde abgespielt hat?
Im ersten Stock gibt es einen großen Saal und zwei kleinere. In diesen Sälen haben sie die Juden untersucht. Sie haben kontrolliert, ob sie noch Wertsachen bei sich haben, weil man die Wertsachen schon vorher hatte abgeben müssen. Vor allem wollten sie Gold. Wenn ich mich gut erinnere, dann hat das die Gendarmerie gemacht.
Eva: Die Frauen sind auch im Unterleib untersucht worden, ob sie da nicht Goldschätze irgendwie versteckt hatten. Nach dieser Untersuchung hat uns die ungarische Gendarmerie auf einen Sportplatz geführt. Wir waren ungefähr 5 000 Menschen, und zwar Frauen und Männer.

Vom Sportplatz ging es in eine Ziegelei. In dieser Ziegelei, wo schon die Deutschen warteten, waren Lagerplätze, auf denen die Ziegel getrocknet wurden. Da mußten wir die Nächte verbringen, mehr als eine Woche lang. Unter freiem Himmel. Wir haben nichts zum Essen und zum Trinken gekriegt. Und unsere Bedürfnisse mußten wir auf einer Latrine erledigen. Der Befehlshaber der Ziegelei hat uns mit der Todesstrafe bedroht. Wir sollten alle Sachen, die wir noch hatten, in einen Korb legen. Niemand hat etwas in den Korb geworfen. Aber die Latrine, die war voll mit Gold.

Haben Sie gewußt, was mit Ihnen passieren würde? Haben Sie etwas geahnt, oder nicht?
Wir hatten gedacht, daß wir arbeiten gehen müssen, aber in Ungarn.

Sie hatten nie etwas von Auschwitz gehört?
Erst nach dem Krieg. In der Ziegelei gab es zwei Listen. Die erste Liste war für den Transport nach Auschwitz. Und der ging dann auch nach Auschwitz. Die zweite Liste war auch für Auschwitz, aber die Eisenbahnlinien waren inzwischen bombadiert worden, und so sind wir nach Österreich gebracht worden.

Ich möchte wissen, weshalb die Juden ausgerechnet zu Ziegeleien geschleppt wurden. Die größte Ziegelei, die Eva und Tibor Vago uns zeigen, ist stillgelegt. Ein mächtiger Schornstein ragt in den Himmel, das langgestreckte Hauptgebäude ist eine Ruine, ohne Dach. Überall liegen Berge von rotbraunen Ziegeln, die meisten kaputt. Dazwischen Aschehaufen, Regenpfützen, Ziegelschlamm. Auch ein paar Holzbaracken stehen auf dem Gelände, ohne Fenster, ohne Dach. Als ich die Bahngleise sehe, die bis zum Hauptgebäude verlegt sind, verstehe ich. Die Juden wurden zunächst zu Fuß aus der Stadt herausgeführt, auf dem Sportplatz gesammelt, und von da mußten sie zur Ziegelei laufen. Dann ging es mit dem Zug weiter. Vom Bahnhof von Szeged nach Auschwitz.

Wir brauchen nur den Schienen zu folgen. In einer knappen halben Stunde sind wir auf dem Bahnhof. Ein Provinzbahnhof mit kleiner Abfertigungshalle, zwei, drei Bahnsteigen, wenigen Gleisen.

Eva, um wieviel Uhr wurden Sie hier zum Bahnhof geführt, und hat die Bevölkerung das gesehen?
Morgens um neun ungefähr. Die Leute haben an der Straße gestanden und gelacht. Auf beiden Seiten hat uns ungarische Gendarmerie begleitet. Es waren ziemlich viele. Männer und Frauen sind zusammen marschiert.

Es waren ja insgesamt 4000 Menschen. Wie viele Züge standen hier bereit?
Wir waren sehr viele hier, und ich denke, es waren drei Transporte, Viehzüge. Es war sehr schwer für uns einzusteigen, man kam kaum hoch. Man hatte Bretter aufgelegt, damit wir hinaufgehen konnten. Achtzig bis neunzig Menschen mußten in einen Waggon. In dem Waggon gab es nur ein kleines Fenster mit einem Gitter, und sonst waren wir hermetisch abgeschlossen. Als wir losfuhren, waren die Eisenbahnlinien schon bombardiert, und so sind wir nach Budapest gekommen, und dann ging es nach Österreich.

Herr Vago, wo war die Endstation für Ihren Zug?
Als wir über die Grenze kamen. Der Ort hieß Strasshof, ganz in der

Nähe von Wien. Das war unsere Endstation. Es war ein Verteilungslager, und die deutsche Gendarmerie hat uns an der Grenze von der ungarischen Gendarmerie übernommen.

Eva, wie lange dauerte Ihre Fahrt?
Eine Nacht und einen Tag. Es war heiß, und wir hatten nichts zum Essen und nichts zum Trinken. Es war sehr schlimm, denn wir konnten nicht sitzen, es war kein Platz. Die Alten und Kranken waren in einem Extrawaggon und wurden in Strasshof mit Autos weggebracht.

Eva hat dabei mindestens dreißig Zigaretten geraucht.

Herr Vago, wenn Sie zurückdenken: Ihr Wohnhaus, dann das Judenhaus, dann das Gemeindehaus, dann das Sportstadion, dann die Ziegelei, dann der Zug, der Weg der Deportation. Was war das Schlimmste für Sie?
Die Fahrt war das Schlimmste. Die Fahrt in diesem Waggon, ohne Essen und Trinken, und das tagelang. Das war vielleicht noch schlimmer als alles davor. Das war unmenschlich.

Ein älterer Mann hat uns zugehört. Ja, er habe das damals gesehen. Es war elend, sagt er. Interview will er nicht. Nein, kein deutsches Fernsehen.
    Warum nicht?
    Zu viele SS-Leute im deutschen Fernsehen, sagt er. Hat er schon öfter gesehen.
    Ich sage: »Bei mir nicht.«
    Aber er geht einfach weg.
    Am nächsten Tag macht mich Maria mit zwei Auschwitz-Überlebenden bekannt. Wir treffen sie im Büro des Auschwitz-Komitees. Gabor Verö ist groß, schlank, ernst. Gyula Caspar ist genauso ernst, aber etwa zwei Köpfe kleiner. Beide haben dunkle Nadelstreifenanzüge an, beide sind ungemein freundlich und höflich. Der Handkuß ist in Ungarn zwar so üblich wie in Österreich, aber hier

ist diese Geste eine Mischung aus Bescheidenheit und Höflichkeit. Sehr behutsam erkundigen sie sich nach dem Projekt. So, so, deutsches Fernsehen. Ich erzähle von Professor Maurice Goldstein, dem Präsidenten des Internationalen Auschwitz-Komitees.

Der hat auch mitgemacht? Also dann...

Wir entschließen uns, das Interview in der Bahnhofshalle zu machen. Der Bahnhof liegt im Zentrum. Weder die Deutschen noch die Ungarn hatten 1944 offenbar Hemmungen, die Deportationen vor der Bevölkerung zu verbergen. Brauchten sie ja auch nicht zu haben, wie Eva erzählt hatte.

Wie hat sich Ihre Verhaftung abgespielt?
Verö: Am 19. März sind die deutschen Faschistentruppen in Budapest einmarschiert. Am 21. März fuhr ich in die Vorstadt, wo ich gearbeitet habe, und als die Straßenbahn die Haltestelle an der Hauptstadtgrenze erreichte, kam ein Polizist. Es war ein ungarischer Polizist. Er bat um meinen Meldezettel, und als ich ihm den gegeben hatte, sagte er, ich solle mit ihm ins Zollhaus gehen, denn auf dem Meldezettel stand, daß ich Jude bin. Ich hatte keine Möglichkeit mehr, nach Hause zu gehen. Ich bekam keine Informationen, was mit mir geschehen würde, wohin ich transportiert werden würde. Und bis zu meiner Befreiung am 9. Mai 1945 habe ich von niemandem eine Information erhalten. Ich wurde von Budapest nach Auschwitz transportiert.

Und wie hat sich Ihre Verhaftung abgespielt?
Caspar: Meine Geschichte ist ähnlich wie die meines Freundes, nur mit dem Unterschied, daß ich auf diesem Bahnhof verhaftet wurde. Ein Polizist ist zu mir gekommen und hat nach meinem Meldezettel gefragt. Er hat gesehen, daß ich der Israelitischen Kulturgemeinde angehörte, und hat gesagt, ich solle mich zur Seite stellen. Als wir zwanzig bis dreißig Leute waren, hat man uns in das Gefängnis nebenan gebracht. Vorher hat man uns aber gesagt, wir sollten warten, wir bekämen eine Extrareiseerlaubnis, mit der wir nach Hause könnten.

Sie waren damals noch Schüler. Trugen Sie eine Schüleruniform?
Caspar: Nein, ich hatte nur eine Schülermütze auf. Ich wollte nach Hause fahren, denn meine Eltern wohnten auf dem Lande, und die Schule dort hatte man nach dem Einmarsch der Deutschen gesperrt. Mit dieser Schülermütze bin ich nach Auschwitz gekommen.

Bemerkenswert ist doch an Ihren beiden Fällen, daß Sie bereits verhaftet wurden, bevor die großen, systematischen Deportationen am 15. Mai anfingen. Das heißt, hier muß es doch ein Zusammenspiel zwischen den Deutschen und den Ungarn gegeben haben?
Caspar: Genauso war es.

Sie haben gesagt, Sie sind von ungarischer Polizei verhaftet worden. Wann haben Sie das erste Mal deutsche SS oder deutsche Bewacher gesehen?
Caspar: Erst im Internierungslager, wo wir sechs Wochen bleiben mußten, trafen wir zum ersten Mal mit SS-Offizieren und SS-Soldaten zusammen, die verschiedene Daten von uns aufnahmen.

Gab es einen Unterschied in der Behandlung durch die ungarische Polizei und die deutschen SS-Leute?
Verö: Die ungarischen Polizisten waren nicht so brutal. Als ich hier auf diesem Bahnhof den Deutschen übergeben wurde, haben sie mich in einen Waggon geschickt, und im Boden des Waggons war ein Loch. Der deutsche Offizier hat nur einen Satz gesagt, nicht mehr: »Wenn dieses Loch auch nur einen Zentimeter größer wird, dann . . .« Mehr hat er nicht gesagt. Die waren so brutal, daß es für die ungarischen Polizisten ungewöhnlich war. Es gab Konflikte zwischen denen, das haben wir auch gesehen.

Wie hat sich denn die Bevölkerung verhalten? Sie sind verhaftet worden, und die Leute haben das doch gesehen?
Caspar: Die ungarische Bevölkerung hat sehr unterschiedlich reagiert bei den Deportationen. Viele waren sehr ängstlich und haben sich in die Wohnungen zurückgezogen und ließen sich nicht sehen. Es gab aber auch solche, die mutig waren und Solidarität gezeigt haben.

Verö: Sie haben zwar gesehen, daß die Juden die Wohnungen verlassen mußten, daß sie ins Getto gehen mußten und dann auf einen unbestimmten Platz geführt wurden. Das haben sie gesehen und unterschiedliche Reaktionen gezeigt.

Sie selber wußten auch nicht, was Auschwitz ist? Nicht mal im Frühjahr 1944?
Verö: Nein, ich hatte nichts von Auschwitz gehört. Als wir den Deutschen hier auf dem Bahnhof übergeben wurden, haben wir gedacht, daß wir zur Zwangsarbeit transportiert werden, zur Zwangsarbeit für die Industrie. Wir dachten, die benötigen das, um den Krieg weiterführen zu können. Wir haben nicht daran gedacht, daß es für die Deutschen wichtiger sein würde, die Juden zu vernichten.

Als Sie in Auschwitz ankamen, haben Sie da begriffen, was passiert, oder immer noch nicht?
Caspar: Doch, schon unterwegs. Wenn sie uns alle hätten zur Arbeit transportieren wollen, dann hätten sie uns zu essen und zu trinken gegeben. Aber wir bekamen nichts. Von den Vergasungen hatten wir nichts gewußt. Erst dort haben wir gehört, was geschieht. Als wir in Auschwitz vor dem Bad warteten, da kam ein polnischer Häftling zu uns, obwohl man versucht hat, uns von den anderen Häftlingen fernzuhalten. Der hat auf die Birkenau-Türme gezeigt und uns erzählt, was da geschieht. Wir waren sehr wütend auf ihn und wollten nicht glauben, was er sagt. Wir haben ihn gefragt: Wenn das wahr ist, warum lebst du noch? Er hat geantwortet: Wenn ein Ameisenhaufen getötet wird, dann kann doch eine winzige Ameise überleben.

Maria hatte mir ihren Aufsatz über Raoul Wallenberg in die Hand gedrückt. Und der fing so an:
»Ausgerüstet mit zwei Rucksäcken und einem Revolver traf Raoul Wallenberg am 9. Juli 1944 in Budapest ein, um mitzuhelfen, die Budapester Juden zu retten, die in den Tod geschickt werden sollten.«

Wallenberg, um den sich Legenden ranken, kam also genau an dem Tag, an dem Horthy die Deportationen stoppen ließ. Aber 437000 ungarische Juden waren bereits ermordet worden. Es waren die Juden aus den Provinzen. Als nächstes sollte die Umgebung von Budapest drankommen. Und dann die Stadt selbst. Die Nachrichten von der ungarischen Tragödie waren ins Ausland gelangt. Maria schrieb dazu: »Im Auftrag des schwedischen Außenministeriums, des Botschafters der USA in Stockholm sowie des War Refugee Board reiste Wallenberg, der einer vornehmen und reichen schwedischen Familie entstammte, nach Budapest, um Hilfe für die bedrängten Juden zu organisieren und zu koordinieren.«

Wallenberg war zweiter Sekretär der schwedischen Botschaft in Budapest, und in dieser Eigenschaft stellte er schwedische Pässe, sogenannte Schutzbriefe, aus. Es gibt Fotos, die zeigen, daß sich Hunderte von Juden vor dem Gebäude der schwedischen Botschaft drängten. Denn wer in den Besitz eines solchen Schutzbriefes kam, der war gerettet. »Wenn es sein mußte, erreichte er die Freilassung der ihm Vertrauenden durch Bestechung, durch Drohungen oder nur mit schönen Worten. Er war auf den Bahnhöfen zu finden, er reiste zu Grenzstationen, er ging in die geschützten Häuser der Gettos, er war überall dabei, wo man helfen mußte.

Wallenberg trat allein, nur mit einem Jackett bekleidet, den uniformierten, bis an die Zähne bewaffneten Nazi- und Pfeilkreuzlermördern entgegen. Sein bestimmtes Auftreten und die Ausstrahlung seiner Persönlichkeit ließen seine Feinde vergessen, daß er ebenso schutzlos und ausgeliefert war wie seine Schützlinge.«

Wie vielen Juden Wallenberg das Leben gerettet hat, ist nicht genau zu beziffern. Es heißt, daß es einige tausend waren. Am 16. Januar 1945, das geht aus den Akten hervor, erstreckte sich der schwedische Schutz jedenfalls auf fünfzig Gebäude und achttausend Menschen.

Wallenberg hat seine Mission in einem Bericht, der am 29. Juli 1944 in Schweden eintraf, folgendermaßen beschrieben: »Auf irgendeine Weise muß man die meisten Juden aus der Apathie, die sie ihrem Schicksal gegenüber bekunden, aufrütteln. Man muß ihnen das Gefühl nehmen, daß sie vergessen worden seien. Die

Botschaft des Königs war in dieser Richtung sehr nützlich. Schon allein die Tatsache, daß die Schweizer und schwedische Botschaft die Juden empfangen, angehört und registriert haben, hat nicht nur die Betroffenen lebhafter gemacht, sondern auch jene, die zu helfen bereit waren.«

Am 17. Januar 1945 ist Wallenberg nach der Befreiung von Pest in Begleitung eines sowjetischen Offiziers und zweier sowjetischer Soldaten nach Debrecen (im Osten Ungarns) gefahren. Er wollte dort mit der provisorischen Nationalregierung und dem sowjetischen Oberkommando über die Aufgaben des Wiederaufbaus in Ungarn verhandeln. »Ich weiß nicht, ob ich Gast oder Gefangener bin«, sagte er seinen Mitarbeitern beim Abschied. Seitdem ist Wallenberg verschwunden. Sein Schicksal ist bis heute ungeklärt.

In Budapest wurde ihm ein Denkmal gesetzt: Wallenberg, in Bronze, steht aufrecht zwischen zwei auseinandergebrochenen Felsbrocken. Einige Meter daneben liegt ein großer Granit auf dem Rasen, eingemeißelt nur sein Name: Raoul Wallenberg. Aber das Denkmal ist nicht nur ein Denkmal für Wallenberg. Es ist die in Granit gemeißelte Hoffnung und Gewißheit, daß es Menschen gibt, die andere in ihrer größten Not nicht verlassen. Es ist der in Granit gemeißelte Glaube an den Menschen.

Eine kleine Frau mit weißen Locken, in dunkelblauem Kostüm und orthopädischen Schuhen kommt mit Maria zum Hotel. Wir hatten sie schon im Büro des Auschwitz-Komitees gesehen:

Elisabeth Weisz. Sie gibt mir einen Zettel mit den Daten, die ihr Leben so verändert haben. Da steht: 1944, November 10.ten az Obudai Teglagyar. Und dann folgen Daten bis zum 18. November, und dieser Tag endet an einem Grenzort im Nordosten Ungarns, in Hegyeshalom. Von da bis nach Österreich ist es nicht mehr weit. In Österreich gab es Mauthausen. Und andere Lager auch. Ich verstehe: Die Daten sind Anfang und Ende des berüchtigten Fußmarsches, auf den Eichmann die Budapester Juden getrieben hatte. 200 000 bis 250 000 Juden lebten damals in Budapest, 20 Prozent der ungarischen Juden. 100 000 von ihnen wurden in Marsch gesetzt. 60 Prozent haben das überlebt. 40 Prozent aber nicht. Frau Weisz hat es überlebt. Jenö Bacs, der Bruder von Dr. Pal Bacs, den wir am 8. Mai auf dem Jüdischen Friedhof getroffen hatten, hat es nicht überlebt.

Wir machen uns auf die Reise, fahren mit dem Auto die Strecke ab, die Frau Weisz und Pal Bacs mit seinem Bruder damals zu Fuß zurücklegen mußten. Landstraße. Heute Autoverkehr. Damals nichts. Nur Landstraße. Kaum Häuser. Es gibt Fotos von diesem Fußmarsch, die zeigen die Elendskolonne auf dieser sonst ganz leeren Landstraße, kein Baum, kein Strauch, nur die Frauen, die Männer, die Kinder, die Greise. Rechts und links Felder. Im Auto hatte mir Frau Weisz ein kleines Holzkästchen gezeigt. Darin lag, was sie damals mitgenommen hatte auf diese Reise: Nähzeug, Sicherheitsnadeln, Fotos der Angehörigen. Ein gelber Stern aus Stoff liegt auch in der Holzschachtel. Den hatte sie am Revers. Alle Juden mußten den Stern tragen. Selbst auf diesem mörderischen Marsch.

Frau Weisz, wer hat Sie damals verhaftet?
Sie kamen vormittags um elf. Das Haus war schon abgeschlossen, das war ein Judenhaus, wir durften nicht raus. Die sind gekommen, haben geklingelt in dem Hof und haben gesagt, von 15 bis 50 Jahren sollen alle runterkommen. Und dann haben die uns weggebracht.

Wer ist die? Wer?
Zwei Deutsche, zwei ungarische Pfeilkreuzler und ein ungarischer Polizist. Von unserem Haus kamen sechs Leute auf den Hof. Dann haben sie uns begleitet und aus allen Judenhäusern Juden rausgeholt.

Wie viele waren Sie schließlich?
Mehrere hundert, Hunderte von Leuten. Wir mußten erst zu einem Sportplatz, von da in die Ziegelei. Da waren schon ganz viele. Die Gruppen kamen den ganzen Tag und die ganze Nacht.

Es war doch offenbar niemand auf einen Fußmarsch vorbereitet. Was hatten denn die Leute an?
Niemand war vorbereitet, es war ganz zufällig alles. Die Leute

waren in schlechten Schuhen, in schlechten Kleidern. Sie hatten keine warmen Kleider an. Und es war kühl und hat geregnet.

Was hatten Sie an, Frau Weisz?
Ich hatte ein bordeauxfarbenes Winterkostüm an und einen Rucksack dabei, das hatte ich immer bereit, für den Fall, daß ich mich verstecken müßte. Das war ein großes Glück, daß ich diesen Rucksack hatte. Ich hatte noch ein Tuch gegen Regen im Rucksack. Andere hatten nichts. In der Ziegelei war es schrecklich, stockdunkel, und dann der Regen. Und immer sind neue Gruppen gekommen, die ganze Nacht.

Am nächsten Morgen mußten wir uns in die Reihe stellen, und dann sind wir angefangen zu marschieren, diese Wiener Landstraße entlang, die Reihe war so lang, daß ich weder Anfang noch Ende sehen konnte.

Sie sind doch durch Dörfer gekommen, was haben die Leute gesagt?
Nicht viel, es waren einige, die gelacht haben, es waren einige, die Mitleid mit uns hatten.

Wurden Sie verpflegt?
Morgens haben wir eine Suppe gekriegt, sonst den ganzen Tag nichts. Wir mußten nur marschieren. Da war ein Soldat auf einem Pferd, der uns begleitet hat, und Pfeilkreuzlerjungs. Das waren 12- bis 14jährige Jungs aus den Dörfern und Städten, und die waren schrecklich. Sie haben uns nicht erlaubt, für einen Augenblick auszuruhen oder einen Schluck Wasser zu trinken. Wir mußten marschieren, marschieren, und wer das nicht mehr aushielt und sich hinsetzte, der wurde einfach an Ort und Stelle erschossen.

Es waren doch Leute, die das Marschieren nicht gewöhnt waren?
Es waren mehr Frauen. Die Männer waren schon längst beim Arbeitsdienst. Ja, Frauen und Kinder.

Frau Weisz, Sie mußten ja alle den gelben Stern tragen. War das für Sie schlimm, oder war das schon egal?

Das war uns schon egal. Man hat uns gesagt, wir sollten uns freuen, daß wir aus Budapest wegkommen, weil Budapest sowieso kaputtgemacht würde.

Haben Sie denn gewußt, wohin dieser Marsch ging?
Keine Ahnung gehabt, keine Ahnung.

Was haben Sie denn gedacht, was mit Ihnen schließlich passieren würde?
Wir hatten gar keine Ahnung.

Sie hat den Stern in der Hand. Einen ziemlich großen, gelben Stern. Warum sie den aufgehoben hat? Kränkt sie der Stern nicht? Sie schüttelt den Kopf. Jetzt nicht mehr.

Damals in Budapest, das sei schlimm gewesen. Sie ging auf einem Gehsteig. Da kam ein deutscher Soldat. Und verwies sie des Gehsteigs. Sie mußte auf den Fahrdamm. Juden durften die Gehsteige nicht benutzen. Frau Weisz weint fast, als sie das erzählt. Ihre Familie war seit zwei Jahrhunderten in Ungarn. Und dann das. Ihre dunklen Augen sind voller Tränen.

Ich sage, daß der Davidstern doch ein schöner Stern ist. Sie steckt ihn an ihr blaues Kostümrevers. Wie etwas, das nun ein für allemal zu ihr gehört. Die Kennzeichnung.

Die vierundvierzig Jahre, die dazwischenliegen, schmelzen zusammen. Frau Weisz, Jüdin aus Budapest, sieht mit ihrem gelben Stern auf dieser Wiener Landstraße sehr schutzlos aus. Ein für allemal.

Die nächste Station ist ein kleiner Ort, Györ, nicht weit von der Donau entfernt. Wir gehen bis ans Ufer.

Wo haben Sie denn eigentlich immer übernachtet?
Zum Beispiel auf einem Marktplatz oder in einem Fußballstadion. Es war immer unter freiem Himmel, nicht in einem Gebäude.

Hier aber war eine der traurigsten Stationen. Wir mußten auf kleinen Fähren übernachten. Es waren so kleine Bretter, die auf die Fähren führten, und viele sind in die Donau gefallen und ertrunken. Die Leichen trieben im Wasser, niemand konnte sie herausholen.

Dann wurden diese Schiffe abgeschlossen, gesperrt, und man hat uns gesagt, man würde uns versenken. Man kann sich vorstellen, wie wir uns seelisch in dieser Nacht gefühlt haben. Aber dann haben wir doch gesehen, wie es Morgen wurde. Wir hatten also die Nacht überlebt.

Und dann konnten wir weitermarschieren. Wir haben eine Suppe bekommen. Kartoffeln, in der Schale gekocht. Das war alles.

Sie haben vorhin gesagt, Sie hatten ein Kostüm an, als der Fuß-marsch losging. Wie lange?

Ja, ich habe dasselbe Kostüm und ein paar Schuhe angehabt vom 10. November bis April 1945, also ein halbes Jahr. Was kaputtging, das ging kaputt. Was wir anhatten, das hatten wir an, oder wir haben uns die Kleidung von denen genommen, die gestorben waren.

Frau Weisz, Sie sind am 10. November in Budapest losmarschiert, und Sie waren am 18. November an der österreichischen Grenze. Was ist dort geschehen? Warum sind Sie den Österreichern nicht übergeben worden, was ja ursprünglich wohl der Plan war?

Wir waren zu erschöpft und zu krank, die konnten nichts mehr mit uns anfangen. Wir mußten mit den Waggons zurückfahren, und waren sehr erstaunt, wieder auf ungarischem Boden zu sein. Dort mußten wir Befestigungsarbeiten machen.

Wieviel Pfund Körpergewicht haben Sie in dieser Zeit verloren?

Als ich in Budapest losmarschierte, wog ich 64 Kilo, und als ich wieder nach Hause kam, 27 Kilo. Ich habe meine Mutter im Flur getroffen, und dann weiß ich nichts mehr. Ich habe eine Woche lang nur geschlafen.

Was war das Schlimmste für Sie?

Das Ganze. Nicht nur, was ich durchmachen mußte, sondern was mit meiner Familie passierte. Meinen Vater haben sie schon früh auf das Land gebracht und meinen Bruder 1942 als Arbeitsdienstler in die Sowjetunion. Wir sahen und hörten nichts von ihnen, und wir verstanden das Ziel von dieser ganzen Sache nicht. Wir haben niemanden geschädigt, ich verstehe nicht, warum die das gemacht haben. Was hatte das für einen Sinn, daß wir Befestigungsarbeiten an der österreichischen Grenze machen mußten. Wollte man damit den Krieg aufhalten?

Pal Bacs hat bisher schweigend dabei gestanden. Jetzt fahren wir gemeinsam nach Köszeg weiter, und das war die letzte Station dieses Fußmarsches für Jenö Bacs. Pal Bacs führt uns zu einer außerhalb des Ortes gelegenen Ziegelei. Wieder Eisenbahnschienen, wieder Holzbaracken, Betonwege. Dr. Bacs sagt, damals war hier überall nur Sand. Also Matsch. Vor einer der Baracken macht er halt:

Ich bin mit meinem Vater und meinem Bruder am 23. Februar 1945 in diese Ziegelei gekommen. Ich war 16 Jahre alt. In jeder der drei Baracken waren 600 Leute. In meiner Baracke war mein Vater auf meiner linken und mein Bruder auf meiner rechten Seite. Arbeiten mußten wir nicht. Nach ungefähr einem Monat hat man gesagt, daß die jungen Leute, die nicht krank sind, kleine Arbeiten machen sollten. Wir mußten Fenster und Türen an einer Baracke zumauern. Wir fragten uns, wozu, und man sagte uns, daß das ein Lazarett werden sollte.

Wir hatten schon gehört, daß der Krieg nicht mehr weit von uns entfernt ist. Um fünf Uhr früh mußten wir uns auf einen Platz stellen, und mein Bruder war schon so krank, daß er nicht mehr stehen konnte. Ich nahm ihn auf meinen Rücken, und die SS kam und sagte, das ginge nicht, ich sollte ihn in das Lazarett bringen. Dort waren ungefähr 100 bis 120 Kranke, junge und alte Juden. Ich setzte meinen Bruder ab, gab ihm einen Kuß und ging. Nach mir hat der SS-Mann die Tür verschlossen, ging nach oben auf den Schornstein und hat was in den Schornstein geworfen. Später haben wir gewußt, daß es Zyklon B war. Wir hörten ungefähr zwei, drei Minuten noch Schreie drinnen. Schreie. Und dann ist alles weg, alles ruhig. Alle, die drin waren, sind alle drinnen gestorben.

Ich sehe erst jetzt, daß er ein Kappele aufgesetzt hat. Denn er hat den Kopf gesenkt.

Wir lassen ihn allein mit seinem Bruder. Auch Frau Weisz geht ein Stück beiseite.

Herr Bacs ist nachgekommen. Zeigt uns auf der gegenüberliegenden Straßenseite einen kleinen Grabhügel. Es ist das Grab der hier vergasten Juden. Nur Pal Bacs hat seinen Bruder nach Budapest auf den Jüdischen Friedhof umbetten lassen. Und die anderen? Die hatten niemanden mehr. Denn der Marsch ging weiter:

Wir wurden in einen Zug, der gleich neben der Straße stand, gebracht und sind Richtung Österreich gefahren. Dort sind wir ausgestiegen und mußten 21 Tage durch Österreich nach Eisenerz marschieren, einem kleinen, sehr schönen Dorf. Einen halben Nachmittag lang haben sie ungefähr 10 000 Häftlinge erschossen. Es ging eine Serpentine runter, und überall standen SS-Leute mit automatischen Maschinenpistolen. Viele haben sie nur in die Beine getroffen, die sind dann runtergefallen. Mein Vater war krank, und einer der SS-Leute kam mit einer Pistole, und ich dachte, er würde meinen Vater erschießen. Aber nein, neben mir lag ein Kamerad, und den hat er in den Kopf geschossen. Das war einen Meter neben mir.

Wir mußten weiterlaufen, bis wir in das Dorf Eisenerz kamen. Dann kamen viele Autos, und wir mußten die 10 000 getöteten Kameraden in die Autos legen, und dann sind sie auf dem Friedhof in Eisenerz bestattet worden. Dann mußten wir weitermarschieren bis zu einem Lager in der Nähe von Linz. Das Lager war nicht fertig. Es hatte nur ein Dach, aber kein Wasser und keine Latrine. Wir waren ungefähr 17 000 Menschen dort für drei Wochen. In diesen drei Wochen ist die Hälfte gestorben. Dann mußten wir noch mal 55 Kilometer weiterlaufen. Da sind 4 000 Menschen gestorben oder getötet worden. Ich wog nur noch 63 Kilo.

Und Ihr Vater?
Mein Vater war krank, und ich mußte ihm helfen. Er ist dann aber gestorben. Als ich nach Hause kam, waren alle tot.

In Budapest gibt es ein jüdisches Spital. Dort werden Juden versorgt, deren Angehörige ermordet worden sind. Leute also, die sich nicht mehr allein versorgen können.

Das Haus ist schön von außen.

Aber innen ist es ein Alptraum. In den Krankenzimmern stehen die Betten so eng, daß häufig nicht einmal ein Stuhl dazwischenpaßt. Aber an Besuch ist hier sowieso nicht zu denken. Wer sollte denn kommen? In den Betten liegen sieche, alte Leute. Es liegen auch solche dort, die nicht liegen müßten. Aber es ist kein Platz. Also lassen sie wenigstens die Beine baumeln. Dafür reicht der Zwischenraum und das bißchen Kraft, das ihnen noch geblieben ist.

Männerstation. Ein Mann singt: »Mein Stetl Belz...« Er lacht. Betet. Singt wieder. »Wollen Sie das schöne Lied hören, das Lied vom Stetl Belz?« Er zeigt uns Bücher, die auf seinem Bett liegen, aufgeschlagene Gebetsbücher, einen Gebetsschal. Und er zeigt uns seine Beinstümpfe. Beide Beine erfroren, im Konzentrationslager. Seine Familie? Ermordet. Alle. Vater und Mutter ermordet. Alle Geschwister ermordet. In Auschwitz. In Buchenwald. Ravensbrück. Bergen-Belsen.

Wie viele Geschwister?

Sechzehn.

Nein, ich will das Lied vom Stetl Belz nicht mehr hören.

Aber von dem Direktor will ich wissen, warum es hier so ist, wie es ist:

Wir haben 200 Betten in dem Krankenhaus. Ein Drittel der Leute sind Sozialfälle, Leute, die ihre Familien durch den Holocaust verloren haben, sich also nicht allein versorgen können. Diejenigen, die hier leben, haben alles überlebt. Aber vierzig Jahre nach den Ereignissen sind sie ganz allein geblieben. Das hier ist die einzige Herberge, wo sie hinkommen können, wo sie leben können. Koschere Küche und Synagoge. Und diese alten Leute sind lieber in einer jüdischen Umwelt als in einer anderen. Aber ich weiß, man könnte sich würdigere Umstände für diese Leute vorstellen.

Der ungarische Staat unterstützt Sie nicht?
Wir haben jetzt die Aussicht, von einer steinreichen kanadisch-

ungarischen jüdischen Familie 4 000 Dollar zu bekommen. Dann haben wir die Hoffnung, daß auch der Staat etwas zugibt. Wenn das gelingt, dann möchten wir um fünfzig Betten erweitern, damit wir nicht zehn und mehr Betten in einem Saal haben.

Eine dicke freundliche Krankenschwester begleitet uns. Wir gehen in den nächsten Saal. An den beiden Längsseiten zwölf Betten mit bettlägerigen Männern. In der Mitte des Zimmers zwei Gitterbetten mit bettlägerigen Frauen. Ich beuge mich über ein Bett. Es sind große Augen, die mich starr ansehen. Wächserne Haut spannt sich über die Backenknochen.

Die Krankenschwester sagt:
»Die Menschen hier sind nicht nur körperlich kaputt, sondern auch seelisch, und das ist noch schlimmer. Der Krieg und die Verfolgung, damit muß man sich jeden Tag befassen. Nicht die Krankheit ist wichtig, sondern wie wir die Menschen seelisch beruhigen können, das ist wichtig bei ihnen. Wir versuchen zu ersetzen, was wir können. Deswegen haben wir das so angeordnet, daß für die Kranken immer dieselbe Krankenschwester bleibt, weil sie sehr an uns hängen und sehr lange hierbleiben. Und dann lieben sie einander und sind aneinander gewöhnt.

Seit elf Jahren bin ich hier, und es sind sehr schwere Tage hier, sehr schwer. Ich rege mich oft auf, weil ich allen Wünschen entgegenkommen will, die von den Kranken kommen, und manchmal ist das schwer, nicht fachmännisch, sondern menschlich.

Vor den großen Feiertagen, das ist eine kritische Zeit, dann sind sie immer sehr traurig und weinen für die ganze Familie, für die Geliebten, die nicht mehr am Leben sind. Dann sage ich ihnen immer, daß einige bleiben mußten, um für die anderen zu weinen.«

ZEITTAFEL

1933
30. 1.   Ernennung Hitlers zum Reichskanzler
 1. 4.   Boykott jüdischer Geschäfte in Deutschland
 7. 4.   Beginn der Entlassung der jüdischen Beamten

1935
15. 9.   Nürnberger Gesetze zur Ausschaltung der Juden

1938
13. 3.   Anschluß Österreichs an Deutschland
28. 10.   Ausweisung von etwa 17 000 Juden polnischer Staatsangehörigkeit aus Deutschland nach Polen
9./10. 11. Antijüdische Ausschreitungen in Deutschland (im Volksmund Reichskristallnacht genannt)
17. 11.   Antijüdische Gesetzgebung in Italien

1939
30. 1.   Hitler kündigt für den Fall eines Weltkrieges »die Vernichtung der jüdischen Rasse in Europa« an
15. 3.   Deutscher Einmarsch in die Tschechoslowakei
 1. 9.   Deutscher Einmarsch nach Polen
 1. 10.   Errichtung des Reichssicherheitshauptamtes

1940
 9. 4.   Deutscher Einmarsch nach Dänemark und Norwegen
10. 5.   Deutscher Einmarsch nach Frankreich, Belgien, Luxemburg und in die Niederlande
22. 10.   Ausweisung von 6 504 Juden aus Baden und der Pfalz nach Vichy-Frankreich

1941

9. 2.	Antijüdische Ausschreitungen in Amsterdam
6. 4.	Deutscher Einmarsch nach Jugoslawien und Griechenland
22. 6.	Deutscher Einmarsch in die Sowjetunion
29./30. 6.	Massenmord von Jassy in Rumänien
29./30. 9.	Massenmord von Kiew (Babi Jar)
15. 10.	Beginn der Deportationen aus Deutschland
23./25. 10.	Massenmord von Odessa
25. 11.	Erste Massenerschießung deutscher Juden in Kowno (Kaunas)
30./31. 11.	Erster Massenmord in Riga
8. 12.	Beginn der Tötungen im Vernichtungslager Chelmno

1942

20. 1.	Besprechung über die Endlösung der Judenfrage in Berlin, Am Großen Wannsee Nr. 56/58
26. 3.	Beginn der Deportationen aus der Slowakei
27. 3.	Beginn der Deportationen aus dem besetzten Frankreich
15. 7.	Beginn der Deportationen aus den Niederlanden
22. 7.	Beginn der Deportationen aus dem Warschauer Getto in das Vernichtungslager Treblinka
4. 8.	Beginn der Deportationen aus Belgien
7. 8.	Beginn der Deportationen aus Vichy-Frankreich
26. 11.	Beginn der Deportationen aus Norwegen

1943

15. 3.	Beginn der Deportationen aus Griechenland
18. 3.	Beginn der Deportationen aus Makedonien und Thrakien
19. 4.	Beginn des Aufstandes im Warschauer Getto
25. 7.	Sturz Mussolinis
2. 8.	Aufstand in Treblinka
8. 9.	Italienischer Waffenstillstand
1./2. 10.	Versuch der Deportation aus Dänemark

| 14. 10. | Aufstand in Sobibór |
| 18. 10. | Deportation aus Rom |

1944

19. 3.	Deutscher Einmarsch nach Ungarn
15. 5.	Beginn der Deportationen aus Ungarn
4. 6.	Alliierte Besetzung Roms
6. 6.	Alliierte Landung in Frankreich
20. 7.	Versuch eines Attentats auf Hitler
23. 7.	Deportation aus Rhodos
24. 7.	Befreiung von Lublin-Majdanek

1945

21./23. 1.	Abschiebung aus Rhodos in die Türkei
27. 1.	Befreiung von Auschwitz
30. 4.	Selbstmord Hitlers
9. 5.	Ende des Krieges in Europa

LITERATURHINWEISE

(Genannt ist jeweils das Jahr der ersten Veröffentlichung)

Allgemeines

Gerald Reitlinger, Die Endlösung (London 1953, deutsch Berlin 1956)

Raul Hilberg, Die Vernichtung der europäischen Juden (Chicago 1961, deutsch Berlin 1982)

Raul Hilberg, Sonderzüge nach Auschwitz (Mainz 1981)

Lucy S. Dawidowicz, Der Krieg gegen die Juden 1933-1945 (New York 1975, deutsch München 1979)

Eberhard Jäckel/Jürgen Rohwer (Hg.), Der Mord an den Juden im Zweiten Weltkrieg (Stuttgart 1985)

Peter Longerich (Hg.), Die Ermordung der europäischen Juden (München 1989)

Martin Gilbert, Endlösung. Ein Atlas (1982, deutsch Reinbek bei Hamburg 1982)

Deutschland

Uwe Dietrich Adam, Judenpolitik im Dritten Reich (Tübingen 1972)

Jonny Moser, Die Judenverfolgung in Österreich 1938-1945 (Wien 1966)

Sowjetunion

Helmut Krausnick/Hans-Heinrich Wilhelm, Die Truppe des Weltanschauungskrieges (Stuttgart 1981)

Alexander Dallin, Deutsche Herrschaft in Rußland 1941-1945 (Düsseldorf 1958)

Norwegen
Samuel Abrahamsen, The Holocaust in Norway (New York 1986)
Leni Yahil, The Rescue of Danish Jewry (Philadelphia 1969)

Rhodos
Hizkia M. Franco, Les martyrs juifs de Rhodes et de Cos (Elisabethville 1952)
Michael Molho, In Memoriam. Hommage aux victimes juives des Nazis en Grèce (Thessaloniki 1973)

Niederlande
Jacob Presser, The Destruction of the Dutch Jews (New York 1969)
Gerhard Hirschfeld, Fremdherrschaft und Kollaboration. Die Niederlande unter deutscher Besatzung 1940-1945 (Stuttgart 1984)

Belgien
Serge Klarsfeld/Maxime Steinberg (Hg.), Die Endlösung der Judenfrage in Belgien (New York 1980)
Maxime Steinberg, L'Etoile et le Fusil (Brüssel 1983-1986)

Frankreich
Serge Klarsfeld, Vichy-Auschwitz (Paris 1983-1985, deutsch Nördlingen 1989)
Michael R. Marrus/Robert O. Paxton, Vichy France and the Jews (New York 1981)

Rumänien
Jean Ancel (Hg.), Documents Concerning the Fate of Romanian Jewry During the Holocaust (New York 1986)
Martin Broszat, Das Dritte Reich und die rumänische Judenpolitik, in: Gutachten des Instituts für Zeitgeschichte (München 1958)

Polen

Martin Broszat, Nationalsozialistische Polenpolitik 1939-1945 (Stuttgart 1961)

Yisrael Gutman, The Jews of Warsaw, 1939-1943 (Brighton 1982)

Italien

Renzo De Felice, Storia degli ebrei italiani sotto il fascismo (Turin 1961)

Meir Michaelis, Mussolini and the Jews (Oxford 1978)

Bulgarien

Frederick B. Chary, The Bulgarian Jews and the Final Solution 1940-1944 (Pittsburgh 1972)

Hans-Joachim Hoppe, Bulgarien — Hitlers eigenwilliger Verbündeter (Stuttgart 1979)

Ungarn

György Ránki, Unternehmen Margarethe (Budapest 1978, deutsch Wien 1984)

John S. Conway, Der Holocaust in Ungarn, in: Vierteljahrshefte für Zeitgeschichte 32 (Stuttgart 1984), S. 179 ff.

Erlebnisberichte

Adam Czerniakow, Im Warschauer Getto (deutsch München 1983)

Ruth Elias, Die Hoffnung erhielt mich am Leben (München 1988)

Edgar Hilsenrath, Nacht. Roman (Köln 1978)

Wieslaw Kielar, Anus Mundi. Fünf Jahre Auschwitz (Krakau 1972, deutsch Frankfurt 1979)

Primo Levi, Ist das ein Mensch? Erinnerungen an Auschwitz (Turin 1958, deutsch Frankfurt 1961)

KARTEN

EUROPA MIT DEN STAATSGRENZEN

ISLAND

NORWEGEN
SCHWEDEN
FINNLAND
Oslo
Helsinki
Stockholm
EST-LAND

Nordsee
DÄNE-MARK
Ostsee
LETTLAND
LITAUEN
UdSSR

GROSS-BRITANNIEN
London
NIEDERLANDE
Berlin
DEUTSCHES REICH
Warschau
POLEN
Kiew

BELGIEN
Paris
Prag
FRANKREICH

SCHWEIZ
Wien
SLOWAKEI
Budapest
UNGARN
RUMÄNIEN
Bukarest

SPANIEN
ITALIEN
Rom
JUGOSLAWIEN
Belgrad
Schwarzes Meer
BULGARIEN
Sofia
ALBANIEN
Istanbul
GRIECHEN-LAND
TÜRKEI
Athen

Rhodos
Mittelmeer
Kreta

0   400
km

Jüdische Bevölkerung
Je 50.000 Juden 1mm²

VOM 1. SEPTEMBER 1939

Opfer in Prozenten

///// Die bereisten Länder

DIE VERNICHTUNGSLAGER

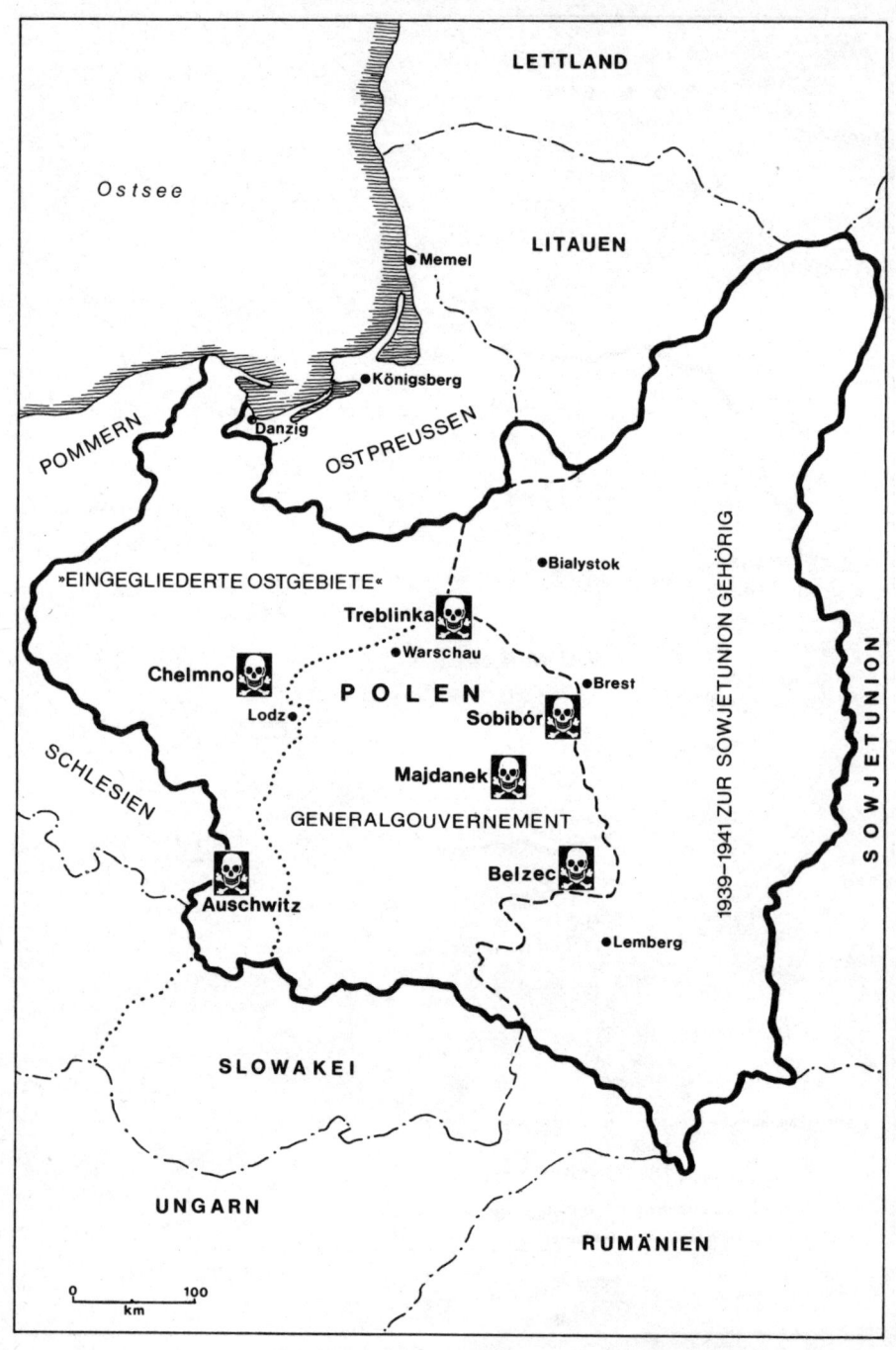

LETTLAND

Ostsee

LITAUEN

Memel

POMMERN

Königsberg

Danzig

OSTPREUSSEN

»EINGEGLIEDERTE OSTGEBIETE«

Bialystok

Treblinka

Warschau

Chelmno

POLEN

Brest

Lodz

Sobibór

SCHLESIEN

Majdanek

GENERALGOUVERNEMENT

Belzec

Auschwitz

Lemberg

SOWJETUNION

1939–1941 ZUR SOWJETUNION GEHÖRIG

SLOWAKEI

UNGARN

RUMÄNIEN

0 ___ 100
km

DIE GEBIETSVERLUSTE RUMÄNIENS 1940

Rumänische Grenze vor den Abtretungen

Bessarabien
Nördliche Bukowina } an die Sowjetunion

Nördliches Siebenbürgen – an Ungarn

Südliche Dobrudscha — an Bulgarien

0   100
km

LOIS FISHER-RUGE

Meine armenischen Kinder

240 Seiten, gebunden

Nach den großen anhaltenden Bucherfolgen »Alltag in
Peking«, »Alltag in Moskau« und »Nadeschda heißt
Hoffnung« erzählt Lois Fisher-Ruge nun von ihrem
Zusammenleben mit armenischen Kindern, Erdbeben-
opfern, in einem Moskauer Krankenhaus. Aber auch
das Umfeld, die Verwandten aus Armenien, die Ärzte,
freiwilligen Helfer, Familiengeschichten, Schicksale,
Nationalitätenkonflikte, die Mängel des sowjetischen
Systems bezieht sie in ihren Erfahrungsbericht ein. Ein
ebenso erschütterndes wie kritisches Buch, das innigste
und persönlichste, das sie bisher geschrieben hat.

HOFFMANN UND CAMPE